EinFach Deutsch

Unterrichtsmodell

Johann Wolfgang Goethe

Die Leiden des jungen Werthers

Erarbeitet von
Hendrik Madsen und Rainer Madsen

Herausgegeben von
Johannes Diekhans

Baustein				
6 Die Selbstmord-Problematik S. 62–70 im Modell	6.1 Das präsuizidale Syndrom	ges. Roman Arbeitsblatt 10	Textarbeit Produktions-aufgabe (Brief)	
	6.2 Die Auseinander-setzung zwischen Werther und Albert über den Selbstmord	ges. Roman, insbes. Brief vom 12. August	Textarbeit, Tafelbild	
	6.3 Werthers Selbst-mordmotive	ges. Roman, insbes. Dezember-Briefe, Arbeitsblatt 11	Textarbeit, Erörterung	

Baustein				
7 Literatur und Leben – Entstehung des Romans S. 71–77 im Modell	7.1 Der biografische Hintergrund des „Werther"	ges. Roman, Anhang S. 129–132, S. 143–152, Z 4, Z 7	Bildbe-trachtung, Textarbeit, Tafelbild., Exkursions-vorschlag	
	7.2 Exemplarische Gegenüber-stellung der ers-ten und der zweiten Fassung	Anhang S. 133–140	Textarbeit, Textvergleich, Tafelbild, Argumen-tation	

Baustein				
8 Goethes „Werther" und die Literatur des 18. Jahr-hunderts S. 78–84 im Modell	8.1 Epochen-überblick: Aufklärung	Anhang S. 156–158	Textarbeit, Tafelbild	
		Anhang S. 159–172 Arbeitsblatt 12a–b	Lern-Basar (Textarbeit mit Eigenkon-trolle), Tafelbild	

Baustein				
9 Die zeitge-nössische „Werther"-Rezeption S. 85–91 im Modell	9.1 Rezeptions-bedingungen im 18. Jahrhundert	Anhang S. 174–180	Kurzvortrag, Textarbeit, Tafelbild	
	9.2 Zeitgenössische Rezeptions-dokumente	Anhang S. 180–185	Bildbe-trachtung, Textarbeit, Tafelbild, Inhaltsangabe, Texterörterung	

Baustein				
10 Literarische Wirkungen des „Werther" S. 92–105 im Modell	Literarische Wirkungen des „Werther"	Anhang S. 186–211 Arbeitsblatt 13a–f	Lernen an Stationen (Textarbeit, produktions-orientierte und kreative Aufgaben, Eigenkontrolle)	

Baustein				
11 Interpreta-tionsansätze zum „Werther" und ihre theoretische Grundlegung S. 106–112 im Modell	11.1 Theoretische Grundlegungen literaturwissenschaft-licher Verfahrensweisen	Z 8	Textarbeit, Kurzvortrag, Tafelbild	
	11.2 Konkretisierung unterschiedlicher Interpretationsansätze zum „Werther"	Arbeitsblatt 14	Textarbeit, Kurzvortrag, Tafelbild	

Unterrichtsmodell

**Johann Wolfgang Goethe
Die Leiden des jungen Werthers**

Baustein 1 — Mögliche Einstiege (S. 16–22 im Modell)

1.1	Kreuzworträtsel, Quiz oder informeller Test	ges. Roman Z 1 und 2	Lösen eines Kreuzworträtsels, Quiz, schriftliche Übung
1.2	Kartenabfrage oder Schreibgespräch	ges. Roman Arbeitsblatt 1	Schreibauftrag (Kartenabfrage, Schreibgespräch)
1.3	Arbeitstechniken am Beispiel des Romananfangs	Romananfang, S. 7ff., Arbeitsblatt 2	Textarbeit, Markierungen, Randkommentare, Tafelbild (Strukturskizze)
1.4	Untersuchung eines zeitgenössischen Rezeptionsdokuments	Anhang: S. 184, Z. 17–S. 185	Textarbeit

Baustein 2 — Die Erzählstruktur (S. 23–30 im Modell)

2.1	Die Kommunikationsstruktur	ges. Roman	Textarbeit, Tafelbild (Strukturskizze)
2.2	Die Handlungsstruktur	ges. Roman Arbeitsblatt 3	Textarbeit, Strukturskizze, Tafelbild
2.3	Spiegelungen des Werther-Schicksals	S. 54f. und S. 96ff.	Textarbeit, Tafelbild, kreativer Schreibauftrag (Erweiterung um eine Episode)

Baustein 3 — Die Dreiecksbeziehung Werther – Lotte – Albert (S. 31–42 im Modell)

3.1	Einführung in die Konstellation der Hauptfiguren	Briefe vom 30. Juli und 10. September, Herausgeberbericht, S. 106, Arbeitsblatt 4–5	Standbilder bauen oder Bild-Text-Bezug herstellen, Tafelskizzen
3.2	Annäherung an die Titelfigur	ges. Roman	Polaritätsprofil, Stellungnahme
3.3	Werthers Liebe zu Lotte	ges. Roman	Charakterisierung (Lottes), Textarbeit, Tafelbild, literarische Erörterung/ Stellungnahme
3.4	Lotte zwischen Werther und Albert	ges. Roman Arbeitsblatt 6	Textarbeit, Stellungnahme, Tafelbild

Baustein 4 — Die Bedeutung der Natur (S. 43–54 im Modell)

4.1	Natur als Landschaft	Arbeitsblatt 7, ges. Roman, insbes. S. 31, Z. 11ff., Z 3, Z 4	Text-Bild-Bezüge herstellen und begründen, Textarbeit
4.2	Natur als Spiegel der Seele	drei Werther-Briefe (vom 10.5., 18.8., 8.12.)	Textarbeit, produktionsorientierte und kreative Aufgaben, Tafelbild
4.3	Natur als Vorbild, Grund und Ziel der Selbstverwirklichung	ges. Roman Arbeitsblatt 8	Textarbeit

Baustein 5 — Gesellschaftskritik im „Werther" (S. 55–61 im Modell)

5.1	Werthers Scheitern im Beruf und Ausweisung aus der Adelsgesellschaft	ges. Roman, insbes. Brief vom 15.3.	Textarbeit, Tafelbild
5.2	Werthers Verhältnis zum Adel, zum Bürgertum und zu den „kleinen Leuten"	ges. Roman, Arbeitsblatt 9, Z 4	Textarbeit, Erörterung, Produktionsaufgaben (Brief, Dialog)
5.3	Gesellschaftskritik im „Werther" vor dem Hintergrund des Epochenumbruchs	ges. Roman, Anhang S. 153–156, Z 5	Kurzvortrag, Textarbeit, Tafelbild

Arbeitsfrage

 Einzelarbeit

 Partnerarbeit

 Gruppenarbeit

 Unterrichts-gespräch

 Schreibauftrag

 Szenisches Spiel

 Mal- und Zeichenauftrag

 Bastelauftrag

 Projektorientierung, offenes Unterrichtsangebot

Vorwort

Der vorliegende Band ist Teil einer Reihe, die Lehrerinnen und Lehrern erprobte und an den Bedürfnissen der Schulpraxis orientierte Unterrichtsmodelle zu ausgewählten Ganzschriften und weiteren relevanten Themen des Faches Deutsch bietet.

Im Mittelpunkt der Modelle stehen Bausteine, die jeweils thematische Schwerpunkte mit entsprechenden Untergliederungen beinhalten.

In übersichtlich gestalteter Form erhält der Benutzer/die Benutzerin zunächst einen Überblick zu den im Modell ausführlich behandelten Bausteinen.

Es folgen:

- Hinweise zu den Handlungsträgern
- Zusammenfassung des Inhalts und der Handlungsstruktur
- Vorüberlegungen zum Einsatz des Buches im Unterricht
- Hinweise zur Konzeption des Modells
- Ausführliche Darstellung der einzelnen Bausteine
- Zusatzmaterialien

Ein besonderes Merkmal der Unterrichtsmodelle ist die Praxisorientierung. Enthalten sind kopierfähige Arbeitsblätter, Vorschläge für Klassen- und Kursarbeiten, Tafelbilder, konkrete Arbeitsaufträge, Projektvorschläge. Handlungsorientierte Methoden sind in gleicher Weise berücksichtigt wie eher traditionelle Verfahren der Texterschließung und -bearbeitung.

Das Bausteinprinzip ermöglicht es dabei den Benutzern, Unterrichtsreihen in unterschiedlicher Weise und mit unterschiedlichen thematischen Akzentuierungen zu konzipieren: Auf diese Weise erleichtern die Modelle die Unterrichtsvorbereitung und tragen zu einer Entlastung der Benutzer bei.

Das vorliegende Modell bezieht sich auf folgende Textausgabe:
Johann Wolfgang Goethe: Die Leiden des jungen Werthers. Hg. von Johannes Diekhans, erarbeitet von Hendrik Madsen und Rainer Madsen. Paderborn: Schöningh Verlag 2001. Best.-Nr. 022364-1

© 2004 Bildungshaus Schulbuchverlage
Westermann Schroedel Diesterweg Schöningh Winklers GmbH
Braunschweig, Paderborn, Darmstadt

www.schoeningh-schulbuch.de
Schöningh Verlag, Jühenplatz 1–3, 33098 Paderborn

Das Werk und seine Teile sind urheberrechtlich geschützt.
Jede Nutzung in anderen als den gesetzlich zugelassenen Fällen bedarf der vorherigen schriftlichen Einwilligung des Verlages.
Hinweis zu § 52a UrhG: Weder das Werk noch seine Teile dürfen ohne eine solche Einwilligung gescannt und in ein Netzwerk gestellt werden.
Das gilt auch für Intranets von Schulen und sonstigen Bildungseinrichtungen.

Auf verschiedenen Seiten dieses Buches befinden sich Verweise (Links) auf Internetadressen. Haftungshinweis: Trotz sorgfältiger inhaltlicher Kontrolle wird die Haftung für die Inhalte der externen Seiten ausgeschlossen. Für den Inhalt dieser externen Seiten sind ausschließlich deren Betreiber verantwortlich. Sollten Sie dabei auf kostenpflichtige, illegale oder anstößige Inhalte treffen, so bedauern wir dies ausdrücklich und bitten Sie, uns umgehend per E-Mail davon in Kenntnis zu setzen, damit beim Nachdruck der Verweis gelöscht wird.

Druck 7 6 5 / Jahr 2013 12 11
Die letzte Zahl bezeichnet das Jahr dieses Druckes.

Umschlaggestaltung: Jennifer Kirchhof
Druck und Bindung: westermann druck GmbH, Braunschweig

ISBN 978-3-14-022365-2

Inhaltsverzeichnis

1. Die Hauptpersonen 8

2. Die Handlung des Romans 10

3. Vorüberlegungen zum Einsatz des Buches im Unterricht 11

4. Die Konzeption des Unterrichtsmodells 14

5. Die thematischen Bausteine des Unterrichtsmodells 16

   Baustein 1: Mögliche Einstiege 16
   1.1 Kreuzworträtsel, Quiz oder informeller Test 16
   1.2 Kartenabfrage oder Streitgespräch 17
   1.3 Arbeitstechniken am Beispiel des Romananfangs 18
   1.4 Untersuchung eines zeitgenössischen Rezeptionsdokuments 20
   Arbeitsblatt 1: Die ersten Leseeindrücke 21
   Arbeitsblatt 2: Arbeitstechniken 22

   Baustein 2: Die Erzählstruktur 23
   2.1 Die Kommunikationsstruktur 23
   2.2 Die Handlungsstruktur 25
   2.3 Spiegelungen des Werther-Schicksals 27
   Arbeitsblatt 3: Die Struktur der erzählten Wirklichkeit 29

   Baustein 3: Die Dreiecksbeziehung Werther – Lotte – Albert 31
   3.1 *Lotte [...] setzte sich, Albert neben sie, ich auch* – Einführung in die Konstellation der Hauptfiguren 31
   3.2 *Ihr könnt seinem Geist und seinem Charakter eure Bewunderung und Liebe [...] nicht versagen* – Annäherung an die Titelfigur 33
   3.3 *Sie hat all meinen Sinn gefangen genommen* – Werthers Liebe zu Lotte ... 34
   3.4 *Sie wäre mit mir glücklicher geworden als mit ihm!* – Lotte zwischen Werther und Albert 38
   Arbeitsblatt 4: Tipps zum Standbild-Bauen 40
   Arbeitsblatt 5: Werther – Lotte – Albert 41
   Arbeitsblatt 6: Polaritätsprofil zur Einschätzung einer Person ... 42

   Baustein 4: Die Bedeutung der Natur 43
   4.1 *ringsumher eine unaussprechliche Schönheit der Natur* – Natur als Landschaft 43
   4.2 *Das volle warme Gefühl des Herzens an der lebendigen Natur* – Natur als Spiegel der Seele 45
   4.3 *Sie allein ist unendlich reich* – Natur als Vorbild, Grund und Ziel der Selbstverwirklichung 50
   Arbeitsblatt 7: Landschaftsbilder von Johann Wolfgang Goethe 53
   Arbeitsblatt 8: Der Wunsch nach Selbstverwirklichung 54

   Baustein 5: Gesellschaftskritik im „Werther" 55
   5.1 *Ich hab einen Verdruss gehabt* – Werthers Scheitern im Beruf und Ausweisung aus der Adelsgesellschaft 56
   5.2 *dass wir nicht gleich sind noch sein können* – Werthers Verhältnis zum Adel, zum Bürgertum und zu den „kleinen Leuten" 57
   5.3 *die fatalen bürgerlichen Verhältnisse* – Gesellschaftskritik im „Werther" vor dem Hintergrund des Epochenumbruchs 59
   Arbeitsblatt 9: Werther und die Gesellschaft 61

Baustein 6: Die Selbstmordproblematik 62
6.1 *Siehst du, mit mir ist's aus* – Das präsuizidale Syndrom 63
6.2 *ohne einander verstanden zu haben* – Die Auseinandersetzung zwischen Werther und Albert über den Selbstmord (Brief vom 12. August) 63
6.3 *Das süße Gefühl von Freiheit* – Werthers Selbstmordmotive 66
Arbeitsblatt 10: Werthers Krankheitsbild – Das „präsuizidale Syndrom" 68
Arbeitsblatt 11: Versuche, den Selbstmord zu rechtfertigen 70

Baustein 7: Literatur und Leben – Entstehung des Romans 71
7.1 *was denn eigentlich an der Sache wahr sei?* – Der biografische Hintergrund des „Werther" 71
7.2 *wie ein Autor [...] seinem Buche schaden muss* – Exemplarische Gegenüberstellung der ersten und der zweiten Fassung 73

Baustein 8: Goethes „Werther" und die Literatur des 18. Jahrhunderts 78
8.1 Epochenüberblick: Aufklärung – Empfindsamkeit – Sturm und Drang 78
8.2 Literarische Texte des 18. Jahrhunderts 79
Arbeitsblatt 12 a–b: Lern-Basar: Goethes „Werther" und die Literatur des 18. Jahrhunderts 81

Baustein 9: Die zeitgenössische „Werther"-Rezeption 85
9.1 *Übet euren Geist in allen Arten des Schönen* – Rezeptionsbedingungen im 18. Jahrhundert 85
9.2 *und ist eben das Unglück* – Zeitgenössische Rezeptionsdokumente 86

Baustein 10: Literarische Wirkungen des „Werther" 92
Arbeitsblatt 13 a–f: Laufzettel, Infostation, Prüf-, Übungs-, Experten- und Aktivstation, Abschlussrunde zum Stationen-Lernen „Literarische Wirkungen des ‚Werther'" 95

Baustein 11: Interpretationsansätze zum „Werther" und ihre literaturtheoretischen Grundlegungen 106
11.1 Theoretische Grundlegungen literaturwissenschaftlicher Verfahrensweisen 106
11.2 Konkretisierung unterschiedlicher Interpretationsansätze zum „Werther" 108
Arbeitsblatt 14: Konkretisierung unterschiedlicher Interpretationsansätze zum „Werther" 109

6. Zusatzmaterial 113

Z1 Kreuzworträtsel zum „Werther" 113
Z2 „Werther"-Quiz 115
Z3 Zum Naturbegriff im 18. Jahrhundert 116
Z4 Wie hält man einen guten Kurzvortrag? 117
Z5 Goethes „Werther" – gesellschaftliche Leiden und Leiden an der Gesellschaft 118
Z6 Vom Lesen und seinen Schwierigkeiten 119
Z7 Wetzlar – Stadtplan 120
Z8 Theoretische Grundlegungen literaturwissenschaftlicher Verfahrensweisen 121
Z9 Klausurvorschläge 123

Literaturverzeichnis 126

Bildnachweis 128

Ivan Steiger: *Ich*

Wie froh bin ich, dass ich weg bin!
Werther, am 4. Mai 1771

Ich war siebzehn Jahre alt, als Werther erschien. Vier Wochen lang habe ich mich in Tränen gebadet, die ich aber nicht über die Liebe und über das Schicksal des armen Werther vergoss, sondern in der Zerknirschung des Herzens; im demütigenden Bewusstsein, dass ich nicht so dächte, nicht so sein könne als dieser da. Ich war von der Idee befallen: wer fähig ist, die Welt zu erkennen, wie sie wirklich ist, müsse so denken, – so sein: sich auch das Leben nehmen? – das haben einige getan. Aber Tausende sind innerlich zerrissen, und auf lange Zeit.
Jakob Michael Reinhold Lenz, Gesammelte Schriften, 1828

Der „Werther" wird allgemein als ein Liebesroman aufgefasst. Und zu Recht: der „Werther" ist einer der bedeutendsten Liebesromane der Weltliteratur. [...] Er zeigt in der Gestaltung der leidenschaftlichen Liebe den unlösbaren Widerspruch zwischen Persönlichkeitsentwicklung und bürgerlicher Gesellschaft.
Georg Lukács, Goethe und seine Zeit, 1964

Ich hatte nie im Leben gedacht, dass ich diesen Werther mal so begreifen würde. (Edgar Wibeau)
Ulrich Plenzdorf, Die neuen Leiden des jungen W., 1973

Die Hauptpersonen

Wegen der weitgehend monoperspektivischen Anlage des Briefromans „Die Leiden des jungen Werthers" ist der Leser, der sich ein Bild von den handelnden Figuren machen will, im Wesentlichen auf die Sicht der Hauptfigur Werther angewiesen, die sich selbst und andere direkt und indirekt in Briefen charakterisiert. Der auktoriale Erzähler, der sich als **Herausgeber** im Vorwort (als Sammler und Ordner der Papiere Werthers) vorstellt, am Ende das Wort ergreift und damit die Distanzlosigkeit der Ich-Erzählung aufhebt, bleibt namenlos.

Werther, geboren an einem 28. August (wie Goethe), ist ein sehr sensibler junger Intellektueller aus dem gehobenen Bürgertum des 18. Jahrhunderts. Er kleidet sich gern mit blauem Frack und gelber Weste, verfügt über weitläufige Kenntnisse kunsttheoretischer und theologischer Art, neigt zu philosophischen Reflexionen, liest den griechischen Text der „Odyssee" und übersetzt „Ossian". Von sozialen Verpflichtungen und persönlichen Bindungen scheint er frei zu sein – zu seiner Mutter hat er ein eher distanziertes Verhältnis – und muss offenbar nicht für seinen Lebensunterhalt aufkommen, sodass er es sich leisten kann, nur seinen Neigungen nachzugehen: Malen, Lesen, Briefeschreiben, Kontaktieren und Wandern in der Natur, für die er sich zeitweise pantheistisch begeistert. Ein besonders gutes Verhältnis hat er zu Kindern.

Allerdings hängt es stark von seiner schwankenden Gemütslage ab, wie er die Natur wahrnimmt und mit anderen Menschen umgeht. Er scheut sich nicht, seinen Gefühlen freien Lauf zu lassen und gesellschaftliche Konventionen zu ignorieren, wenn sie seinem Wunsch nach Selbstverwirklichung im Wege stehen. Das macht ihn einerseits zu einem interessanten Gesprächspartner, führt aber andererseits zu Konflikten – mit seinem bürokratischen Vorgesetzten in der Residenz, wo er widerwillig eine Stelle als Gesandtschaftssekretär angenommen hat, und mit dem konservativen, auf Etikette bedachten Adel, der keinen Bürgerlichen in seiner geschlossenen Gesellschaft duldet. Der junge Mann empfindet diese durch Standesschranken bedingte Zurücksetzung als Demütigung und bittet um Entlassung vom Hofe. Nicht nur in der alten Feudalordnung, auch in der bürgerlichen Gesellschaft und in der moralischen Welt, überall erkennt er die Begrenztheit der äußeren Verhältnisse, mit denen sich abzufinden er nicht bereit ist, und denkt an die „Freiheit zum Tode", um seinen Anspruch, keine Kompromisse einzugehen, aufrechtzuerhalten.

Sein Ziel, alle Kräfte, die in ihm stecken, zu entfalten, ist mit einer unstillbaren Sehnsucht nach einer intensiven Gefühlsbeziehung verbunden. Eine solche Beziehung glaubt er zu einer jungen Frau, Lotte, entwickeln zu können, die er bei einem Ball kennen gelernt hat. Dass sie bereits verlobt ist, hindert ihn nicht, ständig Kontakt zu ihr zu suchen, zumal er sicher ist, dass sie ihn mag. Als sie mit Albert verheiratet ist, steigert sich seine Liebe wie eine unheilbare Krankheit zur Leidenschaft. Bei einer letzten Begegnung kommt es unter dem entrückenden Einfluss gemeinsamer „Ossian"-Lektüre zu körperlicher Intimität. Kurz darauf begeht Werther Selbstmord und beendet damit ein Leben, das aus seiner Sicht innerhalb der herrschenden Verhältnisse außer momenthaft erfahrbarem Glück keine Sinnerfüllung ermöglicht.

Lotte ist nach Werther die wichtigste Figur des Romans. An ihr entzündet sich Werthers Liebe und an dieser Liebe geht er letztlich zugrunde.
Lotte ist die älteste Tochter von neun Kindern des fürstlichen Amtmanns S., versorgt nach dem Tod ihrer Mutter den Haushalt ihres Vaters in einem Jagdhaus außerhalb der Stadt und ersetzt ihren jüngeren Geschwistern die Mutter. Diese Aufgaben verrichtet sie mit stets gleicher Bescheidenheit und Freundlichkeit. Sie weiß zwar, dass ihr Leben „kein Paradies" ist, nennt es „aber doch im Ganzen eine Quelle unsäglicher Glückseligkeit". Sie liest gern, spielt Klavier und hat Freude an Spiel und Tanz und wirkt manchmal geschwätzig.
Von Lottes Äußerem erfährt man nur wenig. Sie gilt allerdings als „ein schönes Frauenzimmer" und wird von Werther als ein „Mädchen von schöner mittlerer Taille" beschrieben. Als besonderes Merkmal erwähnt er immer wieder ihre „schwarzen Augen". Bei einem Ball trägt sie „ein simples weißes Kleid mit blassroten Schleifen an Arm und Brust".
Ihrer Wirkung auf das andere Geschlecht scheint sie sich kaum bewusst zu sein, obwohl bereits ein Mann, der Schreiber ihres Vaters, ihretwegen den Verstand verloren hat.

Lotte ist zunächst mit Albert verlobt und heiratet ihn im Sommer 1771. Ihre Ehe stellt sie nie in Frage. Lotte bewegt sich in einem festen sozialen Rahmen, der ihr Halt gibt. Sie ist im christlichen Glauben verwurzelt, betet, vertraut auf ein Leben nach dem Tod und zeigt sich hilfsbereit. Sie verfügt aber auch über eine ausgeprägte Fähigkeit zu schwärmerischem Empfinden und lässt sich von Werthers melancholisch gestimmter Innerlichkeit beeinflussen. Bei der gemeinsamen „Ossian"-Lektüre wird sie von Mitleid und Rührung erfasst. Als Werther die verheiratete Frau küsst, drückt sie „mit schwacher Hand seine Brust von der ihrigen" und flieht. Danach quälen sie Gewissensbisse wegen ihrer Heimlichkeit gegenüber ihrem Mann und sie verfällt in „Wehmut".

Obwohl ihr klar sein müsste, dass Werther Selbstmord begehen will, unternimmt sie nichts dagegen, vielmehr händigt sie seinem Diener die Pistole aus, mit der sich Werther erschießt. Die Nachricht von seinem Tod schmerzt sie so sehr, dass man um ihr Leben fürchtet.

Albert, ein solider junger Mann aus dem aufgeklärten Bürgertum, ist beruflich viel beschäftigt und hat „ein Amt mit einem artigen Auskommen vom Hofe" in Aussicht. Seiner Tätigkeit geht er mit Sorgfalt und Fleiß nach und hat anscheinend deshalb wenig Zeit für seine Braut und spätere Ehefrau Lotte; allerdings spielt das Gefühlsleben für ihn nicht dieselbe Rolle wie für Werther, der ihm vorwirft, er lasse einen „Mangel an Fühlbarkeit" spüren. Tatsächlich zeigt er nur selten seine Emotionen und erscheint als ein Mann mit „gesundem Menschenverstand" und klaren Grundsätzen.

Anderen Menschen – vor allem dem Freund seiner Verlobten – gegenüber verhält er sich freundlich, großzügig und rücksichtsvoll. Er hat beispielsweise nichts dagegen, dass der Freund seine Braut in seiner Abwesenheit besucht und mit ihr und den Kindern die Zeit verbringt; zu einem Zeitpunkt, als er sich von Werther zurückzieht und schon seinen Unwillen über den intensiven Kontakt seiner Frau mit Werther bekundet, verlässt er sogar das Zimmer, als er bemerkt, dass Werther von seiner Gegenwart bedrückt ist. Die Gefährdung seiner Verlobung bzw. Ehe zieht er nie ernsthaft in Betracht.

Neben dieser Dreiecksbeziehung Werther-Lotte-Albert sind die anderen Figuren für die Handlungsdynamik des Romans weniger wichtig. Dazu gehören weitere Personen aus dem Bürgertum wie **Pfarrer**, **Lehrer** und **Arzt**, Personen von niederem Stand, z.B. Werthers **Diener**, ein **Dienstmädchen** und ein ehemaliger **Schreiber**, der aus unglücklicher Liebe zu Lotte seinen Verstand verloren hat, sowie Adlige, insbesondere der **Fürst**, der Werther unterstützt und auf seine Güter einlädt, der **Graf C.**, der auf privater Ebene freundschaftlich mit Werther verkehrt und ihn ebenfalls fördert, das liebenswürdige **Fräulein von B.**, das – wie Werther an Lotte schreibt – ihr gleicht, und der **Gesandte**, sein unmittelbarer Vorgesetzter, ein kleinlicher, übellauniger Mensch.

Wilhelm, dem Werther seine Briefe schreibt und den er im überschwänglichen Freundschaftston der Empfindsamkeit auch als Bruder und Schatz anredet, scheint mit Werthers Interessen und Eigenarten bestens vertraut zu sein und innigen Anteil am Leben des Freundes zu nehmen. Er rät Werther zum tätigen Leben und zur Lebensbejahung und ist es auch, der ihn im Namen der Mutter drängt, die Sekretärsstelle beim Gesandten anzunehmen. Werther hört auf ihn und dankt ihm dafür, dass er seinen „wankenden Entschluss" bestimmt habe, macht ihm aber nach seinem Scheitern auch schwere Vorwürfe.

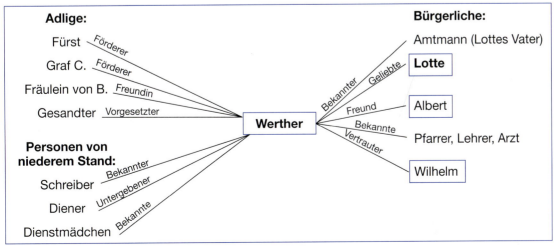

Die Handlung des Romans

Werther, ein junger, geistvoller, empfänglicher Mensch, weilt in einer kleinen Stadt, um eine Erbschaft für seine Mutter zu ordnen. Er will sich zugleich befreien von der Erinnerung an ein Mädchen, dessen Empfindungen er halb unbewusst genährt hatte, ohne sie zu erwidern, und er gibt sich nun mit ganzer Seele der unaussprechlichen Schönheit der Natur hin, die er in einsamen Wanderungen durch die Wälder, Wiesen und Dörfer der Umgebung erlebt. In Begegnungen mit dem einfachen Volk erschließt sich ihm der Reiz dieser kleinen Welt mit ihren naturhaften Verhältnissen und Sitten, und besonders die Kinder sind bald seine Freunde. Sein ständiger Begleiter ist ein Band des altgriechischen Dichters Homer, und in seinem Skizzenbuch hält er Bilder dieses stillen, idyllischen Lebens fest.

Auf einem ländlichen Ball lernt er Lotte, die Tochter des Amtmannes, kennen und ist sogleich von ihrem Wesen gefangen genommen. In der folgenden Zeit benutzt er jede Gelegenheit, sie aufzusuchen und ihr kleine Liebesdienste zu erweisen. Er sieht sie im Kreise ihrer jüngeren Geschwister, denen sie liebevoll die tote Mutter ersetzt. Sie gestattet ihm, sie auf ihren Spaziergängen und Besuchen zu begleiten. Bei dem kranken Pfarrer und der sterbenden Freundin fühlt er besonders stark die Liebe, die sie auf ihre Umgebung ausstrahlt. Obwohl Lotte mit Albert so gut wie verlobt ist, empfindet sie doch Zuneigung zu Werther, und dieser glaubt beglückt, nur die Stunden zu leben, die er bei ihr verbringen kann. Bald kehrt Albert von seiner Reise zurück, und Werther findet in ihm einen gelassenen und strebsamen Menschen, der ihm in Freundschaft zugetan wird.

Werther leidet sehr unter seiner Liebe und wird sich immer mehr bewusst, dass er Lotte nie für sich gewinnen kann. Daher gibt er dem Drängen seines Freundes Wilhelm nach und verlässt die Geliebte, um eine Stelle bei dem Minister anzutreten. Er hat mit einem Gesandten zusammenzuarbeiten, dessen bürokratisches Wesen ihn sehr bedrückt. In einer adligen Gesellschaft muss Werther eine ihn sehr demütigende Zurücksetzung erfahren, die ihn aufs Tiefste erregt. Er bittet um seine Entlassung vom Hofe und nimmt die Einladung des Fürsten an. Auf dem Wege zu dessen Gütern reist er durch die Gegenden, wo er seine Kindheit verbrachte, und lebt in Erinnerungen an vergangene Tage. Der Fürst schätzt seinen Gast sehr, aber Reichtum an Gefühlen bedeutet ihm nichts. Werther ist deshalb auch hier nicht glücklich und verlässt bald das gastliche Haus, um wieder in die Nähe seiner Lotte zurückzukehren.

Diese hat inzwischen Albert geheiratet. Werthers Liebe wächst zu verzehrender Leidenschaft und gleicht einer unheilbaren Krankheit. Er argwöhnt, dass Albert Lotte gar nicht von ganzem Herzen liebt, und so verschlechtert sich das Verhältnis zwischen den beiden Männern immer mehr. Schließlich sieht Werther keinen Ausweg mehr aus dem Chaos, in dem er sich befindet. Dass sie alle drei glücklich zusammenleben könnten, erscheint ihm unmöglich, und er beschließt, die Ehe der geliebten Frau durch seinen Tod zu retten.

So eilt er zu Lotte, um Abschied zu nehmen. Durch die Lektüre Ossians sind beide sehr erregt, und Werther schließt die Geliebte in die Arme. Am anderen Tage schickt er seinen Bedienten, um sich Alberts Pistolen zu einer Reise auszubitten. Lotte händigt dem Diener die Waffen mit zitternder Hand aus. Bange Ahnungen quälen sie. Aber sie findet nicht die Kraft, Albert zu gestehen, was vorgefallen ist, und den Freund zu retten. Werther ist glücklich, dass ihm die Geliebte bei dem letzten Schritte geholfen hat. Am Abend zieht er sich mit einer Flasche Wein in sein Zimmer zurück. Sein Bedienter findet ihn am Morgen sterbend. Arbeiter tragen den Sarg zu Grabe, „kein Geistlicher hat ihn begleitet".

Nach: Helmuth Hör, in: Reclams Romanführer, Band 1: Deutsche Romane und Novellen von Grimmelshausen bis Thomas Mann, hg. von Johannes Beer. Stuttgart: Reclam [5]1974

Vorüberlegungen zum Einsatz des Buches im Unterricht

Der Roman „Die Leiden des jungen Werthers", zuerst anonym im Herbst 1774 in Leipzig erschienen, hat Johann Wolfgang Goethes Ruhm begründet und gehört aufgrund seiner Thematik und künstlerischen Gestaltung zu den bedeutendsten Werken der Weltliteratur. Ein großer Teil der damaligen Leserschaft nahm das Werk enthusiastisch auf, vor allem die junge Generation, die sich in der Titelfigur wiedererkannte und sie zur Selbstdarstellung nutzte.

Der Roman brachte eine Flut von Imitationen, Bühnenbearbeitungen, Parodien hervor und wurde darüber hinaus als erstes Literaturprodukt der neueren Kulturgeschichte vermarktet. Seine literarischen Wirkungen reichen bis in unsere Zeit, wie allein die zahlreichen Variationen des „Werther"-Themas im 20. Jahrhundert zeigen.

Dieses Produkt aus Goethes „Geniezeit" trägt die Zeichen einer in Aufbruchstimmung befindlichen Zeit; es gilt zu Recht als authentischer Ausdruck des Sturm und Drang, weist jedoch auch deutliche Spuren der Empfindsamkeit auf. Beide Epochen, die man nicht immer scharf trennen kann, sind in die umfassende Geistesbewegung der Aufklärung eingelagert, in der wesentliche Voraussetzungen für die Entwicklung der modernen Welt geschaffen wurden. In diesem Epochenumbruch löste die bürgerliche Gesellschaft mit ihren Forderungen nach Chancengleichheit, Freiheit im Denken und wirtschaftlichem Handeln die ständisch gegliederte Gesellschaft ab.

Im Jahr 1787, während Goethes Weimarer Zeit also, kam eine zweite, inhaltlich und stilistisch veränderte Fassung der „Leiden" heraus, die heute vielen „Werther"-Ausgaben zugrunde liegt. Die Textausgabe des Schöningh-Verlages, auf die wir uns beziehen, folgt dagegen der ersten authentischen Fassung der Sturm-und-Drang-Epoche von 1774.

Goethes „Werther" erfüllt sämtliche didaktischen Auswahl-Kriterien, die man an eine Schullektüre für den Deutschunterricht in der gymnasialen Oberstufe stellen kann: *„Kriterien für die Auswahl literarischer Texte sind ihre thematische, (literar)historische oder kulturelle Bedeutung, ihre sprachliche und künstlerische Qualität sowie ihr Gattungsbezug."*[1]

Zur (literar)historischen und kulturellen Bedeutung des Textes

Der „Werther"-Roman ist nicht nur ein bedeutendes Werk der Weltliteratur und der größte Prosa-Erfolg des bekanntesten deutschen Autors, sondern auch ein repräsentatives Werk seiner Entstehungszeit. An ihm lässt sich der Zusammenhang von individuellem Gestaltungswillen, biografischem Hintergrund und zeitgeschichtlichen Verhältnissen, von Literatur und Leben, Kunstcharakter und Wirklichkeitsgehalt exemplarisch verdeutlichen. Der Text besitzt aufschließende Kraft für die Charakteristika der Epochen des Sturm und Drang und der Empfindsamkeit und hat im Zusammenhang der literarischen, kulturellen und gesellschaftlichen Tradition einen besonderen Stellenwert. Durch ganz unterschiedliche Interpretationen und den Einfluss, den er auf das Denken und Fühlen der Gesellschaft im Laufe seiner Geschichte ausgeübt hat, wurde er so mit Bedeutung aufgeladen, dass ihm ein nicht einholbarer Vorsprung zukommt.[2] Damit eröffnet er die Möglichkeit, Geschichtlichkeit im Sinne von Rezeptions- und Wirkungsgeschichte zu vermitteln.

Zur sprachlichen und künstlerischen Qualität sowie zum Gattungsbezug des Textes

Goethes „Werther" repräsentiert eine Sonderform des Romans, den Briefroman, der im 18. Jahrhundert die Gattung beherrschte, im 19. Jahrhundert vom dialogisierten Roman verdrängt wurde, aber im 20. Jahrhundert wieder Bedeutung erlangte, so in den Romanen „Der letzte Sommer" (1910) von R. Huch, „Herr Meister" (1963) von W. Jens und „Bis dann" (1994) von R. Quadflieg.

---

[1] Richtlinien und Lehrpläne für die Sekundarstufe II, S. 18. Vgl. zum Folgenden auch: Richtlinien für die gymnasiale Oberstufe in Nordrhein-Westfalen, Deutsch, S. 68f.
[2] Vgl. Kreft, Grundprobleme der Literaturdidaktik, S. 311.

Goethe orientierte sich zwar an den „empfindsamen" Briefromanen des Engländers S. Richardson, des Franzosen J.-J. Rousseau und S. von La Roches „Geschichte des Fräulein von Sternheim" (1771), radikalisierte diese Form jedoch durch die Monoperspektivität des schreibenden Ichs und überbot damit seine Vorbilder. Nur zu Beginn des Romans, in einem Vorwort, und gegen Ende des zweiten Teils lässt er einen Herausgeber als Berichterstatter auftreten, der hier die letzten Ereignisse der Werther-Geschichte zusammenfasst, dessen letzte Briefe mitteilt und kommentiert. Mit den Mitteln der Dokumentarfiktion wird der Leser so in das Erzählte „hineinverwickelt", dass er sich ganz auf sich selbst gestellt und zum Urteil herausgefordert fühlt, „als wäre es das Leben in all seinen Widersprüchen"[1]. Der Text ist als vollendet ausgeprägte Erlebnisdichtung besonders geeignet zur Ermittlung des Zusammenhangs von Struktur und Aussage, weil im schriftlich Fixierten, bis in Wortwahl und Satzbau hinein, Werthers Wirklichkeitserfahrung in signifikanter Weise strukturiert erscheint.

Mit der sprachlichen Erweiterung der Ausdrucksskala seelischer Vorgänge ist Goethes Briefroman „für Deutschland der Beginn der modernen Prosa" (E. Trunz) geworden, und mit der Betonung der Ausdrucksmöglichkeiten des Einzelnen durch die monologische Briefform gehört er zu den Wegbereitern der Subjektivität, die gerade in unserer Zeit – in der „die Bereiche der Subjektivität und der Kommunikation wie nie zuvor gefährdet erscheinen"[2] – auch in der Literatur, z.B. im autobiografischen Roman und in der Lyrik der Neuen Subjektivität, von größter Bedeutung ist.

Zur thematischen Relevanz des Textes

Der Roman erfasst in exemplarischer Weise alterstypische Probleme von Oberstufenschülern und eröffnet ihnen Perspektiven für den Aufbau ihrer Persönlichkeit, für die Orientierung innerhalb unserer Kultur und für die Deutung der Wirklichkeit, in der sie leben; denn er handelt von dem Anspruch eines jungen Menschen auf Selbstverwirklichung, seinen Erwartungen an die Gesellschaft, seinem Freiheitsbedürfnis angesichts ständig erfahrbarer Einschränkung durch gesellschaftliche Konventionen, von dem Recht auf Selbstzerstörung des Individuums durch Selbstmord, von seinem Verhältnis zur Natur als einem alternativen Raum, in dem die Einheit von Ich und Welt gesucht wird, und vor allem – so lesen die Schüler im Allgemeinen den Roman – von der Tragik unglücklicher Liebe, eigentlich einer „Liebe im Spannungsfeld zwischen permanenter Illusion und unbefriedigender Erfüllung"[3].

Die Konfrontation mit historischen Norm- und Wertvorstellungen fordert junge Menschen im Alter unserer Oberstufenschüler zur kritischen Reflexion und Entwicklung eigener Vorstellungen heraus, die Erhebung des utopischen Potenzials des Romans fördert ihren kritischen Sinn für Möglichkeiten zur Gestaltung ihrer Umwelt, der Natur und der Gesellschaft, als des Lebensraumes, in dem sie mit ihren Mitmenschen zusammenleben. Dazu gehört auch die Haltung zu Gefühlen und ihrer Äußerung; emotionale Intelligenz, die Fähigkeit, innere Regungen wahrzunehmen und mitzuteilen, zählt inzwischen zu den Schüsselqualifikationen.

Ohne zusätzliche Informationen ist der aufgewiesene „Bildungsgehalt" der „Leiden des jungen Werthers" allerdings nicht zu vermitteln.

Die Textausgabe, die den Text den geltenden Normen der deutschen Rechtschreibung behutsam angepasst und mit Anmerkungen versehen präsentiert, erleichtert die flexible Einbindung der Romanbehandlung in die in schulinternen Curricula vorgesehenen Sequenzen aufgrund seines umfangreichen Material-Anhangs. Dies gilt ebenso für die Herstellung von intertextuellen Bezügen, die für die Lernprogression konstitutiv ist, wie für die methodenorientierte Anlage der Lernprozesse, insbesondere die Entwicklung von Argumenten für die textgebundene Erörterung.

Hatte man seitens der Fachdidaktik noch in den 60er- und 70er-Jahren Bedenken, „Die Leiden des jungen Werthers" wegen der als „überspannt" geltenden Gefühlsbetontheit und der als „übertrieben" empfundenen Ausdrucksweise als Schullektüre zu empfehlen, so ha-

---

[1] Blessin, Grundlagen und Gedanken, S. 21
[2] Könecke, Stundenblätter, S. 13
[3] Könecke, Stundenblätter, S. 11

ben sich diese Bedenken heute weitgehend zerstreut. Allerdings wird man nicht erwarten können, dass die Mehrheit der Schüler den Roman mit Begeisterung liest (dafür ist er für heutige junge Menschen zu ereignisarm und sprachlich zu sperrig), man kann aber davon ausgehen, dass ihn viele mit Interesse lesen.

Der „Werther"-Roman wird in verschiedenen Lehrplänen der Bundesländer als Gegenstand des Deutschunterrichts vorgeschlagen. In dem „Beispiel für eine Kurssequenz" im NRW-Lehrplan hat er seinen Sitz in der Jahrgangsstufe 12 (1. Halbjahr) im Rahmen des Unterrichtsvorhabens „literarische Formen der Selbstdarstellung und der Selbstverwirklichung des Individuums", und zwar sowohl im „Umgang mit Texten: Epochen, Gattungen" im Kontext des Epochenumbruchs 18./19. Jahrhundert als auch im Bereich „Reflexion über Sprache" zum Gegenstandsaspekt „Sprache der Gefühle".[1] Dabei wird das Problem, „die eigenen Ansprüche, die der Mitmenschen und die Anforderungen der Gesellschaft in eine ausgewogene Relation [zu] bringen", dominant gesetzt. Der „Werther"-Roman kann jedoch auch in einer anderen Kursfolge sinnvoll verortet und zur Erfüllung der Obligatorik herangezogen werden, zumal er verschiedene lebensweltliche Probleme thematisiert, z.B.

- „Anspruch auf Selbstbestimmung, auf Sinnfindung für das eigene Leben und Anerkennung dieses Anspruchs bei anderen",
- „Mitverantwortung für die Gestaltung der zwischenmenschlichen Beziehungen",
- „Mitverantwortung für die kulturellen Verhältnisse",
- „den eigenen Standort im Kontext der historischen Entwicklung reflektieren"[2].

Der Text vermag aufgrund seiner Thematik und Struktur zur Herausbildung und zur Förderung einer bewussten Lesehaltung beizutragen, zur selbstständigen Auseinandersetzung mit den thematischen Aspekten anzuregen und bietet den Schülern Anreiz, sich bei der Erarbeitung sowohl mündlich wie schriftlich zu äußern. Dieser Anregungscharakter des Romans und sein Anreiz zur Förderung der kommunikativen Kompetenz können sinnvoll mit handlungs- und produktionsorientierten Verfahren – auch solchen mit kreativer Akzentuierung – verbunden werden.

Manche Schüler benötigen zusätzliche Anregungen, um sich in den Roman hineinzufinden. Dazu haben sich ein Kreuzworträtsel und ein Quiz als hilfreich erwiesen (vgl. Zusatzmaterialien Z 1–2). Mit dem Quiz lässt sich spielerisch auch die Kenntnis der Lektüre abprüfen.

Die dem Unterrichtsmodell beigefügten zusätzlichen Materialien können nach Bedarf in den Unterrichtsverlauf integriert werden. Wenn sich eine Verwendung im Rahmen der im 5. Kapitel vorgestellten „thematischen Bausteine" empfiehlt, wird an entsprechender Stelle auf das jeweilige Zusatzmaterial hingewiesen.

Klausurvorschläge finden sich ebenfalls in diesem Anhang (s. Z 9).

---

[1] Richtlinien und Lehrpläne für die Sekundarstufe II, S. 58f.
[2] Richtlinien und Lehrpläne für die Sekundarstufe II, S. 35

Die Konzeption des Unterrichtsmodells

Lehren und Lernen in der Schule sind zwei Prozesse, die stark miteinander verzahnt sind und sich gegenseitig bedingen und beeinflussen. Bestimmte Prinzipien des Lehr-/Lernprozesses in der gymnasialen Oberstufe sind für jede Unterrichtskonzeption bindend, z.B. die Hinführung der Schülerinnen und Schüler zu einer wissenschaftspropädeutischen Ausbildung und die Hilfe zu ihrer persönlichen Entfaltung in sozialer Verantwortlichkeit, andere ergeben sich aus dem allgemeinpädagogischen Konsens, wie Ziel-, Problem- und Schülerorientierung, oder sind für die Artikulation von besonderer Bedeutung – etwa Lernprogression und strukturiertes Lernen.

Nicht allein die Tatsache, dass diese Prinzipien berücksichtigt werden, sondern wie dies geschieht, ist für die Konzeption des vorliegenden Unterrichtsmodells zu Johann Wolfgang Goethes Roman „Die Leiden des jungen Werthers" kennzeichnend.

Baustein 1 stellt unterschiedliche Möglichkeiten dar, einen Einstieg in die Erarbeitung mit der Lerngruppe zu finden. Die ersten beiden (Kreuzworträtsel, Quiz oder informeller Test / Kartenabfrage oder Schreibgespräch) setzen die Lektüre des gesamten Romans voraus, die beiden anderen (Arbeitstechniken am Beispiel des Romananfangs / Untersuchung eines zeitgenössischen Rezeptionsdokuments) können vor der Erteilung des Leseauftrags genutzt werden.

Baustein 2 soll den Schülern einen ersten Einblick in die Erzählstruktur (vor allem die Kommunikations- und Handlungsstruktur, aber auch in Spiegelungen des Werther-Schicksals) verschaffen und damit zu Fragestellungen und Deutungsaspekten führen, die für die gesamte Unterrichtsreihe relevant sind. Man kann jedoch ebenso gut mit **Baustein 3** beginnen: Werthers Liebe und die Dreiecksbeziehung Werther-Lotte-Albert treffen den Interessensschwerpunkt der Schüler und werden mithilfe motivierender Handlungsmuster (Standbild-Bauen) und Arbeitsblätter (Bild, Polaritätsprofil) erarbeitet. Dieser differenziert ausgearbeitete Baustein ist im Rahmen einer Unterrichtsreihe über „Die Leiden des jungen Werthers" unverzichtbar.

Die Bedeutung der Natur wird in **Baustein 4** thematisiert. Hier lernen die Kursteilnehmer u.a. mithilfe von Landschaftsbildern Goethes die Sicht der Natur als Landschaft, Spiegel der Seele und als Vorbild, Grund und Ziel der Selbstverwirklichung Werthers kennen und erhalten Möglichkeiten zur Bearbeitung produktionsorientierter und kreativer Aufgaben. Der letzte Teilaspekt dieses ebenfalls wichtigen Bausteins leitet zur Gesellschaftskritik im „Werther" über, dem Gegenstand des **Bausteins 5**. Mit diesem Baustein, den wir ebenfalls für unverzichtbar halten, wird eine Verbindung zum Epochenhintergrund hergestellt (vgl. 5.3). Die moderne „Werther"-Forschung nach Lukács macht – wie es scheint – einen Bogen um die Selbstmordproblematik[1] oder deutet Werthers Selbstmord von einer systemtheoretischen Position aus „oberflächlich" als den Versuch, den Moment ekstatischer Beglückung zu verewigen[2]. Dabei ist der Suizid-Komplex für das Gesamtverständnis des Romans entscheidend. Mithilfe eines aus der psychologischen Forschung entlehnten Kriterienkatalogs werden die Schüler nach unserem Vorschlag in **Baustein 6** für Werthers Krankheitsbild, das präsuizidale Syndrom, sensibilisiert, bevor sie Werthers Auseinandersetzung mit Albert über den Selbstmord untersuchen und seine Selbstzerstörung im Kontext des Romans deuten.

Baustein 7 legt den Schwerpunkt auf den inter- und extratextuellen Kontext, indem von authentischem Material ausgehend der biografische Hintergrund des „Werther" erschlossen wird und die beiden Fassungen des Romans exemplarisch gegenübergestellt werden.

---

[1] Vgl. Blessin, Grundlagen und Gedanken, S. 52: „Damit der Wunsch nach Selbstverwirklichung und das Leiden an der Gesellschaft weiter im Recht bleiben, darf Werther nicht krank, am wenigsten geisteskrank sein."

[2] Vgl. Plumpe, Kein Mitleid mit Werther, S. 222: „Nicht die unglückliche Liebe zu Lotte, sondern die erfüllte und glückliche Liebe ist das ausschlaggebende Motiv, das Werther zu seiner Tat antreibt. Dieses Resultat der Lektüre ist ganz unzweideutig, wenn man nicht als Therapeut auf das ‚Ungesagte im Gesagten' hört, sondern dem Gesagten in seiner Oberfläche folgt."

Damit sollen die Schüler einen differenzierten Einblick in das Verhältnis zwischen Literatur und Leben, „Poesie" und „Wirklichkeit", sowie in die editionsphilologische Problematik des „Werther"-Romans erhalten und erkennen, dass der literarische Text etwas Gewordenes und Gemachtes, aber auch – nicht zuletzt durch seine Rezeption – Veränderbares ist.

Baustein 8 stellt „Die Leiden des jungen Werthers" in den Kontext des Epochenumbruchs (Aufklärung – Empfindsamkeit – Sturm und Drang) und bringt den Roman vor diesem Hintergrund in Zusammenhang mit anderen literarischen Texten des 18. Jahrhunderts, die die Kursteilnehmer selbstständig in Form eines „Lern-Basars" erarbeiten sollen.

Die zeitgenössische „Werther"-Rezeption thematisiert **Baustein 9** unter Berücksichtigung der Rezeptionsbedingungen im 18. Jahrhundert.

Eine zusätzliche Lernprogression wird in **Baustein 10** durch die diachrone Erweiterung der intertextuellen Bezüge um literarische Wirkungen des „Werther" in Form des Lernens an Stationen angeboten.

In **Baustein 11** geht es um die theoretischen Grundlegungen literaturwissenschaftlicher Verfahrensweisen und deren Konkretisierung am Beispiel des „Werther". Bei der Durchführung dieses Vorschlags können die Kursteilnehmer im Methoden-Rückblick auf die Unterrichtsreihe und die erarbeiteten Ergebnisse beurteilen, inwieweit die dargestellten Ansätze berücksichtigt worden sind, was sie leisten und wie sie in Bezug auf das Verfahren der historisch-kritischen Literaturwissenschaft miteinander verbunden werden können.

Die thematischen Bausteine des Unterrichtsmodells

 **Möglliche Einstiege**

Dichtung ist ein Angebot für den Leser, in einen Dialog mit ihr zu treten. Deshalb bedeutet Lesen auch nicht nur das Zur-Kenntnis-Nehmen des literarischen Textes, sondern auch Entgegnung. „Der Leser antwortet. Er antwortet mit seinen eigenen Wünschen und Fürchten." (Martin Walser) Das Verstehen eines literarischen Textes ist also zunächst etwas ganz Persönliches, Individuelles. Die Klärung des vorläufigen Textverständnisses sollte deshalb ein unverzichtbarer Schritt bei der Analyse und Interpretation des Werther-Romans sein. Dazu eignen sich in der gymnasialen Oberstufe vor allem die Methoden der **Kartenabfrage** und des **Schreibgesprächs** (1.2).

Schon bei der ersten Aufnahme eines literarischen Textes kommen dem Leser spontan Gedanken und Fragen in den Sinn, die oft Wesentliches erfassen und einer genaueren Überlegung wert sein können. Damit die Schüler später auf ihre lektürebegleitenden Eindrücke zurückgreifen können, müssen sie sich angewöhnen, „mit dem Bleistift" zu lesen, entsprechende Textstellen zu unterstreichen und Randbemerkungen zu notieren. Solche **Arbeitstechniken** muss man den Lernenden erfahrungsgemäß immer wieder in Erinnerung rufen, gegebenenfalls von Neuem vermitteln. Als Textgrundlage bietet sich dazu der **Romananfang** an. Ein solcher Einstieg hätte vor der Erteilung des Leseauftrags die Funktion, die Schüler auf die Lektüre „mit dem Bleistift" vorzubereiten und eine kritische Lesehaltung anzuregen (1.3).

Um sie zur sorgfältigen Lektüre des Romans zu motivieren, kann man auch von der **Untersuchung eines zeitgenössischen Rezeptionsdokuments** ausgehen, das heutigen Lesern die Frage nahe legt, was diesen Roman so brisant machte, dass er ebenso Anlass zu begeisterter Zustimmung wie zum Ruf nach seinem Verbot durch die Obrigkeit gab, dass er zum umstrittensten Werk der deutschen Dichtung 18. Jahrhunderts überhaupt wurde (1.4).

Die Arbeit an einem Roman in der gymnasialen Oberstufe muss in der Regel die Kenntnis des gesamten Textes zur Grundlage haben. Man wird jedoch nicht davon ausgehen können, dass alle Schüler so (intrinsisch) motiviert sind, dass sie das Werk vor dessen Besprechung genau gelesen haben. Deshalb kann es sinnvoll sein, zunächst die Textkenntnis sicherzustellen. Ob dies in eher lockerer Weise mithilfe eines **Kreuzworträtsels,** eines **Quiz** oder mithilfe eines **informellen Tests** geschieht, wird man nach den jeweiligen Voraussetzungen der Lerngruppe entscheiden (1.1).

Die in diesem Baustein vorgestellten Möglichkeiten des Einstiegs schließen einander nicht aus, sondern können teilweise auch miteinander kombiniert werden. Die Analyse des Romananfangs oder des Rezeptionsdokuments kann auch an einer späteren Stelle der Unterrichtsreihe geleistet werden.

1.1 ☐ Kreuzworträtsel, Quiz oder informeller Test

Als eine lockere, motivierende Form der (allerdings eher punktuellen) Überprüfung und Vertiefung der Textkenntnis bieten wir ein **Kreuzworträtsel** zum „Werther" an (Z 1, S. 113). Beim Lösen des Rätsels dürfen die Schüler den Text selbstverständlich nachlesen. Das ist sogar erwünscht, auch damit sie sich später in diesem Roman besser zurechtfinden; deshalb enthalten die „Aufgaben" zumeist Hinweise auf die entsprechenden Werther-Briefe. Beliebt ist auch in der Oberstufe noch das **Quiz**. Die Schüler können selbst Quizfragen zum Text auf vorbereitete Kärtchen schreiben, die eingesammelt werden und als Grundlage für einen spielerischen Einstieg im Sinne der Abprüfung der Textkenntnis, aber auch zur Vorbereitung der Analyse des Romans dienen. Für die Lehrperson stellen wir Quizfragen als Anregung zur Verfügung (Z 2, S. 115). Sie können auch – natürlich in Auswahl – als Grundlage für einen **informellen Test** genutzt werden; eine solche schriftliche Übung – erst recht vor Beginn der Besprechung eines literarischen Werkes – ist allerdings problematisch. Auf jeden Fall sollten die Schüler den Text zur Beantwortung der Fragen nachschlagen dürfen.

1.2 ☐ Kartenabfrage oder Schreibgespräch

Das vorläufige Textverständnis, das so genannte Vorverständnis, ist eine wichtige Vorstufe für die Textdeutung. Es kann für den Aufbau des Gesamtverständnisses den Charakter einer Arbeitshypothese annehmen. Deshalb sollte es zuerst einmal schriftlich festgehalten werden. Wenn dies im Unterricht geleistet und ausgewertet wird, benötigt man dafür etwa eine Doppelstunde.
Eine geeignete Methode, die ersten Leseeindrücke einzufangen und zu systematisieren, ist die Kartenabfrage. Dazu erhalten die Schüler vorbereitete Karten (vgl. Arbeitsblatt 1, S. 21) und den Auftrag, ihre positiven und negativen Leseeindrücke stichwortartig zu notieren, wobei für jeden Gesichtspunkt eine eigene Karte verwendet wird.

☐ *Was haben Sie bei der Lektüre des „Werther"-Romans als positiv, was als negativ empfunden?*
Welchen Fragen und Themen möchten Sie genauer nachgehen?

Wenn Lerngruppen- und Raumgröße dies zulassen, setzen sich nun alle Schüler in einem Gesprächskreis zusammen und die Karten werden in die Mitte des Stuhlkreises gelegt. Andernfalls bilden die Schüler mehrere Gruppen und platzieren sich an den Gruppentischen, auf denen die Karten ausgelegt werden, und nehmen die notierten positiven und negativen Lektüreeindrücke, Fragen und Themenvorschläge ihrer Mitschüler auf.
In einem zweiten Durchgang werden die Eindrücke nach inhaltlichen Kriterien geordnet (z.B. Erzählstil, Figuren- und Naturdarstellung, Gesellschaftskritik, Entstehung und Wirkungen des Romans).

☐ *Sortieren Sie die Karten nach inhaltlichen Kriterien.*

Nach der Metaplanmethode (Gruppierung der Karten nach Aspekten) werden die Karten unter Angabe der Ordnungskriterien auf ein großes Wandplakat bzw. auf mehrere Plakate geklebt und an einer Wand des Kursraumes angebracht, sodass alle Kursteilnehmer von dem Erarbeiteten Kenntnis nehmen können.
In dem folgenden Unterrichtsgespräch sind Nachfragen, Erläuterungen, Ergänzungen möglich. Vielleicht gelangt man dabei auch zu übergreifenden Frage- bzw. Problemstellungen, z.B. der Frage, woran Werther scheitert bzw. warum er eigentlich Selbstmord begeht.
Die Unterrichtseinheit schließt mit einer Reflexion der Methode „Kartenabfrage". Dabei sollte zur Sprache kommen, dass diese Methode zwar aufwändig und zeitintensiv ist, aber gewährleistet, dass jeder Schüler sein Vorverständnis unverstellt einbringen kann und an der gemeinsamen Planung der Romananalyse beteiligt ist.

Alternativ kann zur Artikulation und intersubjektiven Klärung des Vorverständnisses eine Form des **Schreibgesprächs** gewählt werden, bei dem die Partner zunächst nur schriftlich in Teilgruppen miteinander kommunizieren. Die Arbeit erfolgt also in Gruppen mit jeweils drei bis vier Schülern (auf keinen Fall mehr). Jede Gruppe erhält Stifte unterschiedlicher Farbe und ein großes Plakat, in dessen Mitte „Johann Wolfgang Goethe: „Die Leiden des jungen Werthers" steht.

Die Schüler formulieren zunächst jeweils ihre hervorstechendsten Leseeindrücke, abwechselnd und in absoluter Stille. Dann nehmen sie aufeinander Bezug und erstellen somit einen gemeinsamen Text. Erst im Anschluss daran sprechen sie in der Gruppe über ihre Ergebnisse und bereiten sich auf deren Vorstellung im Plenum vor.

Mit dem Schreibgespräch ungeübte Kurse erhalten entsprechende Arbeitsaufträge mit Zeitvorgaben, die die Lehrperson am besten für alle sichtbar auf einer Folie präsentiert:

> 10 Minuten: Schreiben Sie Ihre hervorstechendsten Leseeindrücke auf die Plakate. Vermeiden Sie es, zu sprechen.
> 20 Minuten: Treten Sie in einen stummen (!) Dialog mit Ihren Gruppenmitgliedern, indem Sie deren Niederschrift auf dem Plakat kommentieren.
> 10 Minuten: Besprechen Sie Ihre Ergebnisse in der Gruppe und bereiten Sie sich auf eine Präsentation im Plenum vor.

Außer der Vorstellung der Ergebnisse im Plenum empfiehlt es sich, die Plakate an einer Wand des Kursraumes anzubringen und den Schülern Gelegenheit zu geben, die Plakate der anderen Gruppen zu betrachten. Danach verfährt man ähnlich wie bei der Auswertung der Kartenabfrage.

Bei der abschließenden Methodenreflexion wird den Schülern wahrscheinlich bewusst, dass das Schreibgespräch zwar viel Zeit beansprucht, aber eine intensive Form der sozialen Interaktion schafft, dass die Teilnehmer, da sie ihre Gedanken schriftlich formulieren, zu einer höheren Konzentration angehalten werden, als es oft im mündlichen Gespräch der Fall ist, sodass die Beiträge im Allgemeinen besser durchdacht sind. Als Impulse für die Reflexion im Plenum können folgende Fragen dienen:

- *Wie sind wir vorgegangen?*
- *Welche Vor- und Nachteile sind mit diesem Vorgehen verbunden?*
- *Was haben wir erreicht?*

Es wäre wünschenswert, wenn am Ende der nun folgenden Planungsphase ein Konsens in und mit der Lerngruppe darüber erreicht wird, welche Aspekte des Romans untersucht und gedeutet werden sollen, sodass ein vorläufiger Arbeitsplan erstellt werden kann.

1.3 ☐ Arbeitstechniken am Beispiel des Romananfangs

Als Hausaufgabe oder nach einem ersten Lesedurchgang im Unterricht erhalten die Schüler das Arbeitsblatt 2 (S. 22) mit der entsprechenden Aufgabenstellung:

- *Bereiten Sie sich auf die Analyse des Romananfangs vor, indem Sie die Seiten 7–9 mit Markierungen und Randkommentaren in Anlehnung an die Vorschläge des Arbeitsblattes versehen.*

Die Klärung möglicher arbeitstechnischer Schwierigkeiten und ein erster Erfahrungsaustausch über die Funktion solcher lektürebegleitender Notizen führt gleichsam organisch zum Gespräch über die Gesichtspunkte, die die Schüler in Hinblick auf die Analyse des Textes für bedeutsam halten und die im Folgenden zu strukturieren sind. Dabei ist zwischen dem Vorwort und dem Brief zu unterscheiden.

Wenn die Schüler, was zu erwarten ist, zuerst den Brief bzw. die Person Werthers in den Mittelpunkt ihrer Überlegungen stellen wollen, können entsprechende Leitfragen – evtl. mit Zusatzimpulsen – formuliert werden:

- *Welche Themen und Probleme werden in dem Brief angesprochen?*

Folgende Themen und Probleme werden u.a. angesprochen: die Problematik von Liebesbeziehungen (Leonore), Missverständnisse unter den Menschen, der Umgang mit den „kleinen Leuten" (Gärtner), der Gegensatz von Stadt und Land bzw. Natur sowie von Wissenschaft und Gefühl (Herz).

Werther stellt sich als einen unruhigen, gefühlvollen Menschen dar. Er hat sich von seinem besten Freund getrennt und sich durch eine heikle Gefühlsverwirrung entstandenen Problemen durch Flucht entzogen. Nun möchte er, zumal er im Auftrag seiner Mutter eine strittige Erbschaftsangelegenheit erledigen konnte, die Gegenwart genießen und mit der frühlingshaften Natur verschmelzen. Sein Lieblingsplatz ist ein Garten außerhalb der als „unangenehm" empfundenen Stadt, in dem die Natur nicht geometrisch zurechtgestutzt ist, sondern scheinbar frei, ohne Eingreifen des Menschen, gewachsen ist, sodass man spürt, dass hier „ein fühlendes Herz" am Werk war. Daran, dass Werther sich so häufig auf das „Herz" beruft, ist erkennbar, dass die emotional bestimmte Subjektivität für seine Lebensorientierung von großer Bedeutung ist. Das emotionale Engagement ist auch in seinem Sprachstil fassbar: Brüche in der Satzkonstruktion (Anakoluthe), unvollständige Sätze (Ellipsen), Einbau von Empfindungswörtern (Interjektionen), Ausrufe und rhetorische Fragen deuten darauf hin, dass der Briefschreiber seinen Gefühlsausdruck für wichtiger hält als gedankliche Klarheit und grammatische Korrektheit.

❐ *Als was für ein Mensch stellt sich Werther in seinem ersten Brief dar? Berücksichtigen Sie*
 – die Erfahrungen mit anderen Menschen, von denen er berichtet,
 – sein Verhalten bei auftretenden Problemen,
 – die Rolle von Außenwelt und Gefühlsleben,
 – die Bedeutung, die das „Herz" für ihn hat,
 – seinen Sprachstil[1].

Die expositorische Funktion des Briefes vom 4. Mai kann erst nach der Lektüre des gesamten Romans erschlossen werden (vgl. den Klausurvorschlag Z 9 [1.], S. 123).
Auf jeden Fall wird eine Unterscheidung der beiden Ich-Erzähler im Vorwort und im Brief sowie ihrer Adressaten vorzunehmen sein: Der Ich-Erzähler Werther schreibt einen datierten, aber nicht mit einer Ortsangabe versehenen Brief an einen erst später namentlich genannten Freund (Wilhelm), den der fiktive Autor auch als „Bester" oder „mein Lieber" anspricht. Mit diesem Text erhält der reale Leser Einblick in das private Schreiben einer Person, deren Geist, Charakter und Schicksal ihm in einer Vorbemerkung (Z. 3–12) ans Herz gelegt wird.
Darin stellt sich der fiktive namenlose Herausgeber vor, der nicht mit dem Autor Goethe zu verwechseln ist, als Rechercheur in der „Geschichte des armen Werthers", insbesondere als Sammler und Ordner der Papiere Werthers; dabei kommen seine Vertrautheit und seine Sympathie mit der Figur und sein Mitleid mit deren Schicksal deutlich zum Ausdruck. Der Herausgeber wendet sich in den ersten beiden Sätzen an einen vertraulich angesprochenen fiktiven Leserkreis, im dritten Satz an eine Einzelperson dieser Leserschaft, indem er sie als „du, gute Seele" anspricht, und legt zwar eine distanzlose, identifikatorische Lesehaltung nahe, jedoch nicht die Nachahmung des Selbstmordes. Vielmehr setzt der Herausgeber voraus, dass das für Werthers Freitod mitentscheidende Gefühl der Einsamkeit durch das Lesen des „Büchleins" gerade überwunden werden kann. Das Vorwort enthält also gleichsam eine Gebrauchsanweisung für den Leser.

❐ *Beschreiben Sie die Leserrollen, die dem Leser*
 – bei der Aufnahme des Herausgebertextes,
 – bei der Aufnahme des Briefes
 nahe gelegt werden.

Als integrierende Aufgabenstellung, die zugleich zur Analyse der Erzählstruktur des Romans hinführt (Baustein 2), bietet sich die modellhafte Darstellung der Kommunikations-

---

[1] Eine gute zusammenfassende Kennzeichnung des Sprachstils findet sich bei Werner Riedel/Lothar Wiese: Klausur- und Abiturtraining Deutsch 1. Einführung in den Roman. Aulis Verlag Deubner & Co KG: Köln 1994, S. 77: „Kennzeichnend für Werthers Briefe ist ihr subjektiver Ton, der unmittelbaren Einblick in die Gemütslage des Helden gestattet. Häufig wird sein emotionales Engagement im Satzbau fassbar: Brüche in der Satzkonstruktion (Anakoluthe), unvollständige Sätze (Ellipsen), Einbau von Empfindungswörtern (Interjektionen), Ausrufe und rhetorische Fragen, Reihungsstil und syntaktische Spannungsbögen (z.B. Hinauszögerung des Hauptsatzes nach einem Konditionalsatz: „wenn ..., dann ..."). Aber auch die Wortwahl unterstützt die Expressivität (Ausdruckskraft) der Sprache: Insbesondere ist hier auf die hohe Bildlichkeit zu verweisen, wie sie durch genaue Schilderungen, Vergleiche und Metaphern erreicht wird."

Baustein 1: Mögliche Einstiege

struktur an, die der Romananfang aufweist. Ungeübten Schülern können die zu verwendenden sprachlichen Elemente vorgegeben werden.

❒ *Stellen Sie auf der Grundlage Ihrer Überlegungen zum Anfang der „Leiden des jungen Werthers" die Kommunikationsstruktur des Romans modellhaft dar. Verwenden Sie dabei folgende Elemente: realer Autor (Goethe), realer Leser, fiktiver Herausgeber, fiktiver Leser(kreis), fiktiver Leser (Wilhelm), fiktiver Autor (Werther), fiktiver Brief, erzählte Wirklichkeit, Der Roman „Die Leiden des jungen Werthers".*

Die Lösung der Aufgabe führt zu folgendem Tafelbild[1]:

1.4 ❒ Untersuchung eines zeitgenössischen Rezeptionsdokuments

Ein motivierender Einstieg, der zugleich zu einer relevanten Problemstellung für die Behandlung des Romans führt, ist die Untersuchung eines zeitgenössischen Rezeptionsdokuments. Als Textgrundlage hat sich Johann Melchior Goezes Stellungnahme „Kurze, aber notwendige Erinnerungen über die Leiden des jungen Werthers" (1775) als geeignet erwiesen. Es empfiehlt sich eine Beschränkung auf den zweiten Teil des im Anhang der Textausgabe abgedruckten Auszugs (S. 184, Z. 17 – S. 185, Z. 2). Eine Analyse der gesamten Rezension wird in Baustein 9.2 (S. 89) vorgenommen. Goeze möchte den „Werther", dieses „giftige Unkraut", „diese so giftige Schrift", die offenbar von vielen Rezensenten begeistert aufgenommen wurde, von der Obrigkeit verbieten lassen, weil das Werk auf junge Menschen verheerende Wirkungen ausübe.
Nach dem Vorlesen der Textstelle und spontanen Schüleräußerungen wird Goezes Stellungnahme genauer untersucht:

❒ *Welche Informationen über die zeitgenössische Rezeption des Werther-Romans lassen sich der Textstelle entnehmen? Und welche Haltung nimmt Goeze gegenüber dem Roman und seinen Wirkungen ein?*

Die Besprechung der Stellungnahme mündet in eine umfassende Problemstellung für die Behandlung des Romans:

❒ *Was ist an dem Werther-Roman so brisant, dass er zu einem umstrittenen Werk der deutschen Dichtung des 18. Jahrhunderts wurde, ebenso Anlass zu begeisterter Zustimmung wie zum Ruf nach seinem Verbot durch die Obrigkeit gab?*

---

[1] Wenn dieser Einstieg im Sinne des Bausteins 2 (der die Kenntnis des gesamten Romans voraussetzt) modifiziert werden soll, ist in der Überschrift „am Beispiel des Romananfangs" zu streichen, die Klammer unter „Herausgeber" um die Stichworte „Fußnoten" und „Bericht" zu ergänzen; die textinterne Kommunikationsstruktur müsste auf der Rezipientenseite („fiktiver Leser") durch „Lotte" ergänzt und „fiktiver Brief (4. Mai 1771)" durch „fiktive Briefe und Notizen" ersetzt werden.

Die ersten Leseeindrücke

Baustein 1 – Arbeitsblatt 1

Was haben Sie bei der Lektüre des „Werther"-Romans als positiv empfunden?

✂ --

Was haben Sie bei der Lektüre des „Werther"-Romans als negativ empfunden?

✂ --

Welchen Fragen und Themen möchten Sie genauer nachgehen?

Arbeitstechniken

Baustein 1 – Arbeitsblatt 2

Lektürebegleitende Notizen

Bei der Aufnahme eines literarischen Textes kommen dem Leser spontan Gedanken und Fragen in den Sinn, die oft Wesentliches erfassen und einer genaueren Überlegung wert sein können. Damit man später auf seine lektürebegleitenden Eindrücke zurückgreifen kann, empfiehlt es sich, „mit dem Bleistift" zu lesen, entsprechende Textstellen zu markieren und Randbemerkungen (Marginalien) zu notieren.
Zur Vorbereitung auf die genauere Analyse und Interpretation sollte man spätestens beim zweiten Lesedurchgang auch die Ränder einer Seite systematisch für Zeichen und Anmerkungen nutzen. Dabei kann jeder sein eigenes System entwickeln; nur sollte die einmal vorgenommene Ordnung durchgängig eingehalten werden.

Randmarkierungen als Hinweise auf die persönliche Einstellung

| ein senkrechter Strich: wichtig
|| zwei senkrechte Striche: sehr wichtig
!   Ausrufezeichen: erstaunlich
?   Fragezeichen: fragwürdig („Das bezweifle ich!")
+ Pluszeichen: gut („Dem stimme ich inhaltlich zu!")
– Minuszeichen: schlecht („Dem stimme ich nicht zu!")
} Wellenlinie: unklar

Randkommentare

- oberer Rand: Stichworte zum thematischen Zusammenhang
- seitlicher Rand: Siglen (Abkürzungszeichen, Kürzel) zur Kennzeichnung von Personen, Gegenständen, Sachverhalten, Vorgängen u.a., z.B.
  - Hg = Herausgeber, W = Werther
  - Erz = Erzähltechnische Besonderheiten (z.B. Erzählverhalten, Darbietungsweise, Vorausdeutung, Motiv)
  - Rh = rhetorisch-stilistische Besonderheiten, z.B. Aposiopese (Sprachfigur des Verstummens, Ausdruck des Scheiterns der Sprache angesichts überwältigender Empfindungen), Ellipse (Auslassung von Satzgliedern, die der Leser ergänzen soll), Parenthese (Einschub, Klammer; der Satzbau folgt dem spontanen Einfall, zeigt das Denken in Aktion), Inversion (Umstellung der normalen Wortfolge, dient der Heraushebung bestimmter Wörter).
- unterer Rand: zusätzliche Worterklärung, Querverweis auf eine andere Textstelle (mit Angabe der betreffenden Seite und Zeile), Strukturskizze

Markierungen im Text

Die optische Aufbereitung eines Textes, die Visualisierung der Informationseinheiten durch Textmarkierung, dient dazu, auf neue Informationen aufmerksam zu machen, den formalen Aufbau sowie die inhaltliche Gedanken- bzw. Handlungsabfolge sichtbar zu machen, Beziehungen zu verdeutlichen, besondere Gestaltungsmittel hervorzuheben u.a.

- Hauptbegriffe, Schlüsselwörter umranden, einkästeln oder einkreisen.
- Wichtige Kurzaussagen und Satzteile durch doppelte Unterstreichung hervorheben
- Erläuterungen, Konkretisierungen mit einer einfachen Linie unterstreichen.
- Besondere sprachliche Gestaltungsmittel mit einer gestrichelten Linie kenntlich machen.
- Eine zusätzliche Differenzierung kann durch farbliche Markierung erreicht werden; anstelle von dick auftragenden Filzstiften und „Markern" sind Farbholzstifte oft geeigneter.

Tipp: Nicht zu viel markieren (also z.B. nicht ganze Abschnitte unterstreichen)! Auswahl, Gewichtung und Abfolge der Markierungen sollten inhaltliche Schwerpunkte, gedankliche Zusammenhänge und stilistische Besonderheiten des Textes deutlich werden lassen.

❑ *Bereiten Sie sich auf die genauere Analyse des Romananfangs vor, indem Sie die Seiten 7–9 mit Markierungen und Randkommentaren in Anlehnung an die Vorschläge des Arbeitsblattes versehen.*

Baustein 2 *Die Erzählstruktur*

„Der kleine Roman ist ein Meisterstück der Notwendigkeit, ein lückenloses, klug, zart und wissend gefügtes Mosaik seelischer Einzelheiten, psychologischer Momente und Kennzeichen, die zusammen das Bild der Liebenswürdigkeit und des Todes geben."[1] Thomas Manns Äußerung zum „Werther" bezieht sich auf die Erzählstruktur, die in der Tat „eine ausgewogene Komposition" aufweist: „Episodisches und erzählerische Nebenstränge haben ihre spiegelbildliche Entsprechung in der Haupthandlung."[2]

Ein Zugang zu der Erzählstruktur des „Werther"-Romans eröffnet sich für die Schüler am ehesten über die **Kommunikationsstruktur** (2.1); vor allem in Anknüpfung an die Einstiegsmöglichkeit 1.3 bereitet dieser Zugang keine Schwierigkeiten. Die zumeist mühsame, aber notwendige Erarbeitung der **Handlungsstruktur** (2.2) wird mithilfe eines vorstrukturierten Arbeitsblatts (Arbeitsblatt 3, S. 29) erleichtert. Empfehlenswert ist außerdem die Visualisierung der Haupthandlung.

Damit die Schüler auf die o.e. Entsprechung aufmerksam werden, bietet sich die Untersuchung solcher **Spiegelungen des Werther-Schicksals** in zwei ausgewählten Episoden an (2.3). Die Einsicht in die Erzählstruktur des Romans führt zu Fragestellungen und Deutungsaspekten, die für die gesamte Unterrichtsreihe relevant sind.

2.1 ☐ Die Kommunikationsstruktur

Die unter 1.3 vorgestellte Möglichkeit des Einstiegs geht von der Vermittlung bzw. Reaktivierung von Arbeitstechniken am Beispiel des Romananfangs aus und führt zu einem vorläufigen Modell der Kommunikationsstruktur des „Werther", das – wenn dieser Einstieg gewählt wurde – nun aufgrund der Kenntnis des gesamten Romans geringfügig modifiziert wird (s. S. 20, Fußnote).

☐ *Wie muss das Modell verändert werden, damit es für den gesamten Roman gelten kann?*

Außerdem kann der Brief vom 4. Mai nach der Kenntnis des Romanganzen als Exposition gedeutet werden.

☐ *Welche Bedeutung hat der Brief vom 4. Mai in Bezug auf den gesamten Roman?*

Wichtige expositorische Elemente (Themen, Motive, indirekte Vorausdeutungen) sind: Werthers Flucht als Befreiungsversuch („Wie froh bin ich, dass ich weg bin!"), die unerfüllte Liebe („Die arme Leonore!", vgl. die „Geschichte des armen Werthers" im Vorwort des Herausgebers) und die mit dem „verfallenen Kabinettchen" angeschlagene Thematik der Vergänglichkeit/des Todes).

Hat man einen anderen Einstieg bevorzugt, so kann der Vorschlag 1.3 in ähnlicher Weise – unter Vernachlässigung der Arbeitstechniken – als erster Schritt zur Erarbeitung der Erzählstruktur genutzt werden. In diesem Zusammenhang bietet es sich auch an, die Expositionsfunktion des Briefes vom 4. Mai zu erschließen (s.o.).

Die Lehrperson kann die Kommunikationsstruktur aber auch ohne solche Vorarbeiten fragend-entwickelnd und unter Zuhilfenahme der Tafel unter folgender Fragestellung zum Unterrichtsgegenstand machen:

☐ *In welcher Form und von wem wird dem Leser Werthers Geschichte erzählt?*

---
[1] Mann, Goethes „Werther", S. 649
[2] Hein, Johann Wolfgang Goethe. Die Leiden des jungen Werther, S. 62

Baustein 2: Die Erzählstruktur

Die Lösung der Aufgabe führt zu etwa folgendem Tafelbild:

Anhand des Tafelbildes lassen sich wichtige Aspekte für die Deutung von Textstellen erschließen:

❐ *Welche Konsequenzen ergeben sich aus der Romanstruktur für die Deutung einzelner Textstellen?*

Sowohl bei der Ich-Form (Werther) als auch bei der Er-Form (Herausgeber) haben wir es nicht mit dem realen Autor zu tun; deshalb sprechen wir vom „Erzähler", wenn wir den „Berichterstatter" meinen.[1] Außerdem ist bei der Analyse zu beachten, dass der Text an einen fiktiven Adressaten gerichtet ist, der als Strukturelement in die Erzählung selbst eingegangen ist und in ihr eine bestimmte Funktion erfüllt – wie der Leser, an den sich der Herausgeber ausdrücklich wendet (vgl. „Der Herausgeber an den Leser", S. 102, Z. 15), und der von Werther anfangs als „Bester Freund" (S. 7, Z. 14) angeredete „Wilhelm" (erstmals S. 14, Z. 30 namentlich genannt); in überschwänglichem Freundschaftston (der Empfindsamkeit) nennt er ihn auch „Schatz" (S. 19, Z. 13), „Bruder" (S. 61, Z. 16) oder „Lieber" (S. 90, Z. 26). Später schreibt Werther auch an Lotte (vgl. S. 107, Z. 16 bzw. 21ff.) sowie an Albert (S. 124, Z. 25–30) oder an beide (vgl. den Brief vom 20. Februar). Die meisten Briefe aber beginnen ohne Anrede und enthalten auch keine Zwischenanrede. Daraus kann man folgern, dass Werther sich oft nicht an einen Partner wendet, sondern monologisiert. Wenn die Schüler dies noch nicht bemerkt haben, legt man ihnen ein Beispiel vor, z.B. den Text S. 90, Z. 20ff.:

❐ *Wer ist der Adressat des „am 19. Oktober" datierten Textes?*

Der Herausgeber hat also offensichtlich eindeutig partnerbezogene Briefe und monologische Tagebuchnotizen, die manchmal durch ihre Kürze herausfallen, gemischt, ohne sie als solche kenntlich zu machen.[2] Es ist also eine wichtige Aufgabe des analysierenden Interpreten, diese Textsorten mit ihrer jeweiligen Intentionalität zu unterscheiden.

Außerdem ergeben sich aus der Einsicht in die Kommunikationsstruktur des „Werther" für die weitere Planung der Unterrichtsreihe möglicherweise wichtige Analyseschwerpunkte, z.B.

- die erzählte Wirklichkeit (s. 2.2)
- die biografischen Voraussetzungen des Autors bzw. die Entstehung des Romans (s. Baustein 7) und seine Bedeutung in seiner Zeit – Der Roman im Kontext des Epochenumbruchs (s. Baustein 8)

---

[1] Vgl. Petersen, Erzählform, Erzählverhalten
[2] „Abgesehen [...] von den eindeutig partnerschaftsbezogenen Äußerungen sind die Wertherbriefe, nach Art innerer Monologe, ein ständiges, sich dramatisch steigerndes Ichgespräch. [...] GOETHE nimmt mit seiner Form der distanzlosen seelischen Selbstdarstellung seines Helden Züge des modernen Bewusstseinsromans von Virginia Woolf oder James Joyce vorweg." (Hein, Johann Wolfgang Goethe. Die Leiden des jungen Werthers, S. 38)

Baustein 2: Die Erzählstruktur

- die Aufnahme des Romans bei den Lesern bzw. Goethes „Werther" im Spiegel der zeitgenössischen Rezeption (s. Baustein 9)
- heutige Deutungen des Romans (s. Baustein 11).

2.2 ❒ Die Handlungsstruktur

Die Erarbeitung der Handlungsstruktur als eines wesentlichen Bestandteils der erzählten Wirklichkeit wird im Folgenden didaktisch reduziert auf die wichtigsten Stationen und Ereignisse in den letzten rund eineinhalb Lebensjahren Werthers.

Die Datierung der Briefe und die Informationen des Herausgebers im zweiten Teil geben den Rahmen für die Erfassung der Zeitstruktur. Aus Gründen der besseren Übersichtlichkeit und weil die selbstständige Erarbeitung durch die Kursgruppe keinen nennenswerten Lerngewinn erbrächte, werden den Schülern die Daten auf dem Arbeitsblatt 3 (S. 29) in geraffter Form und mit den zugeordneten Jahreszeiten vorgegeben, sodass – nach Möglichkeit als Hausaufgabe – nur die entsprechenden Handlungselemente der erzählten Wirklichkeit zu benennen sind.

❒ *Tragen Sie die wichtigsten Handlungselemente des Romans stichwortartig in die entsprechenden Zeilen ein.*

Nach der Vorstellung und ggf. Modifikation der Ergebnisse konzentriert sich das Unterrichtsgespräch auf die Auswertung der Übersicht zur zeitlichen Abfolge der Handlungselemente, angeregt durch einen möglichst offenen Impuls.

❒ *Wie ist die Handlung strukturiert?*

Über die Beschreibung der Struktur mithilfe des Arbeitsblattes 3 hinaus sind nun auch erklärende und deutende Schüleräußerungen erwünscht. Folgende Aspekte sollten thematisiert werden:

- Die Handlung ist chronologisch gegliedert, wird aber nicht kontinuierlich erzählt, weil der Roman größtenteils aus einer Folge von Briefen besteht, ohne erzählende Verbindungstexte. Die für den Briefroman typischen Zeitsprünge sind aus dem Datum der Briefe ersichtlich. Der deutlichste Zeitsprung liegt zwischen den beiden ungefähr gleich langen Teilen des Romans (10. September bis 20. Oktober 1771), also zwischen Werthers Abschied von Lotte und Albert im Spätsommer und seinem Amtsantritt bei der Gesandtschaft.
- In den beiden Teilen spiegelt sich die innere Struktur, die auf- und absteigende Linie der seelischen Befindlichkeit Werthers, vor allem die Linie der Liebesbeziehung. Der äußeren Erzählstruktur am Ende des zweiten Teils, dem scheinbaren Chaos von Herausgeberbericht, Briefen, Notizen und Ossian-Auszügen, entsprechen Werthers Verwirrung und Verzweiflung.
- Der Kursus eines Jahres wiederholt sich: Frühling, Sommer, Herbst und Winter werden in der Romanhandlung also zweimal durchlaufen. „Der doppelte Jahreszyklus legt es durchaus darauf an, gewisse Symmetrien anzudeuten, um desto klarer eine verhängnisvolle Asymmetrie hervortreten zu lassen. Der Sommer des einen Jahres ist nicht mit dem nächsten Sommer zu vergleichen. Das Rad der Zeit lässt sich nicht zurückdrehen, und Werthers Rückkehr an den Ort seiner Liebe führt ihn in den Tod."[1] Zwischen der Handlungsabfolge und der Zeitstruktur (besonders den Jahreszeiten) besteht offenbar ein (natur-)symbolischer Zusammenhang.
- Die erzählte Wirklichkeit umfasst Werthers Handeln in Zeit und Raum. Auch der Raum (zu dem der konkrete gesellschaftliche Kontext gehört) scheint in den oben angedeuteten symbolischen Zusammenhang integriert zu sein (vgl. vor allem die Bedeutung Wahlheims). „Spielt sich die Liebesbeziehung zu Lotte in der fast idyllischen Abgeschlossenheit eines Tals ab, so öffnet sich hier [zu Beginn des zweiten Teils] die Geschichte zur allgemeinen gesellschaftlichen Wirklichkeit, jedoch nur mit dem Ziel, Werther zu zeigen, dass er sich in diesem Raum nicht verwirklichen kann."[2]

---

[1] Stefan Blessin, Grundlagen und Gedanken, S. 27
[2] Riedel/Wiese, Klausur- und Abiturtraining Deutsch 1, S. 86

Baustein 2: Die Erzählstruktur

Zum besseren Verständnis der Handlungsstruktur empfiehlt sich eine Visualisierung der erarbeiteten Ergebnisse.

❏ *Veranschaulichen Sie die Handlungsstruktur in Form einer Skizze, in die Sie Werthers Gefühlsveränderung als „Fieberkurve" eintragen.*

Die Aufgabe kann in arbeitsgleichem Gruppenunterricht gelöst werden. Dazu erhalten die Schüler nach Möglichkeit Folien und Folienstifte.
Unter Berücksichtigung der äußeren Kommunikationsstruktur könnte die Strukturskizze folgendermaßen aussehen:

	Die Handlungsstruktur des „Werther"		
	Erster Teil (S. 7–67)	**Zweiter Teil (S. 68–128)**	
Kommunikationsstruktur	Herausgeber: Vorwort	Briefe an Wilhelm (4. Mai – 10. September 1771), Fußnoten des Herausgebers (S. 15, 23f., 37)	Briefe an Wilhelm, Lotte und Albert (20. Oktober 1771– 17. Dezember 1772, S. 69–102), Fußnote des Herausgebers (S. 76)	Herausgeber an den Leser, Herausgeberbericht, Briefe, Notizen Werthers und Ossian-Auszüge (S. 102–128)
Handlungsstruktur		glückliche Tage in Wahlheim — 30. Juli Ankunft Alberts — Werther liebt und hofft — Werther zweifelt und leidet — 10. Mai / 18. August Natur als Glück / Natur als Unheil — 4. Mai (Ankunft nach Flucht) — 10. Sept. Abreise	18. Juni Rückkehr zu Lotte — Werther liebt und leidet — 20. Jan. Frl. v. B. — 24. März Entlassung vom Hofe	Selbstmordentschluss (21. Dez.) — Werther verzweifelt — Tod
Zeit- und Raumstruktur		1771 Frühjahr – Sommer (Dehnung) Wahlheim und Umgebung	1772 Herbst – Winter – Frühjahr – Sommer – Herbst – Winter (Raffung) Bei Hofe, Heimat, Wahlheim und Umgebung	Winter (Dehnung) Wahlheim und Umgebung

Die Untersuchung der Handlungsstruktur kann mit der Präsentation der Strukturskizzen und ihrer Würdigung abgeschlossen werden.
Nun geht es darum, aus der Einsicht in diese Struktur konkrete Fragestellungen bzw. thematische Aspekte für die in den folgenden Sequenzen zu leistende Deutung des Romans zu gewinnen. Sie können den thematischen Schwerpunkten der Bausteine 3–6 entsprechen.

- Wie ist das Verhältnis zwischen Werther, Lotte und Albert gestaltet? Was für ein Mensch ist Werther? Worin liegt die Besonderheit seiner Liebe zu Lotte? (Baustein 3)
- Welche Bedeutung hat die Natur im „Werther"-Roman? (Baustein 4)
- Ist der „Werther" nur ein Liebesroman oder hat er auch eine gesellschaftskritische Funktion? (Baustein 5)
- Woran scheitert Werther, sodass er als einzigen Ausweg nur den Selbstmord sieht? (Baustein 6)

2.3 ☐ Spiegelungen des Werther-Schicksals

Die Spiegelung ist ein wichtiges Kompositionsmittel, das Goethe meisterhaft genutzt hat. Gleichwohl dürften den Schülern diese Spiegelungen bei ihrer Lektüre kaum aufgefallen sein; denn das hohe Maß an identifikatorischen Rezeptionssteuerungen, die Werthers Figurenbewusstsein betreffen, zieht in erster Linie die Aufmerksamkeit des Lesers an. Dies entspricht auch durchaus der Intentionalität der vorliegenden ersten Fassung des Romans. Wir beschränken uns auf zwei Episoden, nämlich die des ertrunkenen Mädchens (S. 54, Z. 26 – S. 55, Z. 34), ein Gretchenschicksal aus Goethes Frankfurter Nachbarschaft[1], und des Blumensuchers im Winter (Briefe vom 30. November und 1. Dezember, S. 96–99), dessen Modell ein schwermütiger Kanzleischreiber in Goethes Frankfurter Anwaltspraxis war[2].

Die Schüler können die beiden Episoden arbeitsteilig in zwei Gruppen untersuchen:

☐ *Untersuchen Sie die Spiegelung des Werther-Schicksals*
   a) in der Geschichte des ertrunkenen Mädchens (Brief vom 12. August 1771, S. 54, Z. 26 – S. 55, Z. 34),
   b) in der Geschichte des Blumensuchers (Briefe vom 30. November und 1. Dezember, S. 96–99). Weisen Sie die Schicksalsbeziehung zu Werther am Text nach.

Wie die Schüler ihre Ergebnisse vorstellen, sollten sie selbst entscheiden.
Die folgende Zusammenstellung ist nur eine Anregung zur Ergebnissicherung.

	Spiegelung des Werther-Schicksals in zwei Episoden des Romans	
Textbelege	**Das ertrunkene Mädchen** Brief vom 12. August 1771, S. 54, Z. 26 – S. 55, Z. 34	**Der Blumensucher im Winter** Briefe vom 30. November und 1. Dezember, S. 96–99
Das Schicksal der Figuren	• Ein junges Mädchen wird von dem Geliebten verlassen und begeht „in die Enge gepresst von der entsetzlichen Not ihres Herzens" Selbstmord, um „all ihre Qualen zu ersticken." (S. 55, Z. 30ff.) • „Erstarrt, ohne Sinn steht sie vor einem Abgrunde." (S. 55, Z. 25f.)	• Heinrich, ehemals Schreiber bei Lottes Vater, wird aus unglücklicher Liebe zu Lotte wahnsinnig. • „Jetzt ist's aus mit mir." (S. 97, Z. 8)
Die Schicksalsbeziehung zu Werther	• Auch Werther begeht letztlich aus unglücklicher Liebe Selbstmord. • Werther führt die Geschichte von dem ertrunkenen Mädchen als Fallbeispiel für die „Krankheit zum Tode" (S. 54, Z. 10) an. Sein eigenes Leiden deutet er auch als eine solche „Krankheit" (S. 60, Z. 23).	• Auch Werthers Leiden wird wesentlich durch die unglückliche Liebe zu Lotte verursacht. • Laut Albert wird „ein Mensch, den seine Leidenschaften hinreißen, [...] als ein Wahnsinniger angesehen."(S. 52, Z. 10ff.)
Wörtliche Anklänge/ Motivwiederholungen im Kontext	• „Mit offenen Armen stand ich gegen den Abgrund und atmete hinab! Hinab und verlor mich in der Wonne, all meine Qualen, all mein Leiden da hinabzustürmen..." (S. 101, Z. 7ff.)	• „siehst du, mit mir ist's aus" (S. 99, Z. 20)

---
[1] Vgl. Ernst Beutler, Das ertrunkene Mädchen, S. 124–134
[2] Hein, Johann Wolfgang Goethe. Die Leiden des jungen Werther, S. 63

Bei der Auswertung der Ergebnisse im Unterrichtsgespräch sollte neben der erzähltechnischen Funktion der indirekten Vorausdeutung die poetische Relativierung der Werther'schen Leiden als Intention dieser Spiegelungen erörtert werden. Am Beispiel der beiden behandelten Episoden wird nämlich deutlich, dass

- Leidenschaft auch im einfachen Volk, und zwar bei Angehörigen beiderlei Geschlechts, zu finden ist, also „nicht ein Privileg des Genies ist"[1];
- Leidenschaft im Zusammenhang mit unglücklicher Liebe zur Zerstörung der liebenden Person führen kann.

Mit dem Hinweis, dass Goethe selbst später (1786) eine weitere Episode (die Geschichte des Bauernknechts) eingefügt hat, kann deutlich gemacht werden, dass die in der ersten Fassung bereits angelegten Strukturen[2] zugunsten einer Relativierung der Leiden Werthers intensiviert werden. Werthers Absolutheitsanspruch, den er auch hinsichtlich seines ‚Elends' zumindest sporadisch geltend macht und den die Leser vielfach akzeptiert haben, ist nun nicht mehr haltbar, vielmehr wird er von ihm selbst als Erzähler dieser und ähnlicher Episoden widerlegt.

Die Schüler können zu einer ähnlichen Produktion motiviert werden.

☐ *Schreiben Sie eine eigene Geschichte im Wertherstil, in der sich das Wertherschicksal spiegelt.*

Notizen

___

[1] Könecke, Stundenblätter, S. 134
[2] Vgl. auch Werthers Aussage in Bezug auf den Schicksalsschlag, den die Tochter des Schulmeisters ertragen muss: „Es geht mir nicht allein so. Alle Menschen werden in ihren Hoffnungen getäuscht, in ihren Erwartungen betrogen." (S. 86, Z. 13ff.)

Die Struktur der erzählten Wirklichkeit

Baustein 2
Arbeitsblatt 3

Erster Teil		
Erzählte Zeit		**Handlung**
Jahreszeit	Briefe/Herausgeberbericht	
	Hg.-Vorwort	
Frühling 1771	4.5.–27.5.	
	16.6.	
Sommer 1771	19.6.–26.7.	
	30.7.	
	8.8.–10.8.	
	12.8.	
	15.8.–30.8.	
	3.9.–10.9.	
Zweiter Teil		
Herbst 1771 bis Winter 1771/72	20.10.–8.1.	
	20.1.	
	20.2.	
Frühling bis Sommer 1772	15.3.–16.3.	
	24.3.–19.4.	
	5.5.–11.6.	
	18.6.–6.9.	
Herbst bis Winter 1772	15.9.–17.12.	
	Hg., S. 102ff., 20.12.	
	Hg., S. 107ff., 21.12. (undatiert)	
	nach eilfe (undatiert)	
	Hg.-Epilog, S. 127f.	

❏ *Tragen Sie die wichtigsten Handlungselemente des Romans stichwortartig in die entsprechenden Zeilen ein.*

Die Struktur der erzählten Wirklichkeit

Lösungsbeispiel

Erster Teil		
Erzählte Zeit		**Handlung**
Jahreszeit	Briefe/Herausgeberbericht	
	Hg.-Vorwort	
Frühling 1771	4.5.–27.5.	Werthers Ankunft in der Stadt, Erledigung der Erbschaftsangelegenheiten, Bekanntschaften, Wohlbefinden in Wahlheim und Umgebung, Glückserlebnisse in der Natur
	16.6.	Bekanntschaft mit Lotte und der Familie des Amtmanns, Teilnahme am Ball auf dem Lande
Sommer 1771	19.6.–26.7.	Liebe zu Lotte, glückliche Tage in Wahlheim und Umgebung
	30.7.	Ankunft Alberts, des Verlobten von Lotte
	8.8.–10.8.	Freundschaft mit Albert
	12.8.	Diskussion mit Albert über Selbstmord
	15.8.–30.8.	Erfahrung der Natur als Unheil, Leiden an der unglücklichen Liebe
	3.9.–10.9.	Entschluss zur Abreise, Abschied von Lotte und Albert „im Herzen"
Zweiter Teil		
Herbst 1771 bis Winter 1771/72	20.10.–8.1.	Werthers Ankunft bei Hofe, Amtstätigkeit, Amtsmüdigkeit; Bekanntschaft mit dem Grafen C. und dem Fräulein von B.
	20.1.	Beziehung zu Fräulein von B.
	20.2.	Nachricht von Lottes und Alberts Hochzeit
Frühling bis Sommer 1772	15.3.–16.3.	Eklat in der Hofgesellschaft
	24.3.–19.4.	Entlassungsgesuch, Abschied vom Hofe, Aufenthalt beim Fürsten
	5.5.–11.6.	Abreise, Besuch seiner Heimat
	18.6.–6.9.	Rückkehr zu Lotte und Albert sowie nach Wahlheim und Umgebung
Herbst bis Winter 1772	15.9.–17.12.	Begegnung mit dem verwirrten Heinrich, Überschwemmung des Flusstals, wachsende Unerträglichkeit des Lebens
	Hg., S. 102ff., 20.12.	Selbstmordgedanken, vorletzter Besuch bei Lotte
	Hg., S. 107ff., 21.12. (undatiert)	Abschiedsbrief an Lotte, letzter Besuch bei ihr, Ossian-Lesung, Entleihung der Pistolen, letzte Briefe
	nach eilfe (undatiert)	Werthers Vermächtnis
	Hg.-Epilog, S. 127f.	Selbstmord und Begräbnis Werthers

Baustein 3: Die Dreiecksbeziehung Werther – Lotte – Albert

Im „Werther"-Roman kommen zwar zahlreiche Figuren vor, aber nur wenige von ihnen sind als Charaktere gezeichnet. Darüber hinaus lernt der Leser sie aus der dominierenden Ich-Perspektive des Briefschreibers Werther kennen, die eine differenzierte epische Ausgestaltung verhindert. Deutlicher treten neben der Hauptfigur nur Albert und Lotte hervor. Deshalb liegt es nahe, diese drei Figuren und ihre Beziehung zueinander in den Blick zu nehmen – im wahrsten Sinne des Wortes; denn dazu sollen die Schüler Standbilder bauen: **Einführung in die Konstellation der Hauptfiguren „Werther – Lotte – Albert"** (3.1). Falls die Schüler mit dieser Methode noch nicht vertraut sind, ist das entsprechende Arbeitsblatt 4 (S. 40) hilfreich.

Weil das Standbild-Bauen zeitaufwändig ist, wird als zeitökonomische Alternative der Zugang zur Untersuchung der Dreiecksbeziehung über ein Bild vorgeschlagen (Arbeitsblatt 5, S. 51).

Danach erfolgt eine **Annäherung an die Hauptfigur** (3.2) in einem schülerorientierten Zugriff, der Werther zum „Versuchsobjekt" im Rahmen eines der empirischen Sozialforschung entlehnten Messverfahrens macht (Arbeitsblatt 6, S. 42). In einem weiteren Schritt wird dann jene von Goethe so bezeichnete „endlose Liebe"[1] analysiert und kritisch reflektiert, die deshalb „endlos" ist, weil ihre Bedingung die Unerfüllbarkeit ist: **Werthers Liebe zu Lotte** (3.3). An der schwärmerischen Leidenschaft, die den zugleich Liebenden und Leidenden zugrunde richtet, ist Lotte jedoch nicht unbeteiligt; ihr Problem besteht darin, dass sie sich gefühlsmäßig weder ausschließlich an Werther noch an Albert zu binden vermag, was einer genaueren Untersuchung Wert ist: **Lotte zwischen Werther und Albert** (3.4).

3.1 ☐ Lotte [...] setzte sich, Albert neben sie, ich auch – Einführung in die Konstellation der Hauptfiguren

Als Einführung in die Figurenkonstellation „Werther-Lotte-Albert" eignet sich die handlungsorientierte Methode des Standbild-Bauens besonders gut, weil auf diese Weise grundlegende Aspekte der Beziehung zwischen den drei Figuren anschaulich fixiert werden. Das Verfahren bietet die Möglichkeit, dass die Vorstellungen der Schüler, die sie über die Lektüre gewinnen, sichtbar und damit einer Deutung und Diskussion zugänglich gemacht werden: „Die Schüler als Koproduzenten inszenieren bei der Lektüre den Text; diese im Literaturunterricht meist unbewusst bleibenden Aktualisierungen der Schüler werden in Darstellung überführt und können so thematisiert und überprüft werden."[2] Die Lehrperson erklärt einleitend, was unter einem Standbild zu verstehen ist, nach Möglichkeit an einem Textbeispiel, das zum Thema hinführt, z.B. der Briefstelle S. 64, Z. 11ff.: „Lotte trat hinein und setzte sich, Albert neben sie, ich auch, doch meine Unruhe ließ mich nicht lange sitzen, ich stand auf, trat vor sie, ging auf und ab, setzte mich wieder, es war ein ängstlicher Zustand."

---
[1] Noch vor dem Erscheinen des Romans kündigt Goethe eine Geschichte an, „darin ich einen jungen Menschen darstelle, der, mit einer tiefen reinen Empfindung und wahrer Penetration begabt, sich in schwärmende Träume verliert, sich durch Speculation untergräbt, bis er zuletzt durch dazutretende unglückliche Leidenschaften, besonders eine endlose Liebe zerrüttet, sich eine Kugel vor den Kopf schießt". (Brief an Schönborn, 1. Juni 1774; zit. nach: Goethes Werke. Hamburger Ausgabe, Bd. 6, S. 521)
[2] Peren-Eckert/Greese, Unterrichtsmodell. „Max Frisch, Homo faber", S. 32

Baustein 3: Die Dreiecksbeziehung Werther – Lotte – Albert

Die angedeutete Dreiecksbeziehung kann als Tafelbild skizziert werden, dessen Linien die gefühlsmäßige Verbindung der Personen allgemein kennzeichnen:

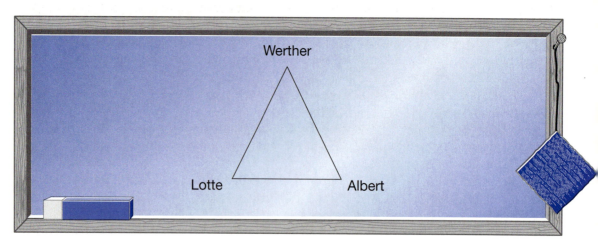

Dann werden die Schüler aufgefordert, weitere in Frage kommende Textstellen für das Standbild-Bauen zu nennen, und zwar solche, in denen vom gemeinsamen Handeln der drei Figuren erzählt wird.

- *Wo wird im Roman vom gemeinsamen Handeln der drei Figuren erzählt, sodass diese Textstellen für das Standbildbauen in Frage kommen?*

Es kommen nur drei Erzählpassagen in Betracht:
- S. 47, Z. 34 – S. 48, Z. 4 im Brief vom 30. Juli (1771): Albert sitzt bei Lotte im Garten; Werther kommt hinzu und verhält sich „ausgelassen närrisch", fängt „viel Possen, viel verwirrtes Zeug" an, sodass Lotte ihn am nächsten Tag tadelt: „Keine Szene wie die von gestern Abend! Sie sind fürchterlich, wenn Sie so lustig sind."
  Im Brief vom 10. September (1771) kommen mehrere Textstellen neben der einleitend zitierten in Frage, die alle in jenem „düstern Kabinette" am Ende der Allee spielen:
  – S. 65, Z. 29–34: Bei dem Gespräch über Lottes verstorbene Mutter wirft sich Werther vor Lotte hin, ergreift ihre Hände und benetzt sie mit Tränen; Lotte äußert sich ihm gegenüber achtungsvoll und drückt ihm die Hand.
  – S. 66, Z. 19–22: Als Lotte von der Zuversicht ihrer Mutter in Bezug auf das Glück von Lotte und Albert erzählt, fällt dieser ihr um den Hals und küsst sie und bestätigt die Glücksaussage, während Werther fast die Besinnung verliert („ich wusste nichts von mir selber").
  – S. 66, Z. 29–37: Werther hält Lottes Hand, die sie zurückziehen will, fest und verabschiedet sich von ihr und Albert.
- S. 106, Z. 29–36, Herausgeber-Bericht über die Ereignisse am Sonntagabend vor Weihnachten 1772: Werther unterhält sich allein mit Lotte, als Albert in die Stube tritt. Nach einer „frostigen" Begrüßung sind alle Beteiligten „verlegen"; ein Gespräch kommt nicht zustande. Albert äußert sich Lotte gegenüber ungehalten.

Die endgültige Auswahl der Textstellen für das Standbild-Bauen bleibt den Schülern überlassen, die sich zu gemischten Gruppen mit vier bis fünf Schülerinnen und Schülern organisieren. Möglicherweise ergibt sich dann eine Abfolge von Standbildern zu (höchstens fünf) verschiedenen Textstellen.
Nach der Gruppenbildung erhalten die Schüler, sofern sie mit dieser Methode noch nicht hinreichend vertraut sind, Arbeitsblatt 4 (S. 40) „Tipps zum Standbild-Bauen", das die Arbeit anleitet und strukturiert. Das Arbeiten ist „dezentralisiert"; nach Möglichkeit verteilen sich die Gruppen in benachbarte freie Räume. Nach 15 Minuten beginnt die Präsentationsphase.
Das Gespräch über die Standbilder kann mithilfe folgender Impulse strukturiert werden:

- *Beschreiben Sie das Standbild der Gruppe.*
- *Sprechen Sie darüber, was es Wesentliches über die Personen und ihre Beziehungen ausdrückt. An die darstellende Gruppe (zunächst die Spieler, dann den Regisseur):*
- *Was wollten Sie mit Ihrem Bild zum Ausdruck bringen?*

Abschließend erfolgt ein Vergleich aller Standbilder; Gemeinsamkeiten und Unterschiede sollen benannt und am Text überprüft werden.
Wenn alle vorgeschlagenen Textstellen für den Standbildbau genutzt wurden, ergeben sich etwa folgende Ergebnisse in Bezug auf die Beziehung zwischen Werther, Lotte und Albert: Die Personen werden zumeist bei gemeinsamem Gespräch sitzend, also als Kommunikationsgemeinschaft dargestellt. In der letzten und einzigen im zweiten Teil erzählten Situation kommt kein Gespräch zustande, aus dem Miteinander ist ein Nebeneinander geworden, was als Entfremdung der Beteiligten gedeutet werden kann. Das Dreiecksverhältnis ist also dynamisch aufzufassen. Man kann diese Veränderung als Tafelbild veranschaulichen, indem man die entsprechenden Punkte des Dreiecks einander annähert oder voneinander entfernt, z.B. zu S. 65, Z. 29–34:

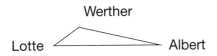

Wenn man Lottes Verhalten betrachtet, so fällt auf, dass ihre Handlungen in Gegenwart beider Männer sich darauf beschränken, Werthers Hand (nach seinem Unterwerfungsgestus) zu drücken oder ihre Hand aus der seinigen zurückzuziehen, was symbolisch gedeutet werden kann. Im Ganzen wirkt sie eher passiv.
Albert wirkt in seinem Verhaltensrepertoire im Allgemeinen blass. Lediglich bei der Erinnerung an die Worte der verstorbenen Mutter Lottes verliert er die Fassung, fällt Lotte um den Hals und küsst sie.
Werther dagegen verhält sich in den dargestellten Situationen zumeist auffällig: Er wirkt albern, verliert fast die Besinnung, wirft sich vor Lotte nieder, ergreift ihre Hände und benetzt sie mit Tränen oder hält ihre Hand fest.
Es ist davon auszugehen, dass die Auswertung der Standbilder bei den Schülern eine Fragehaltung, die sich auf die Gründe für das beobachtete Verhalten der Figuren richtet, geschaffen hat und eine Motivation, sich genauer mit Werther, Lotte und Albert zu befassen.

Als **Alternative zum Standbild-Bauen** wird der Zugang zur Untersuchung der Dreiecksbeziehung über einen Kupferstich von C. Knight (Arbeitsblatt 5, S. 41) mit folgender Aufgabenstellung vorgeschlagen:

❑ 1. *Beschreiben Sie die Darstellung der Figuren und ihrer Beziehung zueinander.*
   2. *Stellen Sie fest, zu welcher Textstelle des Romans der Kupferstich als Illustration geeignet ist.*

3.2 ❑ *Ihr könnt seinem Geist und seinem Charakter eure Bewunderung und Liebe [...] nicht versagen* – Annäherung an die Titelfigur

Wir nähern uns dem Titelhelden in einer die Schüler motivierenden Weise mithilfe eines Verfahrens, das in der empirischen Sozialforschung der Erhebung und Darstellung charakteristischer Merkmalsmuster von Objekten dient, wie sie von verschiedenen Menschen in ihrer Bedeutung erlebt werden, des Polaritätsprofils, auch als semantisches Differenzial bekannt. Die Schüler erhalten das Arbeitsblatt 6 (S. 42) mit zwei Aufgaben, die als Hausaufgabe oder in unterrichtlicher Einzelarbeit zu erledigen sind.

❑ 1. *Bringen Sie die literarische Figur assoziativ mit den Wortpaaren in Verbindung und kreuzen Sie jeweils den Ihrer Einschätzung entsprechenden Bewertungspunkt auf der Rating-Skala an.*
   2. *Verbinden Sie die angekreuzten Bewertungspunkte. Auf diese Weise entsteht ein Vorstellungsprofil.*

Danach kann in einer planungsorientierten Phase im Plenum erörtert werden, wie die Ergebnisse am besten auszuwerten sind. Es wäre optimal, wenn sich (zwei) Schüler bereit erklärten, die Ergebnisse zur nächsten Stunde statistisch auszuwerten und darzustellen. Die Auswertung kann aber auch im Unterricht so erfolgen, dass zunächst einige Schüler ihr Vorstellungsprofil beschreiben:

❒ *Beschreiben Sie Ihr Vorstellungsprofil, das Sie von der Wertherfigur erstellt haben. Berücksichtigen Sie dabei vor allem, nach welcher Richtung und in welcher Intensität die Assoziation besonders extrem ausfällt.*

Im Anschluss daran stellen die anderen Kursteilnehmer Übereinstimmungen und Abweichungen bezüglich ihrer Vorstellungen fest, sodass am Ende deutlich wird, wie die Kursgruppe die Wertherfigur einschätzt.

❒ *Vergleichen Sie die vorgestellten Ergebnisse mit dem von Ihnen erstellten Polaritätsprofil in Bezug auf Gemeinsamkeiten und Unterschiede.*

Während die Kursgruppe sich über bestimmte Charaktermerkmale Werthers, z.B. dass er extrem „gefühlvoll" ist, einig sein wird, ist aber auch mit erheblichen Abweichungen in der Beurteilung dieser Figur zu rechnen. Dies ist einerseits mit der unterschiedlichen Rezeptionsdisposition der Schüler, andererseits mit der Komplexität der literarischen Figur zu begründen. Deshalb sind gerade die signifikanten Abweichungen im Vorstellungsprofil für das folgende Unterrichtsgespräch fruchtbar. Sie fordern die Schüler zu begründeten Stellungnahmen heraus und fördern ihr Textverständnis im argumentativen Umgang mit dem „Werther"-Roman.

Die Phase der „Annäherung an die Hauptfigur" kann mit der Positionsbestimmung der Schüler gegenüber der Behauptung des Herausgebers abgeschlossen werden:

❒ *„Ihr könnt seinem Geist und seinem Charakter eure Bewunderung und Liebe […] nicht versagen." (S. 7, Z. 6ff.)*
Nehmen Sie zu der Behauptung des Herausgebers Stellung.

3.3 ❒ *sie hat all meinen Sinn gefangen genommen* – Werthers Liebe zu Lotte

Für die Schüler konkretisiert sich Werthers Gefühlsintensität am deutlichsten in seiner Beziehung zu Lotte. Sofern sie diese Liebe als Ideal der Liebe schlechthin betrachten, dient die folgende Unterrichtseinheit der Destruktion ihrer Vorstellung mit dem Ziel einer angemessenen, d.h. textgemäßen Beurteilung der Werther-Liebe sowie einer realistischen Einstellung zur Liebe allgemein. Denn die Amtmannstochter ist für Werther

- eine faszinierende junge Frau, als Geliebte jedoch schon wegen ihres So-gut-wie-Verlobtseins bzw. ihrer Ehe mit Albert unerreichbar. Werther weiß von Anfang an, dass er „keine Prätentionen auf sie zu machen" hat (S. 47, Z. 24f.);
- ein zum Engel hochstilisiertes Objekt seiner Sehnsucht, sich „mit all der Wonne eines einzigen großen, herrlichen Gefühls ausfüllen zu lassen" (S. 31, Z. 22ff.); die Erfüllung dieser Sehnsucht würde Werther jedoch desillusionieren, ihm wieder seine „Eingeschränktheit" (S. 31, Z. 26) bewusst machen (sodass er ein neues Objekt für seine schwärmerische Leidenschaft suchen müsste). Scherpe formuliert deshalb zugespitzt, dass die „Bedingung der Wertherliebe […] ihre Unerfüllbarkeit"[1] sei.

Die Unterrichtseinheit ist so strukturiert, dass zuerst das im Roman entworfene Bild Lottes und dann Werthers Liebe zu Lotte untersucht wird; und zwar werden die Analyseergebnisse der Schüler bezüglich der Liebe Werthers gesammelt, gegebenenfalls erweitert

---

[1] Scherpe, Werther und Wertherwirkung, S. 64. Diese Paradoxie dürfte auch ausschlaggebend für den Romanerfolg gewesen sein: „Werthers Leiden als Roman hätten keinen solchen Erfolg haben können, wenn es für sie einen Ausweg gegeben hätte; seine inneren Qualen, die Generationen von Lesern zu Tränen rühren konnten, wären durch einen glücklichen Ausgang entwertet und banalisiert worden. Hätte Werthers Liebe zu Lotte ihre Erfüllung gefunden, ihren Schlusspunkt gar in einer Hochzeit, würde sie das allgemeine Interesse weder verdient noch wohl auch gefunden haben, das ihr seit dem Erscheinen von Goethes Roman entgegengebracht wird." (Könecke, Stundenblätter, S. 118)

und differenziert, dann nach Relevanzaspekten geordnet und mithilfe eines Tafelbildes gesichert, sodass die Werther-Liebe schließlich problematisiert bzw. kritisch reflektiert werden kann.

„Viele Menschen meinen, zu lieben sei ganz einfach, schwirig sei es dagegen, den richtigen Partner zu finden, den man selbst lieben könne und von dem man geliebt werde."[1] Von der Annahme ausgehend, dass für die meisten Jugendlichen und jungen Erwachsenen die Liebe ausschließlich vom Objekt der Liebe abhängt, betrachten wir zunächst das Bild Lottes. Aus Gründen der Zeitersparnis wäre es wünschenswert, dass sich die Schüler mit dieser Figur bereits zu Hause befasst haben. Als Hausaufgabe eignet sich die aus der Sekundarstufe I bekannte, in mehreren Textausgaben des Schöningh-Verlages[2] vorgestellte Aufsatzform der Charakterisierung:

❒ *Verfassen Sie eine Charakterisierung Lottes.*

Lotte ist nach Werther die wichtigste Figur des Romans. An ihr entzündet sich Werthers Liebe und an dieser Liebe geht er zugrunde.
Lotte ist die älteste Tochter von neun Kindern des fürstlichen Amtmanns S. und versorgt nach dem Tod ihrer Mutter den Haushalt ihres Vaters in einem Jagdhaus, das anderthalb Stunden von der Stadt entfernt ist, und ersetzt ihren jüngeren Geschwistern die Mutter. Diese Aufgaben verrichtet sie mit stets gleicher Bescheidenheit und Freundlichkeit. Sie weiß zwar, dass ihr Leben „kein Paradies" ist, nennt es „aber doch im Ganzen eine Quelle unsäglicher Glückseligkeit" (S. 24, Z. 16ff.). Sie liest gern, spielt Klavier, hat Freude an Spiel und Tanz und neigt zu einer gewissen Geschwätzigkeit (vgl. Brief vom 26. Oktober). Von Lottes Äußerem erfährt man nur wenig. Sie gilt allerdings als „ein schönes Frauenzimmer" (S. 21, Z. 18) und wird von Werther als „[e]in Mädchen von schöner mittlerer Taille"(S. 22, Z. 8f.) beschrieben. Als besonderes Merkmal erwähnt er immer wieder ihre „schwarzen Augen"[3] (z.B. S. 25, Z. 7f.). Bei einem Ball trägt sie „ein simples weißes Kleid mit blassroten Schleifen an Arm und Brust"[4] (S. 22, Z. 9f.).
Ihrer Wirkung auf das andere Geschlecht scheint sie sich kaum bewusst zu sein, obwohl bereits ein Mann, der Schreiber ihres Vaters, ihretwegen den Verstand verloren hat.
Lotte ist zunächst mit einem jungen Mann, Albert, verlobt und heiratet ihn im Sommer 1771. Ihre Ehe stellt sie nie in Frage. Albert ist beruflich viel beschäftigt und hat „ein Amt mit einem artigen Auskommen vom Hofe" (S. 50, Z. 1) in Aussicht. Vor der Hochzeit hat er nichts dagegen, dass ihr gemeinsamer Freund Werther Lotte in seiner Abwesenheit besucht und mit ihr und den Kindern die Zeit verbringt.
Lotte bewegt sich in einem festen sozialen Rahmen, der ihr Halt gibt. Sie ist im christlichen Glauben verwurzelt, betet, vertraut auf ein Leben nach dem Tod und zeigt sich hilfsbereit auch im Sinne praktischer Nächstenliebe. Beispielsweise besucht sie eine todkranke Freundin (vgl. die Briefe vom 1., 6. und 11. Juli). Sie verfügt aber auch über eine ausgeprägte Fähigkeit zu schwärmerischem Empfinden (vgl. S. 29, Z. 24ff.) und lässt sich von Werthers melancholisch gestimmter Innerlichkeit beeinflussen. Bei der gemeinsamen Ossian-Lektüre wird sie von Mitleid und Rührung erfasst. Als Werther die verheiratete Frau küsst, drückt sie „mit schwacher Hand seine Brust von der ihrigen" (S. 118, Z. 33f.) und flieht. Danach quälen sie Gewissensbisse wegen ihrer Heimlichkeit gegenüber ihrem Mann und verfällt in „Wehmut" (S. 123, Z. 6f.). Obwohl ihr klar sein müsste, dass Werther Selbstmord begehen will, unternimmt sie nichts dagegen, vielmehr händigt sie seinem Diener die Pistole aus, mit der sich Werther erschießt. Die Nachricht von seinem Tod schmerzt sie so sehr, dass man um ihr Leben fürchtet.

Der Vortrag und die Besprechung der Schüleraufsätze zur Charakterisierung Lottes führen gleichsam organisch zur Untersuchung der Liebe Werthers zu Lotte hin.

---

[1] Fromm, Die Kunst des Liebens, S. 12
[2] Vgl. z.B. aus der Reihe EINFACH DEUTSCH: Friedrich Schiller, Der Verbrecher aus verlorener Ehre, S. 119f.
[3] Das historische Vorbild ist, was die Augen betrifft, Maximiliane La Roche. Charlotte Buff hatte blaue Augen.
[4] Im späteren Romanzusammenhang gewinnt eine dieser Schleifen noch Bedeutung: vordergründig als Geburtstagsgeschenk für Werther (vgl. den Brief vom 28. August) und als Erinnerungsstück, das er mit ins Grab nimmt (vgl. S. 126, Z. 30f.); auf symbolischer Ebene wird dem analysierenden Interpreten ihre (u.a. erotische) Bedeutung in ihrer Komplexität erst dann bewusst, wenn er entdeckt, dass nicht Lotte – wie in manchen sog. „Lektürehilfen" behauptet wird –, sondern Albert die Schleife an Werther verschenkt (vgl. S. 60, Z. 25f.).

Baustein 3: Die Dreiecksbeziehung Werther – Lotte – Albert

☐ *Beschreiben Sie Werthers Liebe zu Lotte. Beachten Sie dabei, welche Rolle das Gefühl vom ersten Moment der Begegnung an für die Beziehung hat.*

Es ist zu erwarten, dass die Schüler schwerpunktmäßig auf den langen Brief vom 16. Juni Bezug nehmen, der die Liebesgeschichte zwischen Werther und Lotte einleitet und einer genaueren Untersuchung – etwa in folgenden Schritten – Wert ist: Die erste Begegnung im Haus, die Kutschfahrt, Tanz und Spiel als Mittel der Annäherung, die Verständigung der beiden am Fenster. Lotte vereinigt in ihrer Person – wie deutlich werden müsste – die Vorzüge der Mutter, des Mädchens und der begehrenswerten Frau. Auch die Sprache zu Beginn des Briefes sollte berücksichtigt werden, weil in ihr die Erregtheit Werthers zum Ausdruck kommt. Der Brief vom 8. Juli ist in dieser Hinsicht ebenso aufschlussreich. Die kurzen Briefe vom 10., 13., 16., 18., 19. und 26. Juli zeugen von der Faszination, die Lotte auf Werther ausübt, bzw. von seiner Verliebtheit und werden deshalb in die Beschreibung der Wertherliebe einbezogen.

So interessant der Anfang der Liebesgeschichte für die Schüler auch sein mag, auf jeden Fall sollte die weitere Entwicklung der Liebesbeziehung in den Blick kommen, bevor die Ergebnisse nach Relevanzaspekten geordnet werden.

Bei der Systematisierung kann man von der Faszination bzw. Verliebtheit Werthers ausgehen. Es dürfte aber bereits deutlich geworden sein, dass damit von Beginn an eine Idealisierung und Vergötterung der Amtmannstochter verbunden ist, sodass Werther zunächst auf eine rein geistige Beziehung abhebt, zumal er weiß, dass Lotte versprochen ist. Dass es dabei aber nicht bleibt, vielmehr sein Verlangen nach Zärtlichkeit mit der jungen Frau, also die erotische Liebe im Laufe der Handlung eine größere Rolle spielt, müsste den Schülern aufgefallen sein; schließlich zerstört er selbst „mit wütenden Küssen" (S. 118, Z. 31) die Grundlage seiner Beziehung zu Lotte, nachdem er kurz zuvor noch geschworen hat, es nie wagen zu wollen, die Lippen zu küssen, „auf denen die Geister des Himmels schweben" (S. 95, Z. 30ff.). Sein Zwiespalt wird in dem zitierten Brief besonders deutlich, weil er fortfährt: „Und doch – ich will". (Z. 32)

Wenn die Ergebnisse dieser Unterrichtsphase (mit exemplarischen Textbelegen) in ein anschauliches Tafelbild mit dem Umriss eines Herzens integriert werden, so ist dies sachlich damit zu begründen, dass das Herz im „Werther"-Roman eine Metapher für das Gefühl ist:

„eine Bekanntschaft [...], die mein Herz näher angeht" (S. 20, Z. 5f.)

- „Sie hat all meinen Sinn gefangen genommen" (S. 20, Z. 15)
- „wie ich mich [...] in den schwarzen Augen weidete" (S. 25, Z. 7f.)

Faszination/Verliebtheit ← → **Erotische Liebe/Zärtlichkeit**

Werthers Liebe zu Lotte
↓
Idealisierung/Vergötterung der Geliebten

- „vergebens such ich sie nachts in meinem Bette" (S. 59, Z. 23f.)
- „das Zugreifen ist doch der natürlichste Trieb" (S. 92, Z. 3)
- „mit tausend/ wütenden Küssen" (S. 95, Z. 21; S. 118, Z. 31)

- „[sie ist] vollkommen" (S. 20, Z. 14)
- „Sie ist mir heilig. Alle Begier schweigt in ihrer Gegenwart." (S. 43, Z. 19f.)
- „Engel (des Himmels)" (S. 20, Z. 12; S. 77, Z. 5 u.a.)

Baustein 3: Die Dreiecksbeziehung Werther – Lotte – Albert

Nach dem Sammeln und Ordnen der Schülerbeiträge folgt nun die Auswertung der Ergebnisse i.S. einer Problematisierung der Werther-Liebe. Dazu schlagen wir einen thetischen Ansatz vor: Wir gehen im Unterricht von der o. e. Unerfüllbarkeitsthese aus und lassen diese überprüfen.

❏ *„Die Bedingung der Wertherliebe ist [...] ihre Unerfüllbarkeit".*
Setzen Sie sich mit der These des Literaturwissenschaftlers Klaus Scherpe auseinander.

Diese Auseinandersetzung kann entweder als Hausaufgabe in Form einer schriftlichen literarischen Erörterung oder im Unterrichtsgespräch geleistet werden. Um die Hypothese im Unterrichtsgespräch zu verifizieren, eignen sich folgende Impulse:

❏ *Welche äußeren Gegebenheiten verhindern die Liebeserfüllung für Werther?*
❏ *Aufgrund welcher innerer, personbedingter Voraussetzungen Werthers kann sich seine Liebe zu Lotte nicht erfüllen?*

Dass Lotte für ihn eine unerreichbare Geliebte ist, weiß Werther von Anfang an („Sie ist schon vergeben", S. 21, Z. 22; „ich wusste, dass ich keine Prätentionen auf sie zu machen hatte", S. 47, Z. 24f.); ihr Eheversprechen und ihre Ehe mit Albert sind die äußeren Hindernisse dafür, dass sich Werthers Liebe nicht erfüllt. Selbst wenn Lotte Werther wirklich liebte, verlangte der soziale Kontext, in dem sich beide befinden, ihr individuelles Glück den gesellschaftlichen Konventionen unterzuordnen. Aus der Sicht der verheirateten Frau wird die Leidenschaft Werthers deshalb zutreffend gekennzeichnet: „Ich fürchte, ich fürchte, es ist nur die Unmöglichkeit mich zu besitzen, die Ihnen diesen Wunsch so reizend macht." (S. 106, Z. 8ff.)

Die inneren, personbedingten Ursachen liegen in Werthers Illusionismus, der bis zur Höherschätzung der Illusion von Liebe als dieser selbst reicht (vgl. den Brief vom 18. Juli, S. 44, Z. 5ff.) und mit der Idealisierung, ja Vergötterung der Amtmannstochter zusammenhängt. Die Schüler haben wahrscheinlich den Brief vom 21. Juni „überlesen", der zwar, ohne das Wort Liebe oder den Namen Lotte zu erwähnen, vorführt, wie sich Werther in Lotte verliebt hat, aber zugleich eine Kernstelle enthält, die mit Werthers Erklärung, Lotte habe „all" seinen „Sinn gefangen genommen" (S. 20, Z. 15), in Beziehung gesetzt zu der entscheidenden Erkenntnis führt: dass Werthers Liebe als Ausdruck einer permanenten Sehnsucht keiner konkreten Realisierung standhalten kann und ihrem Wesen nach unerfüllbar sein muss. Auch Werthers Selbstdiagnose spricht dafür, dass sein „Sehnen [...] nach Veränderung des Zustands, eine innre unbehagliche Ungeduld" ihn „überall hin verfolgen wird" (S. 60, Z. 19ff.). Der Erkenntnisprozess der Schüler kann nötigenfalls mit einem entsprechenden Impuls initiiert werden:

❏ *„Sie hat all meinen Sinn gefangen genommen". (S. 20, Z. 15)*
Setzen Sie diese Aussage Werthers zu der Briefstelle S. 31, Z. 21ff. in Beziehung.

Die Ergebnisse lassen sich etwa folgendermaßen an der Tafel festhalten:

These:

„Die Bedingung der Wertherliebe ist [...] ihre Unerfüllbarkeit" (Klaus Scherpe).

Begründung:

Unerfüllbar ist Werthers Liebe zu Lotte
1. aufgrund äußerer Gegebenheiten bzw. gesellschaftlicher Konventionen: Lottes Verlobtsein bzw. Ehe mit Albert
2. aufgrund innerer, personbedingter Voraussetzungen Werthers: seines Illusionismus (Liebe als „Zauberlaterne", Glück durch „Phantome", S. 44, .1ff.) und seiner unstillbaren Sehnsucht nach vollkommener Liebe („Wir sehnen uns, ach!...", S. 31, Z. 21ff.).

3.4 □ *sie wäre mit mir glücklicher geworden als mit ihm!* – Lotte zwischen Werther und Albert

Lottes Anteil an Werthers Liebe ist bisher noch nicht hinreichend berücksichtigt worden, obwohl sie durch ihre freundliche Zuwendung Werthers Illusionen unterstützt, zumindest nicht verhindert, dass er sich Hoffnungen macht. Wie sonst kann er so sicher sein, dass sie ihn liebt (vgl. z.B. S. 42, Z. 21ff.)? Bei der Klärung dieses Aspekts wird Lottes innere Unentschiedenheit deutlich, die in ihrem Verhalten gegenüber Werther und Albert erkennbar ist: „Im Grunde steht Lotte zwischen zwei sehr gegensätzlichen Lebensentwürfen. Als Alberts Frau entspricht sie einem bürgerlichen Lebensideal, als Freundin Werthers läuft sie Gefahr, in ein kritisches Verhältnis zu dieser bürgerlichen Welt zu geraten. Als Frau scheint sie auf eine Rolle als Ehefrau und Mutter festgelegt zu sein. Zugleich aber erscheint sie gerade als Frau besonders sensibel, empfindsam und von daher viel eher offen für die Überschreitung der Grenze bürgerlicher Lebensentwürfe."[1]

□ *Welchen Anteil hat Lotte an Werthers Liebe?*

Lotte verbringt viel Zeit mit ihm allein oder mit ihren Geschwistern zu Hause, wenn Albert beruflich unterwegs ist, besucht mit Werther die Nachbarschaft, z.B. den Pfarrer von St., geht mit ihm spazieren und lässt ihn alltägliche Arbeiten mit ihr wie das Birnenpflücken verrichten. Sie behandelt ihn also wie einen eng vertrauten Freund und gibt Werther zu erkennen, dass er ihr – wie der Herausgeber später formuliert – „teuer" ist (S. 110, Z. 14). Auch nach seiner Rückkehr lässt sie Werther spüren, dass sie seine Gefühle versteht und mit ihm seelenverwandt ist. Sie macht ihn mit ihrem „gütige[n] Blick" betroffen, ebenso mit der „Gefälligkeit, womit sie einen unwillkürlichen Ausdruck [s]eines Gefühls aufnimmt", sowie ihrem „Mitleiden mit [s]einer Duldung" (Brief vom 21. Nov.). Als sie einmal in einer Gesellschaft kein Wort mit ihm wechseln und ihm „keine Hand reichen" kann, schickt sie ihm Blumen, die Werther als Zeichen ihrer Liebe deutet (S. 120, Z. 33ff.).
Nach der Beschreibung ihres Verhaltens kann eine Wertung versucht werden.

□ *Wie ist Lottes Verhalten Werther gegenüber zu beurteilen?*

Die Positionen der Schüler können von Verständnis für Lotte bis zu ihrer Verurteilung reichen. Wichtig ist, dass die Einschätzungen mit Textbelegen begründet werden.
Es ist zu erwarten, dass in der Diskussion Lottes inkonsequentes Verhalten Werther gegenüber als Ausdruck innerer Unentschiedenheit oder gar eines Zwiespaltes gedeutet wird, etwa mit der Begründung, dass sie sich Albert seelisch und moralisch zugehörig fühle, aber auch Zuneigung zu Werther empfinde und Eigenschaften an ihm schätze, die „ein braver Mensch" (S. 27, Z. 24) wie Albert nicht aufzuweisen habe. Damit wäre auch die beim Standbildbau (3.1) beobachtete eher passive Haltung Lottes erklärbar.

□ *Welche Eigenschaften der beiden Männer führen zu Lottes Schwierigkeit, sich ausschließlich an den einen oder den anderen gebunden zu fühlen?*

Was die für Lotte interessanten Qualitäten Werthers betrifft, so können an dieser Stelle die zuvor erarbeiteten Ergebnisse aufgegriffen und gebündelt werden. In Bezug auf Albert als Kontrastfigur zu Werther bietet es sich an, ebenfalls mit dem Polaritätsprofil zu arbeiten (vgl. Arbeitsblatt 6, S. 42) oder eine Charakterisierung verfassen zu lassen.
Wenn man die wichtigsten Ergebnisse an der Tafel nach den gegensätzlichen Qualitäten der beiden befreundeten und durch die Liebe zu derselben Frau verbundenen Männer festhalten will, sollte den Schülern klar sein, dass es sich lediglich um dominierende Eigenschaften handelt und nicht um absolute Gegensätze; sonst würde man beiden Figuren nicht gerecht. Beispielsweise ist Albert keineswegs gefühlskalt; auch er hat bei aller äußeren Gelassenheit und Rationalität „viel Gefühl", wie selbst Werther nach dem ersten Kennenlernen einräumen muss (S. 47, Z. 8) und wie der Schluss des Romans zeigt: „der Alte folgte der Leiche und die Söhne. Albert vermocht's nicht." (S. 128, S. 14f.). Allerdings fehlt ihm

---
[1] Siepmann, Lektürehilfen, S. 80

– und auch damit hat Werther sicher Recht – eine gewisse „Fühlbarkeit" (S. 86, Z. 2); dieser Mangel an Sensibilität zeigt sich besonders deutlich im Bericht des Herausgebers über die Situation, als der Ehemann die Verwirrung seiner Frau nicht bemerkt, nachdem es zum Kuss zwischen Werther und ihr gekommen ist (S. 122, Z. 1 – S. 123, Z. 8).

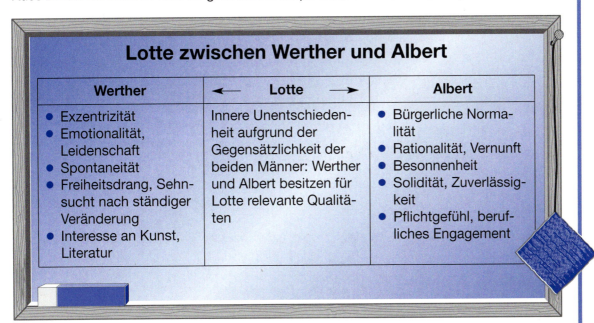

Lotte zwischen Werther und Albert

Werther	← Lotte →	Albert
• Exzentrizität • Emotionalität, Leidenschaft • Spontaneität • Freiheitsdrang, Sehnsucht nach ständiger Veränderung • Interesse an Kunst, Literatur	Innere Unentschiedenheit aufgrund der Gegensätzlichkeit der beiden Männer: Werther und Albert besitzen für Lotte relevante Qualitäten	• Bürgerliche Normalität • Rationalität, Vernunft • Besonnenheit • Solidität, Zuverlässigkeit • Pflichtgefühl, berufliches Engagement

Als Abschluss, auch im Sinne einer Lernkontrolle, eignet sich ein Gedankenspiel, mit dem man sich auf Werthers Spekulation einlässt, Lotte wäre mit ihm glücklicher geworden als mit Albert.

❐ *Nehmen Sie zu Werthers Behauptung Stellung:*
„sie [Lotte] wäre mit mir glücklicher geworden als mit ihm [Albert]" (S. 85, Z. 31).

Die Schüler müssten herausstellen, dass Werthers irreale Aussage der Vergangenheit Ausdruck seines tragischen Irrtums ist; denn seine Liebe beruht auf einer Sehnsucht, die nicht befriedigt werden kann. Die Realisierung der Liebe hätte zur Frustration (wahrscheinlich beider Partner) geführt; nach einer Eheschließung mit Lotte hätte Werther ihr bald im Bewusstsein seiner „Eingeschränktheit" desillusioniert gegenübergestanden (vgl. S. 31, Z. 25f.). Lotte wäre also mit Werther bestimmt unglücklich geworden. Ob Albert sie allerdings glücklich machen kann, wie es ihre Mutter (vgl. S. 66, Z. 17ff.) und Werther selber wünschen (vgl. S. 124, Z. 28f.), daran muss der Leser zweifeln.

Notizen

Tipps zum Standbild-Bauen

Baustein 3 — Arbeitsblatt 4

Aufgabe: *Bauen und formen Sie ein Standbild, das das Verhältnis zwischen Werther, Lotte und Albert abbildet.*

1. Der Erbauer des **Standbildes (= Regisseur)** greift sich mehrere Mitschüler heraus, die ihm für das Standbild nach Größe, Geschlecht, Kleidung usw. geeignet zu sein scheinen.

2. Der Regisseur baut mit den ausgewählten Mitspielern das Bild **Schritt für Schritt auf, indem er die Haltung der Mitspieler so lange mit seinen Händen formt,** bis sie die richtige Position eingenommen haben. Der Gesichtsausdruck (Mimik) kann vom Regisseur vorgemacht und dann vom jeweiligen Spieler nachgespielt werden. **Die Mitspieler müssen sich dabei vollkommen passiv verhalten.**

3. <u>**Während der Bauphase wird nicht gesprochen!**</u>

4. Wenn das Standbild erstellt ist, **erstarren alle Spieler** (ggf. auf ein Zeichen des Regisseurs hin) für 30 bis 60 Sekunden.

5. Danach wird das Standbild **beschrieben und interpretiert;** zuerst von den **Beobachtern,** dann von den **Spielern.** Dabei kommt es vor allem darauf an, die Beziehungen zwischen den Spielern zu deuten.

6. Zum Schluss wir der **Regisseur befragt,** welche Absichten er beim Bau des Standbildes gehabt hat.

Nach: Meyer, Hilbert: UnterrichtsMethoden/Hilbert Meyer. – Berlin: Cornelsen Verlag Scriptor 2. Praxisband – 6. Auflage 1994

Werther – Lotte – Albert

Baustein 3
Arbeitsblatt 5

Albert, Charlotte und Werther, Kupferstich von C. Knight (1784). Goethe-Museum, Düsseldorf

1. Beschreiben Sie die Darstellung der Figuren und ihrer Beziehung zueinander.
2. Stellen Sie fest, zu welcher Textstelle des Romans der Kupferstich als Illustration geeignet ist.

Polaritätsprofil zur Einschätzung einer Person

Baustein 3
Arbeitsblatt 6

Das Polaritätsprofil, auch als semantisches Differenzial bekannt, ist eigentlich ein Messverfahren der empirischen Sozialforschung. Diese Methode dient der Erhebung und Darstellung charakteristischer Merkmalsmuster von Objekten (Begriffen, Vorstellungen, Gegenständen und Personen), wie sie von verschiedenen Menschen in ihrer Bedeutung erlebt werden. Im Folgenden wird diese Imagemessung mit einer Reihe vorgegebener bi-polarer Adjektive auf eine literarische Figur als Versuchsobjekt bezogen.

Adjektiv a	Rating-Skala							Adjektiv b
	−3	−2	−1	0	+1	+2	+3	
gefühlvoll								sachlich
vorsichtig								unvorsichtig
passiv								aktiv
träge								lebhaft
spontan								zögernd
entscheidungsfreudig								abwartend
ängstlich								mutig
vertrauensvoll								misstrauisch
nervös								gelassen
gebildet								ungebildet
sprachgewandt								sprachlich unbeholfen
angepasst								unangepasst
stark								schwach
streng								milde
konsequent								inkonsequent
sympathisch								unsympathisch
kontaktfreudig								kontaktarm
ehrlich								unaufrichtig
kinderlieb								kinderfeindlich
egoistisch								altruistisch

1. *Bringen Sie die literarische Figur assoziativ mit den Wortpaaren in Verbindung und kreuzen Sie jeweils den Ihrer Einschätzung entsprechenden Bewertungspunkt auf der Rating-Skala an.*

2. *Verbinden Sie die angekreuzten Bewertungspunkte. Auf diese Weise entsteht ein Vorstellungsprofil.*

Die Bedeutung der Natur

Im „Werther"-Roman lernen die Schüler eine in der Mitte des 18. Jahrhunderts entstehende Sicht der **Natur als Landschaft** (4.1) kennen, eine Sicht, die sich damals zwar in lyrischen Texten äußert, in der Prosadichtung jedoch neu ist. Diese Sicht ist nicht (im Sinne der Erforschung der Naturgesetze mit wissenschaftlichen Methoden) von Verstand und (wirtschaftlich orientiertem) Nützlichkeitsdenken geprägt, sondern vom Gefühl[1]. „Was sonst das Genutzte oder als Ödland das Nutzlose [...] war, wird zum Großen, Erhabenen und Schönen: es wird ästhetisch zur Landschaft."[2]

Mit der Erkenntnis, dass Werthers Natur- bzw. Landschaftsdarstellung durch seine subjektive, vom Gefühl geleitete Naturerfahrung bestimmt ist, wird die Voraussetzung für eine differenzierte Analyse der **Natur als Spiegel der Seele** (4.2) geschaffen. Selbstverständlich beeinflusst die Natur in der Abfolge der Jahreszeiten Werthers Befinden. So wärmt der Frühling als „Jahreszeit der Jugend" sein „oft schauderndes Herz" (S. 8, Z. 23f.), während er im Winter, „dieser menschenfeindlichen Jahrszeit" (S. 100, Z. 30), leidet. Aber der eigentliche Grund für sein Glücksgefühl wie für sein Leiden liegt in ihm selbst, wie zum Beispiel im Brief vom 18. August angedeutet wird: „Das volle warme Gefühl meines Herzens an der lebendigen Natur, das mich mit so viel Wonne überströmte, das ringsumher die Welt mir zu einem Paradiese schuf, wird mir jetzt zu einem unerträglichen Peiniger, zu einem quälenden Geiste, der mich auf allen Wegen verfolgt." (S. 57, Z. 17ff.) Offenbar weiß er selbst, dass sein „Herz" auch seine Natursicht bestimmt bzw. dass die Natur „Spiegel [s]einer Seele" (S. 10, Z. 2) ist.

Wenn man in einem weiteren Unterrichtsschritt Werthers Selbstverständnis als Künstler berücksichtigt, der sich allein an der Natur orientieren will, führt man die Schüler zu einer weiteren Einsicht in die Bedeutung der Natur in diesem Roman: **Natur als Vorbild, Grund und Ziel der Selbstverwirklichung** (4.3). Mit dieser Einsicht wird für die Schüler der Bogen zur Gesellschaftskritik im „Werther" (Baustein 5) geschlagen.

4.1 ◻ *ringsumher eine unaussprechliche Schönheit der Natur* – Natur als Landschaft

Die Erkenntnis, dass im „Werther" Natur bei zweckfreier, subjektiver Betrachtung vor allem als Landschaft erscheint und wie sie ästhetisch gestaltet ist, soll mit einigen Landschaftsbildern Johann Wolfgang Goethes angebahnt werden (Arbeitsblatt 7, S. 53). Dazu erhalten die Schüler folgende Aufgaben, die sie als Hausaufgabe oder in Partnerarbeit lösen:

1. Versehen Sie die Landschaftsbilder mit aussagekräftigen Titeln.
2. Ordnen Sie zwei Bilder einer Landschaftsdarstellung im „Werther"-Roman zu. Schreiben Sie entsprechende Zitate zu den Bildern.
3. Welches Bild entspricht Werthers Naturempfinden am ehesten? Begründen Sie Ihre Meinung.

---

[1] Als Begründer dieser neuen, subjektiv bestimmten Naturerfahrung gilt der französische Philosoph Jean-Jacques Rousseau, dessen Gedanken mit Kulturkritik verbunden sind (vgl. Z 3, S. 116).
[2] Ritter, Landschaft, S. 150f.

Baustein 4: Die Bedeutung der Natur

Mögliche Ergebnisse

Bild	Aufgabe 1	Aufgabe 2	Aufgabe 3
1	„Nebeltäler"	• „Wenn das liebe Tal um mich dampft" (S. 9, Z. 18); • „Die ineinander gekettete Hügel und vertrauliche Täler" (S. 31, Z. 15f.); • „all jene Täler [...] von den lieblichsten Wäldern beschattet" (S. 57, Z. 26f.)	(„Dampfende Täler bei Ilmenau". Bleistift und Tuschlavierung) Der Fernblick auf dampfende Täler und bewaldete Hügel dürfte Werthers Naturempfinden am ehesten entsprechen.
2	„Häuser am Fluss"	• „Die Stadt ist selbst unangenehm, dagegen ringsumher eine unaussprechliche Schönheit der Natur." (S. 8, Z. 29f.) • „Garten auf einem der Hügel" (S. 8, Z. 31f.)	(„Schillers Garten in Jena". Aquarellierte Federzeichnung. 1810) Das Bild richtet den Blick des Betrachters auf die Häuser am Rand der Stadt, die für Werther „unangenehm" ist, weniger auf die „Schönheit der Natur" „ringsumher". Dass ein Garten dargestellt ist, wird nicht deutlich.
3	„Mond am nebligen Fluss"	• „als der Mond hinter dem büschigen Hügel aufging" (S. 64, Z. 9)	(„Aufgehender Mond am Fluss". 1779. Goethe hat das Blatt später seinen naturwissenschaftlichen Zeichnungen zugeordnet, ein Indiz dafür, dass er auch als Maler die „atmosphärischen Erscheinungen" – Mondlicht, Nebelstreifen u.a. – mit seelischen Erfahrungen in Zusammenhang bringt.) Das Bild kommt der melancholischen Stimmung der Abschiedssituation im Brief vom 3. September sehr nahe; ihm fehlt aber die sonst für Werther charakteristische „Unruhe".

Nach der Vorstellung und Besprechung der Lösungen wird als ein Zwischenergebnis festgehalten, dass sich Werther den Erscheinungen der Natur ohne praktischen Zweck – weder zu ihrer Erforschung noch zu ihrer wirtschaftlichen Nutzung[1] – zuwendet, sondern mit „Gefühl" (vgl. „ein fühlendes Herz [...], das sein Selbst hier genießen wollte", S. 9, Z. 1f.) und sie vor allem als „Landschaft" wahrnimmt.

An dieser Stelle kann die Lehrperson zur Einbeziehung des kulturellen Kontextes den Naturbegriff im 18. Jahrhundert (s. Z 3, S. 16) entweder selbst erläutern oder durch den Kurzvortrag eines Schülers (vgl. Z 4, S. 117) darstellen lassen. Z 3 setzt allerdings die Kenntnis der Epochenbegriffe voraus (vgl. dazu den „Epochenüberblick" im Anhang der Textausgabe S.156ff. und Baustein 8.1). Zur Veranschaulichung empfiehlt sich eine Bezugnahme auf die in „Texte, Themen und Strukturen"[2] enthaltenen Bilder „Französischer

---

[1] Wenn Werther sich darüber freut, dass sein „Herz die simple harmlose Wonne des Menschen fühlen kann, der ein Krauthaupt auf seinen Tisch bringt, das er selbst gezogen" (S. 32, Z. 11ff.), oder wenn er Lotte beim Birnenpflücken hilft (S. 61, Z. 19ff.), so steht dies nicht im Widerspruch zu dem Gesagten, weil Werther ein durch physische Anstrengung gekennzeichneter Bezug zur Natur als materieller Lebensgrundlage fremd ist; dem Alltäglich-Banalen des „Krauthaupts" und dem Birnenpflücken misst er nur deshalb das Flair des Besonderen bei, weil er sich, vom Zwang zu körperlicher Arbeit befreit, als empfindsames, „fühlendes" Subjekt verhalten kann – erst recht beim Umgang mit Lotte.

[2] Biermann/Schurf, Texte, Themen und Strukturen, S. 208

Schlossgarten" und „Englischer Schlossgarten", die auf einer Folie präsentiert werden können.

Die bisherigen Ergebnisse bleiben oberflächlich, wenn sie nicht wenigstens an einer Textstelle des Romans exemplarisch überprüft und vertieft sowie mit erworbenem Wissen verknüpft werden; dazu eignet sich der **Ausschnitt des Briefs vom 21. Juni, S. 31, Z.11–27**.

Seit seiner Jugend (vgl. S. 83, Z. 6ff.) sucht Werther auf seinen Wanderungen mit Vorliebe Erhöhungen und Aussichtspunkte auf, von denen er in die Ferne blicken kann. Auch in der ausgewählten Textstelle blickt der Erzähler „vom Hügel in das schöne Tal" (S. 31, Z. 11f.). Die Naturdarstellung ist durch eine subjektive, vom Gefühl geleitete Naturerfahrung (vgl. die Adjektive „wunderbar", „schön") bestimmt und wird so zu einem Landschaftsbild: „Es ist wunderbar, wie ich hierher kam und vom Hügel in das schöne Tal schaute, wie es mich ringsumher anzog." (Z. 11f.) Das Landschaftsbild ist – wie die meisten anderen – nahezu farblos, weist nur einzelne elliptisch benannte Naturphänomene („Wäldchen" und „die Spitze des Bergs") und Konturen auf wie „ineinander gekettete Hügel" mit einer Tendenz zur Abstraktion: „Dort das Wäldchen! Ach, könntest du dich in seine Schatten mischen! Dort die Spitze des Bergs! Ach, könntest du von da die weite Gegend überschauen! Die ineinander gekettete Hügel und vertrauliche Täler. O könnte ich mich in ihnen verlieren!" (Z. 13–17) Jedes der zitierten Naturphänomene wird nicht um seiner selbst willen betrachtet, sondern sogleich mit der Subjektivität des Betrachters verbunden, zunächst zweimal als Du-Botschaft, dann als gefühlsmäßige Ich-Aussage formuliert.[1]

Die mit der Interjektion „Ach" oder „O" eingeleiteten Ausrufesätze im Konjunktiv II (Irrealis) drücken die Vergeblichkeit der Wünsche aus, die in dem diffusen Wunsch gipfeln, sich zu „verlieren", dem Wunsch nach seelischer Selbstentgrenzung oder gar Selbstauflösung in der Landschaft.

Diese Sehnsucht ist – wie Werther erfährt („Ich eilte hin! Und kehrte zurück und hatte nicht gefunden, was ich hoffte." Z. 17f.) – im Hier und Jetzt nicht zu realisieren, sodass er zu dem verallgemeinernden Schluss (vgl. „[immer] wenn", „wir" und Präsens) gelangt: „Und ach, wenn wir hinzueilen, wenn das Dort nun Hier wird, ist alles vor wie nach"(Z. 24f.).

Diese Kernstelle wurde bereits im Zusammenhang mit der Wertherliebe (3.3) thematisiert, sodass die Schüler ihre Erkenntnisse nun auf Werthers Naturerfahrung und Naturdarstellung anwenden sollen.

Deshalb müsste die allgemeine Aufgabenstellung reichen:

❐ *Analysieren Sie die Textstelle S. 31, Z. 11–27 in Bezug auf Werthers Naturerfahrung und Naturdarstellung.*

4.2 ❐ *Das volle warme Gefühl meines Herzens an der lebendigen Natur... –* Natur als Spiegel der Seele

Die Untersuchung der Naturerfahrung und -darstellung konzentriert sich im Folgenden auf drei Briefe Werthers und soll arbeitsteilig in Gruppenarbeit geleistet werden. Nach Möglichkeit sollten die Schüler sich darüber hinaus produktionsorientiert und kreativ mit den analysierten Texten auseinander setzen.

Danach werden die Briefe hinsichtlich des leitenden Aspekts im Kontext des Romans gedeutet, sodass die Veränderung des Naturverständnisses mit Werthers sich verdüsternder seelischer Befindlichkeit überzeugend erklärt werden kann.

Arbeitsteilige Gruppenarbeit zu den Wertherbriefen vom
- 10. Mai, S. 9f.,
- 18. August, S. 57ff.,
- 8. Dezember, S. 100f.,

mit folgender Aufgabe:

---

[1] Vgl. Friedemann Schulz von Thun, Miteinander reden. Psychologie der zwischenmenschlichen Kommunikation, Bd. 1: Störungen und Zerstörungen, Reinbek: Rowohlt 1981, S. 110; 115ff.

Baustein 4: Die Bedeutung der Natur

❑ *Analysieren Sie den Brief linear in Bezug auf Werthers Naturerfahrung und Naturdarstellung. Stellen Sie die Ergebnisse Ihrer Detailanalyse mithilfe einer Gliederung auf einer Folie vor.*

Mögliche Ergebnisse der Gruppenarbeit

Der Brief vom 10. Mai, S. 9f.
1. *Werthers Glücksgefühl in der Natur (S. 9, Z. 9–17)*
   - Gleichsetzung von innerer Empfindung („Heiterkeit") und äußerer Wahrnehmung („Frühlingsmorgen");
   - Egozentrismus: drei Ich-Sätze (Z. 11ff., 13ff., 15ff.);
2. *Transzendenzerfahrung als höchste Steigerung des Naturerlebnisses (S. 9, Z. 18–32)*
   - Temporalsätze, eingeleitet durch die Konjunktion „wenn", implizieren zwar Wiederholbarkeit („immer wenn", „wann auch immer"), die Fülle des Erlebens ist aber auf einen Augenblick beschränkt (vgl. Z. 17); die ersten beiden Adverbialsätze stehen allein (Z. 18ff. und 23ff.), sprengen also die grammatische Form.
   - Dreischritt: Natur um uns (Makrokosmos), kleinste Welt (Mikrokosmos), Gott.
   - Werthers Sensibilität für einzelne Erscheinungen der Natur führt (mit der Wiederholung von „fühle" in Z. 26f.) zum religiösen Erlebnis, und zwar zur Empfindung Gottes im Menschen und in der Natur (Verbindung von Schöpfungsglauben und Pan[en]theismus in den beiden Relativsätzen Z. 27f. und 28f.).
   - Nach der Anrede („Mein Freund") wird im letzten „Wenn"-Satz (Z. 29ff.) das Unendliche („Welt", „Himmel") in das Innere des Menschen, seine „Seele", hineingenommen, verglichen mit der „Gestalt einer Geliebten".
3. *Desillusionierte Sehnsucht nach adäquater Gestaltung der Transzendenzerfahrung (S. 9, Z. 32 – S. 10, Z. 6)*
   - Nach der „Wenn"-Periode (Vordersatz) folgt Werthers Reflexion über die mangelnde (künstlerische) Ausdrucksfähigkeit des Menschen im Hauptsatz (Nachsatz); der Konjunktiv II drückt die Unmöglichkeit aus, das Übermaß der Empfindung angemessen zu gestalten.
   - Mit der Interjektion „Ach" eingeleiteter Ausruf des Ich, das sich hier mit „Du" an sich selber wendet.
   - Der künstlerische Anspruch (S. 10, Z. 2ff.) würde die Begrenztheit des irdischen Menschenlebens sprengen; vgl. die doppelte Aussage „ich gehe darüber zugrunde, ich erliege...". Damit wird bereits das Todesmotiv angeschlagen.
   - Spannung von Schönheit und überwältigender Kraft in dem Ausdruck „Gewalt der Herrlichkeit" (Z. 5), der mit dem Todesmotiv verbunden ist.

Der Brief vom 18. August, S. 57ff.
1. *Antithetische Einleitung (S. 57, Z. 14–21)*
   - Allgemeine rhetorische Frage („Musste denn das so sein?), deren Subjekt („das") durch einen für sich stehenden Konjunktionalsatz („Dass das...") erläutert wird: Es geht um die Unabänderlichkeit der ursächlichen Verbindung von „Glückseligkeit" und „Elend".
   - Übertragung der Antithese auf Werthers frühere und gegenwärtige Naturerfahrung, die im Folgenden kontrastiv geschildert wird.
2. *Werthers Erinnerung an sein Glücksgefühl in der Natur (S. 57, Z. 22 – S. 58, Z.29)*
   - Rückblick (vgl. Präteritum) auf das Glücksgefühl, das ihm die Natur vermittelte, in der Reihung von Temporalsätzen (eingeleitet durch die Konjunktion „wenn"), die aber nicht in einen normalen Hauptsatz, sondern in einen Ausruf (S. 58, Z. 4ff.) einmünden, – eine typische „Werther-Periode" (Gefühlsausdruck ist für Werther wichtiger als grammatische Korrektheit).
   - Idyllische Harmonie von Gott („Geist des Ewigschaffenden", Z. 21), Mensch und Natur (Landschaft, Tier- und Pflanzenwelt).
   - Stellenweise Wechsel vom Präteritum des Rückblicks zum Präsens der Vergegenwärtigung von Vergangenem (z.B. S. 58, Z. 21f.).
   - Erinnerung an die Sehnsucht nach Entgrenzung, d.h. die eigene „eingeschränkte Kraft" (Z. 27) zu überwinden, um an der Seligkeit des Schöpfers teilzuhaben; der Kranichflug (Z. 23f.) als sinnfälliges Bild des transzendentalen Fernwehs.

Baustein 4: Die Bedeutung der Natur

3. *Selbstreflexion als Überleitung (S. 58, Z. 30–34)*
   – Antithetik von Vergangenheit und Gegenwart sowie der Wirkungen der Erinnerung („wohl" – „Bange")
   – Präsens als Gegenwartsstufe des Erzählens
4. *Darstellung der gegenwärtigen Naturerfahrung (S. 58, Z. 35 – S. 59, Z. 20)*
   – Vergleich der neuen Natursicht mit dem Wegziehen eines Vorhangs.
   – Antithese von „Schauplatz des unendlichen Lebens" und „Abgrund des ewig offnen Grabs" als Hinführung zu der Erfahrung von Vergänglichkeit und Zerstörung.
   – Fülle von Verben zum Wortfeld „Vergänglichkeit" (Z. 2ff.): vorübergehen, -rollen, fortreißen, untertauchen, zerschmettern, verzehren, zerrütten, zerstampfen, wegspülen, verschlingen, zerstören, wiederkäuen.
   – Werthers tragisches Welt- und Selbstverständnis: Die zerstörende Kraft liegt nicht nur in der Natur außerhalb des Menschen, sondern auch in ihm als unabänderliche Gegebenheit, ja, sie ist „im All der Natur verborgen" (Z. 15f.).
   – Verabsolutierung dieser Weltsicht; „Ich sehe nichts als ..." (Z. 19).
   – Orientierungsverlust Werthers als Auswirkung dieser Naturerfahrung bzw. Weltdeutung (vgl. „so taumele ich beängstet!", Z. 18).

Der Brief vom 8. Dezember, S. 100f.
1. *Selbstreflexion Werthers bezüglich seines gegenwärtiges Zustands (S. 100, Z. 23–30)*
   – Werther empfindet sich nicht mehr als handelndes Subjekt, sondern als Objekt („Manchmal ergreift mich's", Z. 26).
   – Erkenntnis seines Krankheitszustandes („ein inneres unbekanntes Toben", Z. 27).
   – Die Krankheit geht dem (äußeren) „Toben" des Sturms voraus.
   – Koinzidenz zwischen der persönlichen Befindlichkeit und dem nächtlichen Naturereignis in „dieser menschenfeindlichen Jahrszeit" (Z. 30).
2. *Schilderung des überschwemmten Wahlheimer Tals und des Todeswunsches in der letzten Nacht (S. 100, Z. 31 – S. 101, Z. 17)*
   – Verknüpfung der persönlichen Ebene mit dem Naturereignis der letzten Nacht, dem Unwetter und seinen Auswirkungen (Z. 31ff.).
   – Zerstörung (Überschwemmung) als konkrete Naturerfahrung, die als „fürchterliches Schauspiel" bezeichnet (Z. 34f.) und geschildert wird (S. 100, Z. 35 – S. 101, Z. 3).
   – Das Hervortreten des Mondes und sein oxymorös („fürchterlich herrlich[en]", S. 101, Z. 5) geschilderter „Widerschein" auf der Flut rufen bei Werther „ein Sehnen" hervor (Z. 7).
   – Todeswunsch als Sehnsucht nach Vereinigung (Identifikation) mit den zerstörerischen Kräften, die als Befreiung von Leiden betrachtet wird (Z. 8ff.; vgl. die Selbstbezeichnung als „Eingekerkerten", Z. 16).
   – Hohe Emotionalität der Sprache mit Anreden Werthers an den Freund und an sich selbst („du", Z. 11), Interjektionen als Ausrufesätzen („Ach!", „Oh!", „Ha!"), nachdrücklichen (und daher mit Ausrufezeichen versehenen) Aussagesätzen, die z.T. die Form eines Fragesatzes haben (Z. 16f.), variierten Wiederholungen (z.B. „all meine Qualen, all mein Leiden", Z. 9) und einem Vergleich („wie die Wellen", Z. 10).
3. *Schilderung überschwemmter und zerstörter Begegnungsorte mit Lotte (S. 101, Z. 18–27)*
   – Verknüpfung eines positiv konnotierten „Plätzchens" der Erinnerung mit dem zerstörerischen Naturereignis (Z. 18ff.).
   – Schilderung der in Werthers Vorstellung (vgl. das zweimal nachgestellte „dacht ich", Z. 22 und 24) zerstörten Gegend um das Jagdhaus.
   – Durch die Erinnerung bewirktes Bewusstsein von Unfreiheit (Vergleich mit „einem Gefangenen", Z. 25).
   – Emotionalität der Sprache mit einer pathetischen Metapher („der Vergangenheit Sonnenstrahl", Z. 24), Satzbrüchen (Z. 18ff.) und einer Aposiopese („Ich hätte", Z. 27).
4. *Darstellung der gegenwärtigen Befindlichkeit Werthers (S. 101, Z. 27–31)*
   – Vergleich seiner aktuellen Situation („Nun sitz ich hier", Z. 27f.) mit dem Dahinvegetieren einer alten Frau.

Baustein 4: Die Bedeutung der Natur

Bevor die vorgestellten Ergebnisse hinsichtlich der Veränderung der Naturerfahrung und -darstellung Werthers verglichen und unter Berücksichtigung des Handlungsverlaufs des Romans ausgewertet werden, erhalten die Schüler Gelegenheit, falls genügend Zeit und Interesse vorhanden ist, produktionsorientiert und kreativ mit den analysierten Texten umzugehen. Die Bearbeitung solcher weiterführender Schreibaufträge kann den Verstehensprozess fördern. Allerdings sollten die Schüler im Sinne einer Binnendifferenzierung Wahlmöglichkeiten erhalten. Deshalb werden zu jedem der analysierten Briefe zwei verschiedene Aufgaben angeboten, und zwar so, dass Vergleichsmöglichkeiten gegeben sind:

Weiterführende produktionsorientierte und kreative Aufgaben

- **zum Brief vom 10. Mai:**
   a) Montieren Sie Textstellen des Briefs zu einem reimlosen lyrischen Gedicht – etwa in der Form eines Elfchens[1]. Selbstverständlich können Sie Textteile hinzuerfinden, verändern, wiederholen.
   b) Fertigen Sie (aus Reiseprospekten, Zeitschriften u.Ä.) eine Bild-Text-Collage an, in der die im Brief geschilderten Aspekte der Natur zum Ausdruck kommen.
- **zum Brief vom 18. August:**
   a) Fertigen Sie eine (abstrakte) Farb- und Formkomposition an, in der die im Brief geschilderten Aspekte der Natur zum Ausdruck kommen.
   b) Schreiben Sie einen Antwortbrief Wilhelms.
- **zum Brief vom 8. Dezember:**
   a) Schreiben Sie einen Antwortbrief Wilhelms.
   b) Gestalten Sie die nächtliche Szene vom 7. Dezember als Kurz-Hörspiel.

Hinweise zu den möglichen Lösungen

- **zum Brief vom 10. Mai:**
   a) Als Beispiele seien hier drei Gedichte von Schülern aus einem Leistungskurs der Jahrgangsstufe 12 aufgeführt:

Am 10. Mai
Ich bin so allein
in der süßen Frühlingswelt,
die wie geschaffen ist für mich.

Ich bin so glücklich
im hohen Gras am Bach
und fühle Gottes Gegenwart.

Ich sehn mich oft,
mein Gefühl auszudrücken,
dass es rein sich widerspiegelt –

und gehe darüber zugrunde

(Claudia P.)

Elfchen (1)
Das
Tal dampft,
ich liege im
Gras und sehne mich –
ach!

(Florian F.)

Elfchen (2)
Frühlingsmorgen
wunderbar süß
in meinem Herzen:
Freue mich meines Lebens –
Heiterkeit   (Tim H.)

   b) Als Aspekte der Natur können das morgendliche Tal, das Eindringen einzelner Lichtstrahlen in den dunklen Wald und/oder die kleine Welt der Gräser, Blumen, Insekten in Bachnähe dargestellt werden. Die collagierbaren Natur-Bilder werden im Gegensatz zu Werthers Darstellung farbig sein und die religiöse Dimension vermissen lassen.

---

[1] Ein Elfchen umfasst nur elf Wörter, die in folgender Weise auf fünf Zeilen verteilt werden: 1. Zeile: ein Wort (z.B. eine Farbe), 2. Zeile: zwei Wörter (z.B. etwas, das diese Farbe hat), 3. Zeile: drei Wörter (genauere Bestimmung dieses Gegenstandes), 4. Zeile: vier Wörter (etwas über Sie selbst oder Ihre Beziehung zu dem Gegenstand), 5. Zeile: ein abschließendes Wort.

- **zum Brief vom 18. August:**
  a) Entscheidend ist hier die Darstellung der Gegensätzlichkeit der Naturdarstellung (paradiesisch, Vergangenheit – zerstörerisch, Gegenwart), z.B. durch geschlossene und offene Formgebung und Hell-dunkel-Kontrast.
  b) Wilhelm wird seine Besorgnis darüber zum Ausdruck bringen, dass Werther die Natur nun so einseitig „als ein ewig verschlingendes, ewig wiederkäuendes Ungeheuer" sieht, obwohl sie doch Leben und Sterben vereinigt, und ihn ermahnen, beide Aspekte zu berücksichtigen, statt die Natur nur subjektiv und stimmungsabhängig wahrzunehmen.
- **zum Brief vom 8. Dezember:**
  a) Wilhelm wird höchst alarmiert reagieren angesichts des offen ausgesprochenen Todeswunsches, zumal Werther den Selbstmord als eine neue Möglichkeit von Größe im Vergleich zu dem erbärmlichen, „hinsterbende[n] freudlose[n] Dasein" einer alten Frau darstellt. Der Freund müsste nun endlich aktiv werden, um Werthers existenzielle Isolation aufzuheben. Noch besteht die Möglichkeit dazu, wie Werther ihm mit dem Hinweis signalisiert, dass seine „Uhr [...] noch nicht ausgelaufen" sei.
  b) Die Geräusche (Rauschen des Wassers, Brausen des Windes) müssen im Hörspiel sparsam eingesetzt werden, damit sie Werthers Worte nicht übertönen, die – ins Präsens gesetzt – großenteils wörtlich (S. 101, Z. 7–17) übernommen werden können; entscheidend ist die Emotionalität des gesprochenen Monologs.

Zur Ergebnissicherung reicht zunächst etwa folgendes Tafelbild:

Werthers Naturerfahrung und Naturdarstellung

10. Mai (1771)	18. August (1771)	8. Dezember (1772)
Glücksgefühl und Transzendenzerfahrung in der Natur bei Gleichsetzung von innerer Empfindung und äußerer Wahrnehmung	Erinnerung an das Glücksgefühl in der Natur und gegenwärtige Fixierung auf Vergänglichkeit und Zerstörung	Verbindung des „inneren Tobens" (Krankheit) mit der konkreten Naturerfahrung des zerstörerischen Unwetters

Emotionalität der Darstellung

Nun werden die Briefe hinsichtlich des leitenden Aspekts im Kontext des Romans mit folgender integrierender Aufgabenstellung gedeutet:

Deuten Sie die in den drei Briefen festgestellte Naturerfahrung und -darstellung Werthers im Kontext des Romans. Informieren Sie sich vorher über den Begriff „Kontext" anhand des Aufsatzes im Anhang der Textausgabe S. 212–215.

Wir beschränken uns auf eine vorläufige Klärung des Begriffs Kontext und konzentrieren uns auf den „innertextuellen Kontext" anhand des Schemas S. 213; die drei Kästchen im inneren Rechteck des Schemas können die Schüler leicht den drei Briefen zuordnen, um deren innertextuellen Kontextuierung es im Folgenden geht. Zur Veranschaulichung kann man das obige Tafelbild entsprechend erweitern (durch Rahmung, Beschriftung und Pfeile). Dann werden die Briefe in den Handlungszusammenhang eingeordnet und Werthers Naturverständnis als „Spiegel der Seele" gedeutet. Das komplette Tafelbild sieht dann etwa folgendermaßen aus:

Werthers Naturerfahrung und Naturdarstellung als Spiegel der Seele

10. Mai (1771)	18. August (1771)	8. Dezember (1772)
Glücksgefühl und Transzendenzerfahrung in der Natur bei Gleichsetzung von innerer Empfindung und äußerer Wahrnehmung	Erinnerung an das Glücksgefühl in der Natur und gegenwärtige Fixierung auf Vergänglichkeit und Zerstörung	Verbindung des „inneren Tobens" (Krankheit) mit der konkreten Naturerfahrung des zerstörerischen Unwetters

Emotionalität der Darstellung

↑ ↑ ↑

| Werther hat sich von Liebesverstrickungen durch Flucht befreit und eine Erbschaftsangelegenheit geklärt; er ist ein Müßiggänger, fühlt sich wohl und genießt die ländliche Umgebung. | Werther weiß um die Aussichtslosigkeit seiner Liebe zu Lotte nach der Ankunft Alberts und leidet an seiner Liebe. | Nach seinem Scheitern in der Gesellschaft („Dimission bei Hofe") und der Rückkehr zu Lotte verzweifelt Werther an der unerfüllbaren Liebe zu der verheirateten Frau. |

Innertextueller Kontext

Deutung: Die Veränderung des Naturverständnisses ist durch Werthers jeweilige seelische Befindlichkeit bedingt, die sich im Laufe der Handlung verdüstert. Die Natur hat für Werther also weniger Eigenwert als vielmehr Funktionswert, nämlich als „Spiegel der Seele". Bei Zeit und Interesse könnte man hier – evtl. in Zusammenarbeit mit den Fächern Philosophie und Evangelische/Katholische Religionslehre – der erkenntnistheoretischen Frage nachgehen, wie der Mensch Wirklichkeit wahrnimmt, und die Kursteilnehmer mit dem Konstruktivismus bekannt machen.

4.3 ☐ *Sie allein ist unendlich reich* – Natur als Vorbild, Grund und Ziel der Selbstverwirklichung

Die Natur ist für Werther in jeder Hinsicht Vorbild; an ihr allein will er sich orientieren: „Sie allein ist unendlich reich und sie allein bildet den großen Künstler." (S. 17, Z. 4f.) Deshalb versucht er als Künstler die Natur möglichst genau abzubilden und will sich – als „Genie" des Sturm und Drang – von allen Zwängen und Einschränkungen durch Regeln befreien. Dieser Wunsch nach freier und allseitiger Entfaltung seiner Persönlichkeit liegt auch seiner Idealisierung vermeintlich ursprünglicher Verhältnisse zugrunde, in denen es ihm noch „natürlich" zuzugehen scheint. „Was möglich wäre – das erkennt er wieder an den Kindern, in der einfachen Lebensweise der unteren Stände, in den frühen Heldengesängen der Völker. Was wie Nostalgie anmutet, ist doch mehr als eine nur nach rückwärts gewandte Sehnsucht. Es ist die Erschließung einer lebenswerten Zukunft aus den Spuren glücklichen, unbeschädigten Daseins, soweit sie sich bis in diese Tage erhalten haben."[1]

---
[1] Blessin, Grundlagen und Gedanken, S. 37

Baustein 4: Die Bedeutung der Natur

Damit wird auch ein Hinweis auf die Gegenwarts- und Zukunftsbedeutung des Unterrichtsgegenstandes für die Schüler gegeben.

Als Einstieg in die Einheit schlagen wir die Präsentation einer auf Folie übertragenen „Werther"-Illustration von Johann David Schubert ohne Angabe des Titels vor. Hier wird Werther als Künstler dargestellt, der gemäß dem Brief vom 26. Mai eine Szene brüderlicher Fürsorge zwischen zwei kleinen Jungen unter einer Linde zeichnet.

Johann David Schubert: Werther zeichnet die Kinder in Wahlheim

❐ *Wie wird Werther hier dargestellt?*
❐ *Auf welchen Teil des Romans bezieht sich die Illustration?*

Wahrscheinlich muss der Text S. 16f. noch einmal gelesen werden, damit Werthers Einstellung zu den Regeln in der Kunst, die seiner Meinung nach „das wahre Gefühl von Natur und den wahren Ausdruck derselben zerstören" (S. 17, Z. 13f.), geklärt werden kann. In diesem Zusammenhang ist auch sein „Gleichnis" von Bedeutung.

❐ *Klären Sie Werthers Einstellung zu den Regeln in der Kunst. Deuten Sie in diesem Zusammenhang auch sein „Gleichnis" (S. 17, Z. 16ff.).*

Werther setzt in diesem Gleichnis die Kunst mit der Liebe gleich: Ebenso wenig wie die Liebe könne die Kunst begrenzt werden, sonst gehe ihr wahrer Charakter verloren; beiden, der Kunst und der Liebe, müsse man sich vollkommen hingeben können. Werthers ironischer Hinweis auf „einen brauchbaren jungen Menschen" (S. 17, Z. 30), der sich „regelgerecht", d.h. gesellschaftskonform verhält, eröffnet den Schülern bereits einen Zugang zu der gesellschaftskritischen Bedeutung seiner Berufung auf die Natur.

❐ *Welche Bedeutung hat für Werther der Vorsatz, sich als junger Mann „allein an die Natur zu halten" (S. 17, Z. 3f.)?*

Nachdem die Hypothesen der Schüler an der Tafel oder auf einer Folie festgehalten worden sind, erhält die Lerngruppe Arbeitsblatt 8 (S. 54) mit folgender Aufgabenstellung für die Einzelarbeit:

❐ *Untersuchen Sie Stefan Blessins Ausführungen in Bezug auf die Bedeutung der Natur im „Werther".*

- *Welche Auswirkungen auf Werther hat sein Selbstverständnis, Teil der Schöpfung zu sein?*
- *Inwiefern ermöglicht die Vergötterung der Natur „die Selbstbefreiung des natürlichen Menschen"?*

Nach dem Vortrag und der Auswertung der Ergebnisse, die das bisher Erarbeitete aufgreifen, erweitern und mit der Gesellschaftskritik im „Werther" (Baustein 5) verbinden, erfolgt ein Vergleich mit den eingangs formulierten Hypothesen der Schüler im Unterrichtsgespräch.

Ein Klausurvorschlag, der sich schwerpunktmäßig auf die Bedeutung der Natur im „Werther" bezieht („Nussbäume"), wird in Z 9 [2.] (S. 123) gemacht.

Notizen

Landschaftsbilder von Johann Wolfgang Goethe

①

②

③

1. Versehen Sie die Landschaftsbilder Goethes mit aussagekräftigen Titeln.
2. Ordnen Sie zwei Bilder einer Landschaftsdarstellung im „Werther"-Roman zu. Schreiben Sie entsprechende Zitate zu den Bildern.
3. Welches Bild entspricht Werthers Naturempfinden am ehesten? Begründen Sie Ihre Meinung.

Der Wunsch nach Selbstverwirklichung

Baustein 4
Arbeitsblatt 8

Die produktive Natur ist das Vorbild für den nach Selbstverwirklichung strebenden Werther. Sie ist es in einem Maße, dass noch der Künstler davon übertroffen wird. „Ich könnte jetzt nicht zeichnen, nicht einen Strich, und bin nie ein größerer Maler gewesen als in diesem Augenblick", schreibt er vor den einfallenden Strahlen der Frühlingssonne, unfähig, das seine Sinne einnehmende Erlebnis künstlerisch zu objektivieren. „Das volle, warme Gefühl meines Herzens an der lebendigen Natur" – oft ist es stärker, als er ihm Ausdruck verleihen kann. Umso deutlicher weiß er sich als ein lebendiges Glied der alles umfassenden Schöpfung, die ihn trägt und hebt. Dieses Wissen und Fühlen beruhigt ihn völlig in sich selbst. Der mitempfindende Andere kann es im Moment teilen; mitteilen lässt es sich nicht. So korrespondiert mit dem Naturgefühl eine Einsamkeit, die – in ihren positiven Auswirkungen – Werther weder von der Welt trennt noch ihn auf sich zurück wirft. Es ist die vollkommene Reflexion: die Erweckung des eigenen Selbst und eines paradiesisch vielgestaltigen Kosmos. „Ich kehre in mich selbst zurück und finde eine Welt!"

Das alles bedeutet ihm die Natur. Deshalb sehnt er sich zu ihr hin. Was uns als das schwärmerische oder romantische Hinsinken an den Busen der Schöpfung erscheinen mag, das ist in dieser Phase der Aufklärung ein schier grenzenloser Zuwachs an Selbst- und Welterfahrung. Im Spiegel der Natur erkennt Werther seine Universalität. Selbst ein Teil der Natur, teilt er sich mit allen seinen Sinnen in den Mikro- und Makrokosmos. Ein frischer Elan hebt ihn über sich weg. Was da am Werk ist, weiß er richtig erst, als er es verloren hat: „die heilige belebende Kraft, mit der ich Welten um mich schuf".

Vieles deutet daraufhin, dass im *Werther* die Natur die Rolle der Religion übernimmt, vielleicht sogar eine Art Religionsersatz wird. Doch sind auch die Freiheiten zu sehen, die neu hinzugewonnen werden. Wenn der Mensch bis dahin durch eine Kluft von Gott getrennt war, so ist er es jetzt nicht länger. Denn mit der Entdeckung seiner selbst als eines sinnlichen und schöpferischen Wesens schließt er den unendlichen Abgrund. Er ist sein eigener Gott, wenn er sich nur nach der Seite seiner vitalen Eigenschaften voll entfaltet. Mehr als „die Gegenwart des Allmächtigen", mehr als „das Wehen des All-Liebenden" fühlt Werther sich über sich selbst hinauswachsen. Die Vergötterung der Natur ist die Selbstbefreiung des natürlichen Menschen.

Sich selbst mit allen innewohnenden Fähigkeiten zu verwirklichen – das ist die wahre Absicht. Es lässt sich nicht besser als mit der Natur rechtfertigen. Denn sie ist Grund und Ziel zugleich. Mit Berufung auf sie eröffnet sich auch ein anderer – diesseitiger – Sinn des Lebens. Werther ist davon umso tiefer durchdrungen, als er sich nicht bloß von einem Gedanken, nicht von einer unbestimmten Ahnung leiten lässt. Am eigenen Leibe hat er gespürt, welche Kräfte die Natur in ihm freisetzt. Keine seiner Anlagen, die sie ungenutzt gelassen hätte. Ihr verdankt er erst den Begriff davon, was er wirklich will: die freie und allseitige Entfaltung seiner Persönlichkeit. Wie Georg Lukács in seiner richtungsweisenden Analyse des Romans herausgestellt hat, ist es das Ideal des „bürgerlich-revolutionären Humanismus". Mit der Forderung nach uneingeschränkter Selbstverwirklichung setzt sich der Bürger gegen die Ständehierarchie zur Wehr. Gegen die gottgewollte traditionale Ordnung, die jedem mit der Geburt seinen festen Platz anweist, führt der Bürger ein Argument ins Feld, das ihm eine prinzipielle Überlegenheit sichert. Denn im Namen der Natur spricht er für den Menschen überhaupt, für die Menschheit, und nicht nur für die neue aufstrebende Gesellschaftsklasse.

Aus: Stefan Blessin: J. W. Goethe. Die Leiden des jungen Werthers. Grundlagen und Gedanken. Erzählende Literatur, S. 34f. © Diesterweg Verlag Braunschweig in der Bildungshaus Schulbuchverlage Westermann Schroedel Diesterweg Schöningh Winklers GmbH

> **Aufgabe:**
> Untersuchen Sie Stefan Blessins Ausführungen in Bezug auf die Bedeutung der Natur im „Werther".
> – Welche Auswirkungen auf Werther hat sein Selbstverständnis, Teil der Schöpfung zu sein?
> – Inwiefern ermöglicht die Vergötterung der Natur „die Selbstbefreiung des natürlichen Menschen"?

Gesellschaftskritik im „Werther"

In einer einstündigen Audienz am 2. Oktober 1808, die Napoleon Bonaparte am Rande des Erfurter Fürstentages Goethe gewährte, brachte der Kaiser die Rede auf den „Werther":

> „‚Werthers Leiden' versicherte er siebenmal gelesen zu haben und machte zum Beweise dessen eine tief eindringende Analyse dieses Romans, wobei er jedoch an gewissen Stellen eine Vermischung der Motive des gekränkten Ehrgeizes mit denen der leidenschaftlichen Liebe finden wollte. Das ist nicht naturgemäß und schwächt bei dem Leser die Vorstellung von dem übermächtigen Einfluss, den die Liebe auf Werther gehabt. Warum haben Sie das getan?
> Goethe fand die weitere Begründung dieses kaiserlichen Tadels so richtig und scharfsinnig, dass er ihn späterhin oftmals gegen mich mit dem Gutachten eines kunstverständigen Kleidermachers verglich, der an einem angeblich ohne Naht gearbeiteten Ärmel sobald die fein versteckte Naht entdeckt.
> Dem Kaiser erwiderte er: Es habe ihm noch niemand diesen Vorwurf gemacht, allein er müsse ihn als ganz richtig anerkennen; einem Dichter dürfte jedoch zu verzeihen sein, wenn er sich mitunter eines nicht leicht zu entdeckenden Kunstgriffs bediene, um eine gewisse Wirkung hervorzubringen, die er auf einfachem, natürlichem Wege nicht hervorbringen zu können glaube."[1]
> (Bericht des Kanzlers Friedrich von Müller, 2. Oktober 1808)

Wogegen richtete sich Napoleons Kritik? Wahrscheinlich spielte er mit dem „Motiv des gekränkten Ehrgeizes" auf die Gesandtschaftsepisode an und vor allem auf die Kränkung, die Werther in der abendlichen Adelsgesellschaft erfährt. Goethe hielt die Kritik angeblich für berechtigt und wies ausweichend auf einen wirkungsorientierten poetischen „Kunstgriff" hin.

Es ist „eine ironische Pointe"[2], dass der Revolutionsgeneral die aufbegehrerischen Aspekte des Romans verwirft, die sich in der Kritik am Adel zeigen. Allerdings sind diese Aspekte nicht revolutionärer Art[3]; denn Werther stellt die gesellschaftliche Hierarchie als Ganzes nicht in Frage und übt erst recht nicht Kritik an der Gesellschaft um ihrer selbst willen.[4] Werther „weiß [...] so gut als einer, wie nötig der Unterschied der Stände ist" (S. 73, Z. 2f.); dabei denkt er an die Vorteile, die der Unterschied ihm „selbst verschafft", aber auch an die persönlichen Nachteile (S. 72, Z. 3ff.). Ihn stört vor allem die sachlich nicht zu rechtfertigende Etikette des Adels, die den Bürger ausschließt. Doch heftiger als die Hinausweisung aus der „vornehmen Gesellschaft" erregt ihn die üble Nachrede seiner bürgerlichen Mitbewerber um Amt und Würden.

Im Folgenden werden zunächst **Werthers Scheitern im Beruf und Ausschluss aus der Adelsgesellschaft** untersucht (5.1); dann soll **Werthers Verhältnis zum Adel, zum Bürgertum und zu den „kleinen Leuten"** in den Blick genommen und – nach der Erörterung seiner gesellschaftspolitischen Position – produktionsorientiert bearbeitet werden (5.2). Abschließend geht es um die Erörterung der **Gesellschaftskritik im „Werther" vor dem Hintergrund des Epochenumbruchs** (5.3).

---

[1] Korrodi, Goethe im Gespräch, S. 411f.
[2] Hein, Johann Wolfgang Goethe. Die Leiden des jungen Werthers, S. 51
[3] Vgl. dagegen Lukács, Goethe und seine Zeit, S. 66: „So wie die Helden der Französischen Revolution, von heroischen, geschichtlich notwendigen Illusionen erfüllt, heldenhaft strahlend in den Tod gingen, so geht auch Werther in der Morgenröte der heroischen Illusionen des Humanismus [...] tragisch unter."
[4] Vgl. Assling, Werthers Leiden, S. 223: Werther „reflektiert nicht auf das Ganze der Gesellschaft um ihrer selbst willen, sondern immer nur auf seine individuelle Einschränkung durch sie."

5.1 ☐ *Ich hab einen Verdruss gehabt* – Werthers Scheitern im Beruf und Ausweisung aus der Adelsgesellschaft

Der Einstieg in diese Thematik mit der eingangs zitierten Kritik Napoleons in Form eines Lehrervortrags dürfte die Schüler motivieren, sich intensiver mit dem „Motiv des gekränkten Ehrgeizes" im Unterrichtsgespräch auseinander zu setzen.

☐ *Wogegen richtet sich Napoleons Kritik? Und wie reagiert Goethe auf diesen „Tadel" des Kaisers?*

Mithilfe eines einfaches Tafelbildes wird die Problemstellung verdeutlicht:

Napoleons Kritik kann sich, was das „Motiv des gekränkten Ehrgeizes" betrifft, zunächst einmal auf den „Verdruss" (S. 70, Z. 28) Werthers mit dem Gesandten beziehen, der ihn seine abhängige Stellung spüren lässt und ihm damit „Leiden" (S. 71, Z. 11f.) verursacht. Für Werther ist allerdings „ein Kerl, der um anderer willen, ohne dass es seine Leidenschaft ist, sich um Geld oder Ehre oder was abarbeitet, [...] immer ein Tor" (S. 45, Z. 12ff.); er nimmt die Stellung bei dem Gesandten gegen seine inneren Vorbehalte auf Drängen seiner Mutter an, sodass von „Ehrgeiz" kaum die Rede sein kann.

Der Kaiser meint wohl eher jenen anderen „Verdruss" (S. 77, Z. 7), die Kränkung des Selbstwertgefühls, als Werther als Bürgerlicher aus der Gesellschaft der Adligen gewiesen wird: Aufgrund seiner Bildung und Empfindungsfähigkeit hält Werther sich dem Adel für ebenbürtig, wenn nicht gar für überlegen, und er wird gerade in dieser Hinsicht gedemütigt, sodass ihm ein weiteres Verbleiben im Dienste des Adels unmöglich erscheint. „Die Kränkung, die dem Bürger zugefügt wird, verwundet den Menschen, da sie seinem Streben, die Übereinstimmung zwischen menschlichem Wert und sozialem Rang herzustellen, ein Ende bereitet."[1]

Goethe reagiert auf Napoleons „Tadel" verständnisvoll, unterwürfig und ausweichend mit dem vagen Hinweis auf einen poetischen Kunstgriff, dessen er sich bedient habe, „um eine gewisse Wirkung hervorzubringen"; der Kaiser, so sagt er später, habe „die fein versteckte Naht entdeckt".

☐ *Welchen „Kunstgriff" meint Goethe?*

Das zu Beginn des zweiten Teils (sozusagen an der Nahtstelle des Romans) dargestellte Scheitern Werthers im Beruf mit der Episode beim Gesandten, der peinlichen Situation in der Adelsgesellschaft und deren Folgen sowie der sich anschließenden „Dimission" Werthers („Motiv des gekränkten Ehrgeizes") kann als Versuch des Romanhelden interpretiert werden, eine Lebensperspektive außerhalb von Lottes Umgebung und Nähe zu gewinnen. Das Scheitern dieses Versuchs treibt ihn zurück zu der inzwischen verheirateten Lotte. Aus der verzehrenden, als unheilbare Krankheit empfundenen Leidenschaft zu ihr gibt es für

---
[1] Hirsch, Die Leiden des jungen Werthers, S. 249

ihn kein Entrinnen mehr („Motiv der leidenschaftlichen Liebe"). Goethes „Kunstgriff" besteht also möglicherweise darin, eine erzählerische Verklammerung der beiden Romanteile zu erreichen (kompositorische Funktion) und Werthers sich steigernde und verselbstständigende Leidenschaft zu motivieren sowie sein Scheitern desto wirkungsvoller zu gestalten (Wirkungsfunktion). Das Tafelbild kann nun entsprechend vervollständigt werden.

Die Gesellschaftskritik in diesem Teil des Romans, die Goethe im Gespräch mit Napoleon unerwähnt lässt, wird noch genauer zu untersuchen sein (vgl. 5.2).

Wegen der besonderen Bedeutung, die Werthers Ausschluss aus der Adelsgesellschaft für die sozialkritische Dimension des Romans zukommt, beschränken wir uns zunächst auf eine inhaltliche Analyse des Briefes vom 15. März, evtl. mit einigen Hilfsfragen:

❐ *Untersuchen Sie den Brief vom 15. März in Bezug auf die Kränkung, die Werther widerfährt.*
  – *Wie kommt es zu der peinlichen Situation in der Gesellschaft des Grafen C.?*
  – *Warum wird Werther aus der Adelsgesellschaft gewiesen?*
  – *Wie reagiert Werther auf diese Ausweisung und deren (vermeintliche) Beurteilung durch seine Mitmenschen?*

Zu der peinlichen Situation kommt es, weil Werther, als er sich gerade von dem Grafen verabschieden will, Fräulein von B. eintreten sieht und mit ihr ein Gespräch beginnt; außerdem möchte er, da er ihre Verlegenheit bemerkt, herausfinden, ob sie sich wie ihre Standesgenossen von ihm als Bürgerlichem in der Adelsgesellschaft abgrenzt.

Werther wird auf Veranlassung der konservativen Adligen von dem Grafen C. höflich aus der Gesellschaft gewiesen, weil man die Standesschranken, die Werther ignoriert, wahren will und keinen Bürgerlichen in der Adelsgesellschaft duldet. Damit soll die soziale Ordnung wieder hergestellt werden.

Werther entschuldigt sich für sein Benehmen und flieht in die Einsamkeit der Natur, um von einem Hügel aus den Sonnenuntergang zu betrachten und im Homer zu lesen (Literatur als Kompensation für die erlittene Demütigung).

Von seinen Mitmenschen wird Werther bedauert, von seinen Neidern wird, wie er vermutet, die Ausweisung als Strafe für den Übermut und die Überheblichkeit der Intellektuellen beurteilt, die glauben, sich aufgrund ihrer geistigen Fähigkeiten über die feudalen Standesschranken hinwegsetzen zu können.

Werther reagiert darauf zutiefst gekränkt und verzweifelt: „Da möchte man sich ein Messer ins Herz bohren." (S. 79, Z. 30)

5.2 ❐ *dass wir nicht gleich sind noch sein können – Werthers Verhältnis zum Adel, zum Bürgertum und zu den „kleinen Leuten"*

Werther begegnet Vertretern verschiedener Stände und Schichten der Gesellschaft seiner Zeit. Er selbst stammt aus dem Besitzbürgertum und kann sich, da seine Mutter vermögend ist, ein von Berufsarbeit freies Leben als Intellektueller mit künstlerischen Ambitionen leisten. Seine Mutter möchte ihn allerdings im Sinne des bürgerlichen Arbeitsethos „in Aktivität haben" (S. 45, Z. 8).

Der Berufsausübung steht er jedoch reserviert gegenüber, wie die von ihm herangezogene – „die Epochenerfahrung des Bürgertums verarbeitende"[1] – Fabel von dem Pferd zeigt, das „sich Sattel und Zeug auflegen lässt und zuschanden geritten wird." (S. 60, Z. 16ff.) Tatsächlich fühlt er sich, nachdem er endlich dem Drängen seiner Mutter nachgegeben und den Rat des Freundes befolgt sowie das Angebot eines Ministers angenommen hat und – wie viele andere Bürger – seine Dienste dem Hof zur Verfügung gestellt hat, in seinen Befürchtungen bestätigt. Seine berufliche Tätigkeit als Sekretär bei einer Gesandt-

---
[1] Arndt und Inge Stephan, Werther und Werther-Rezeption, S. 150

schaft in einer nicht näher genannten Stadt empfindet er als „Joch" (S. 72, Z. 10), als leidvolle Einschränkung seiner Freiheit, und er hält sie für weniger Wert als die Arbeit eines Bauern, „der Kartoffeln steckt und in die Stadt reitet, sein Korn zu verkaufen" (S. 72, Z. 12f.). Die „fatalen bürgerlichen Verhältnisse" (S. 73, Z. 1f.), d.h. die Verhältnisse in der feudalen „Gesellschaftsordnung, die dem bürgerlichen Individuum einen Aufstieg verwehrt und seine Wirkungsmöglichkeiten beschränkt"[1], sind derart, dass Karrierestreben, Konkurrenzgerangel und „Langeweile unter dem garstigen Volke" (S. 72, Z. 16f.) herrschen. Mit seiner Ablehnung engen bürgerlichen Nützlichkeitsdenkens, bürgerlicher Tugenden und Werte (vgl. schon den Brief vom 22. Mai), aber auch der von den akademisch Gebildeten wie Albert, dem jungen V. (vgl. S. 13, Z. 21ff.) und der neuen Pfarrersfrau (vgl. S. 88, Z. 11ff.) vertretenen Ansichten von Kunst, Natur und Christentum befindet er sich in einer Außenseiterrolle.

Als „unbürgerlicher" Bürger neigt er eigentlich zu einer der aristokratischen ähnelnden Existenzweise. Aber gerade in der Adelsgesellschaft erfährt er seine schmerzlichste Enttäuschung (vgl. 5.1). Einzelne freundschaftliche Kontakte zu Adligen wie zu dem Fräulein von B. und dem Grafen von C. bleiben auf die Privatsphäre beschränkt und können die feudalen Standesschranken letztlich nicht überwinden. Für Werther sind die meisten Adligen Karikaturen, hohle Repräsentanten eines nicht mehr zeitgemäßen Standes.

Dagegen fühlt er sich zum einfachen Landvolk hingezogen. Den „geringen Leuten des Orts" gegenüber, die ihn „lieben" (S. 11, Z. 14), möchte er sich natürlich und ungezwungen geben, ohne Gleichheit anzustreben: „Ich weiß wohl, dass wir nicht gleich sind noch sein können." (S. 11, Z. 27) Dafür ist er bereit, gesellschaftliche Konventionen zu durchbrechen. Zum Beispiel hilft er einem Dienstmädchen den schweren Wasserkrug auf den Kopf zu setzen (vgl. S. 12, Z. 4ff.). Bei seinem Umgang mit den einfachen Leuten muss er allerdings „so viele andere Kräfte [...] sorgfältig verbergen" (S. 12, Z. 32f.), um nicht für überheblich oder überspannt gehalten zu werden bzw. „[m]issverstanden zu werden" (S. 19, Z. 3). Obwohl er „allerlei Bekanntschaft gemacht" (S. 12, Z. 13) hat, bleibt Werther einsam.

Aus Gründen der Anschaulichkeit sollen die Schüler mithilfe des Arbeitsblatts 9 (S. 61) zunächst die Romanfiguren in die „Gesellschaftspyramide" einordnen, bevor sie Werthers Einstellung zu den Ständen bzw. deren Vertretern (evtl. in arbeitsteiliger Gruppenarbeit) kennzeichnen und abschließend die im Roman dargestellte Gesellschaftsstruktur mit der realen im 18. Jahrhundert vergleichen.

1. Ordnen Sie die Romanfiguren in die Gesellschaftspyramide ein.
2. Kennzeichnen Sie Werthers Einstellung gegenüber den Ständen bzw. deren Vertretern.
3. Vergleichen Sie die im Roman dargestellte Gesellschaftsstruktur mit der realen im 18. Jahrhundert.

Zu 1. <u>Adel</u>: Fürst, Graf von C., Fräulein von B. („liberale" Adlige), Tante des Fräuleins von B., Dame von S. mit Gemahl und Tochter, Baron F., Hofrat R. u.a. („konservative" Adlige)
<u>Bürgertum</u>: Amtmann S. (Lottes Vater), Lotte, Albert, Werther und seine Verwandten (Mutter, Tante) sowie sein Freund Wilhelm, Pfarrer von St., Medikus, Schulmeister und dessen Tochter, Heinrich (ehemaliger Schreiber).
<u>Bauern/Personen von niederem Stand</u>: Magd, Dienstmädchen, Diener, Gärtner, die geringen Leute des Orts.

Zu 2. <u>Adel</u>: Positive, aber nicht unkritische Einstellung gegenüber dem Fürsten (vgl. S. 84, Z. 10ff., S. 89, Z. 8ff.), Hochschätzung einzelner („liberaler") Adliger, des Grafen C. und des Fräuleins von B., Verachtung der übrigen („konservativen") Adligen („wie mir die Nation von Herzen zuwider ist", S. 78, Z. 1f.) und ironische Distanz gegenüber der „noble[n] Gesellschaft von Herren und Frauen" (S. 77, Z. 20).
<u>Bürgertum</u>: kritische Einstellung (s. Vorbemerkung)
<u>Bauern/Personen von niederem Stand</u>: Die bäuerliche Welt findet er idyllisch; zu den Leuten des „geringen" Standes fühlt er sich zwar hingezogen, er kann sich allerdings ihnen gegenüber nicht so geben, wie er ist, um nicht missverstanden zu werden (s. Vorbemerkung).

---
[1] Arndt und Inge Stephan, Werther und Werther-Rezeption, S. 151

Zu 3. In der im Roman dargestellten Gesellschaftsstruktur sind im Vergleich zur realen im 18. Jahrhundert zwar die verschiedenen Stände vertreten, der Zweite und Dritte Stand (Adel und Bürgertum) erscheinen allerdings quantitativ überrepräsentiert, während der Vierte Stand erheblich unterrepräsentiert ist. Das ist damit zu erklären, dass die Hauptfigur dem Bürgertum angehört, sich in den Dienst des Adels stellt und sich in den entsprechenden Gesellschaftsschichten bewegt.

Zur Vertiefung der erarbeiteten Ergebnisse bietet sich die Erörterung einer Interpretation aus der Sekundärliteratur zu diesem Thema an. Dazu wird den Schülern Z 5, S. 118 mit folgender Aufgabenstellung ausgehändigt:

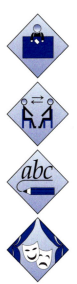

❏ *Erläutern Sie den Deutungsansatz und die Thesen der Textvorlage.*
❏ *Setzen Sie sich mit der Position von Arndt und Inge Stephan auseinander. Beziehen Sie dazu Ihre eigenen Untersuchungsergebnisse in Ihre Überlegungen ein.*

Zur produktiven Auseinandersetzung mit den Ergebnissen eignen sich Aufgaben, die eine Gegenperspektive zu der einsinnigen Perspektive Werthers aufbauen:

❏ *Die Tante des Fräuleins von B. macht ihrer Nichte Vorhaltungen wegen ihres Umgangs mit Werther (S. 80, Z. 23 ff). Schreiben Sie einen entsprechenden Dialog auf.*
❏ *Der Medikus (vgl. Werthers Brief vom 29. Juni, S. 32f.) schreibt einen an einen Freund gerichteten Brief, in dem er sich über Werthers Verhalten beklagt.*
❏ *Das Dienstmädchen, dem Werther am Brunnen geholfen hat (vgl. S. 12, Z. 4ff.), spricht mit einer Magd über ihr Erlebnis. Verfassen Sie einen Dialog und spielen Sie ihn.*

5.3 ❏ *die fatalen bürgerlichen Verhältnisse –* Gesellschaftskritik im „Werther" vor dem Hintergrund des Epochenumbruchs

Um die Schüler zum Verständnis der Gesellschaftskritik im „Werther" vor dem Hintergrund des Epochenumbruchs hinzuführen, erhalten sie den Auftrag, sich die Informationen des Textes „Grundzüge des Epochenumbruchs im 18. und beginnenden 19. Jahrhundert" im Anhang der Textausgabe S. 153–156 zu Hause so anzueignen, dass sie über den Epochenumbruch – ggf. unter Einbeziehung weiterer Materialien – einen Kurzvortrag halten können. Zur Vorbereitung dieses Handlungsmusters erhalten sie Z 4 „Wie hält man einen guten Kurzvortrag?" (S. 117).

Die Schlüsselqualifikation, einen guten Kurzvortrag zu halten, setzt eine gründliche Vorbereitung voraus und ist nicht nur nach sachlichen Kriterien wie Korrektheit und Genauigkeit der Informationen beurteilbar, sondern auch nach Kriterien, die die Präsentationsweise betreffen: Verständlichkeit, Lebendigkeit, Anschaulichkeit.

Nach der Präsentation und Beurteilung der Kurzvorträge wird der Zusammenhang mit den „Leiden des jungen Werthers" hergestellt. Dazu erhält die Lerngruppe einen Arbeitsauftrag für die Partnerarbeit:

❏ *Untersuchen Sie die Gesellschaftskritik im „Werther" im Zusammenhang mit den Grundzügen des Epochenumbruchs, also mit der politischen Entwicklung, dem bürgerlichen Selbstbewusstsein und den Entwicklungstendenzen der Literatur.*

Die Partnerarbeitsergebnisse werden vorgetragen und im Unterrichtsgespräch – ggf. mit zusätzlichen Impulsen – vertieft.

Zur politischen Entwicklung: z.B. S. 154, Z. 9f.: „Die Revolution in Deutschland spielte sich vor allem auf dem Papier ab, blieb auf Philosophie und Literatur beschränkt."

❏ *Goethes Roman ist 1774, also 15 Jahre vor der Französischen Revolution, erschienen. Gibt es in den „Leiden des jungen Werthers" schon revolutionäre Ansätze? Kann man Werther gar als Sozialrevolutionär bezeichnen?*

Baustein 5: Gesellschaftskritik im „Werther"

Bei der Argumentation sollten die Schüler auf relevante Textstellen, die auch vorgegeben werden können, Bezug nehmen, etwa auf S. 11, Z. 27f.: „Ich weiß wohl, dass wir nicht gleich sind noch sein können"; S. 73, Z. 1: „Was mich am meisten neckt, sind die fatalen bürgerlichen Verhältnisse"; S. 53, Z. 11: „Ein Volk, das unter dem unerträglichen Joche eines Tyrannen seufzt, darfst du das schwach heißen, wenn es endlich aufgärt und seine Ketten zerreißt."

<u>Zum bürgerlichen Selbstbewusstsein</u>: insbes. S. 154, Z. 15ff.: „Nicht die durch Herkunft und Geblüt ererbten Privilegien machen für den Bürger den Wert des Menschen aus; er entwickelt sein modernes Ich-Bewusstsein als selbstbestimmtes Subjekt aus der Entfaltung seiner intellektuellen, psychischen und physischen Fähigkeiten."

❑ *In welchen Handlungszusammenhängen des Romans wird dieses neue bürgerliche Bewusstsein deutlich, das auch „ein moralisches Überlegenheitsgefühl gegenüber dem Adel"(Z. 27f.) einschließt?*

Die zu erwartenden Schülerbeiträge dienen der immanenten Wiederholung des in den Einheiten 5.1 und 5.2 Erarbeiteten.

<u>Zu den Entwicklungstendenzen der Literatur</u>, insbes. S. 155, Z. 6ff.: „In der literarischen Bewegung des Sturm und Drang werden all diese [tradierten] Normen und Regeln gänzlich verworfen."

❑ *Wie steht Werther zu den tradierten „Normen und Regeln" in der Kunst?*

Zur Beantwortung der Frage kann auf das in Baustein 4.3 Erarbeitete zurückgegriffen werden, insbes. auf den Brief vom 26. Mai, S. 17, Z. 5ff., aber auch auf Werthers „Verdruss" mit dem Gesandten (S. 70f.), der sich an dem seiner Meinung nach ausgefallenen Schreibstil seines neuen Mitarbeiters stört, vor allem an den Inversionen Werthers. Damit wird die Einsicht vertieft, dass Werther seine Regelkritik über den Bereich der Kunst hinaus auf das gesellschaftliche Leben ausweitet; er vergleicht nämlich die einschränkenden künstlerischen Regeln mit den „Gesetzen" der „bürgerlichen Gesellschaft", die er in der Diskussion mit Albert als „kaltblütige Pedanten" bezeichnet (S. 52, Z. 7f.).
Da im Zusammenhang mit den Entwicklungstendenzen der Literatur die Epochenbezeichnung Sturm und Drang verwendet wird, bietet es sich an, an dieser Stelle auch den „Epochenüberblick" im Anhang der Textausgabe S. 156–158 in die Überlegungen einzubeziehen (vgl. dazu ausführlich Baustein 8.1).

Notizen

Werther und die Gesellschaft

**Baustein 5
Arbeitsblatt 9**

In der ersten Hälfte des 18. Jahrhunderts bestand das Heilige Römische Reich Deutscher Nation aus mehr als 300 souveränen Staaten, die zumeist von einem Fürsten nach den Grundsätzen des Absolutismus regiert wurden.
Die Gesellschaftsstruktur war durch den Pyramidenaufbau der Stände gekennzeichnet. An der Spitze stand ein Prozent der Bevölkerung, der Adel mit seiner Abstufung vom Fürsten bis zum Landjunker. Die unterste Schicht bildeten die Bauern, etwa drei Viertel der Bevölkerung. Dazwischen befand sich (mit ca. 24 Prozent) das Bürgertum, das in sich vielfach unterteilt war; zu den Bürgern gehörten außer den am Hof tätigen Beamten sowohl Kaufleute und Manufakturbesitzer als auch Lehrer, Ärzte, Pfarrer und Handwerker in den Städten.

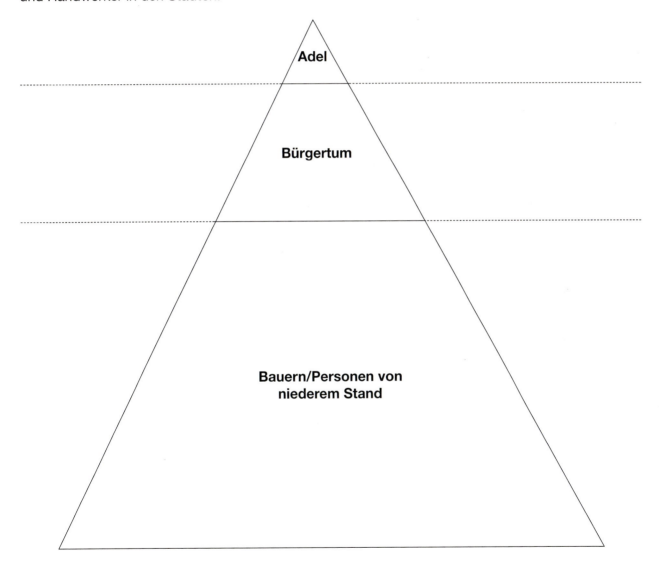

1. Ordnen Sie die Romanfiguren in die Gesellschaftspyramide ein.
2. Kennzeichnen Sie Werthers Einstellung gegenüber den Ständen bzw. deren Vertretern.
3. Vergleichen Sie die im Roman dargestellte Gesellschaftsstruktur mit der realen im 18. Jahrhundert.

Die Selbstmord-Problematik

> SELBSTMORD
> DIE LETZTE ALLER TÜREN
>
> DOCH NIE HAT MAN
> AN ALLE SCHON GEKLOPFT
>
> (Reiner Kunze)[1]

Der Selbstmord galt nach der kirchlichen Lehre im 18. Jahrhundert als Todsünde und Verstoß gegen den göttlichen Willen. Daher weigerte man sich auch, Selbstmörder innerhalb der Friedhofsmauern zu bestatten. Die empörten Reaktionen der konservativen Geistlichkeit auf Goethes Roman werden durch den Schlusssatz „Kein Geistlicher hat ihn begleitet" bereits vorweggenommen.

Auch in juristischer Hinsicht wurde der Selbstmord als Verbrechen, das die Grundlagen des Staates gefährde, aufgefasst, und noch bis ins 19. Jahrhundert konnte die „Bestrafung" des Selbstmörders (!) darin bestehen, dass man „den toten Körper durch die Straßen schleifte und vom Scharfrichter unter dem Galgen verscharren ließ."[2]

Die Warnung mancher Zeitgenossen Goethes, der Roman könne als Apologie, wenn nicht gar als Anregung zum Selbstmord gelesen werden, ist nicht gänzlich unbegründet, wurden doch tatsächlich Fälle bekannt, in denen Menschen „mit dem ‚Werther' in der Hand" Suizid begangen hatten. Nicht zuletzt diese Reaktionen der Rezipienten dürften Goethe dazu veranlasst haben, jeweils den beiden Teilen der ersten Fassung des Romans in seiner zweiten Auflage entsprechende warnende Mottoverse voranzustellen: „Sei ein Mann und folge mir nicht nach." (Siehe dazu auch S. 133–138 im Anhang der Textausgabe.)

Darüber hinaus aber muss der Suizid der Hauptfigur auch als literarisch-ästhetisches Mittel verstanden werden: Werther *musste* sterben, da jedwede Form der Integration – sei es gesellschaftlich, sei es sprachlich, sei es moralisch – für diese Figur undenkbar ist. Gerade im Leid und in der Selbstauslöschung des „Helden" kommt jene Negativität zum Ausdruck, die gerade den Heroismus dekonstruiert, das Bestehende gnadenlos einer radikalen Kritik unterzieht: Letztlich ist damit auch die bürgerliche Vorstellung des autonomen Subjekts negiert, das noch nicht historisch existent ist. Auch dies mag gegenüber dem bürgerlichen Publikum, das wegen der bereits erreichten Freiheiten meinte autonom zu sein, als Provokation verstanden worden sein.

Besonders sinnfällig wird dieser Zusammenhang am Beispiel der maßlosen Liebe Werthers zur (verheirateten) Lotte: Das Außergewöhnliche, „aber auch Gefährliche an Werthers Charakter ist, dass er die üblichen ‚Spielregeln' der Gesellschaft zu Liebe und Ehe nicht akzeptiert".[3] Werthers Maßlosigkeit besteht auch in seiner „Weigerung, diese Liebe aufzugeben und sich einer neuen zu öffnen."[4] Roland Barthes führt in seinen „Fragmenten einer Sprache der Liebe" aus, dass der „Liebende, der nicht *manchmal* vergisst", „an Maßlosigkeit, Ermattung und Gedächtnisüberreizung (wie Werther)"[5] sterben müsse. Aber gerade das Vergessen und erneute Sich-Öffnen für eine andere Liebe ist Werther unmöglich, da letztlich die Liebe zu Lotte selbst ein semiotisches Konstrukt darstellt, das allegorisch als Ausdruck der absoluten Negativität, als negatives Bild für die noch nicht erreichte Freiheit zu verstehen ist. Die solchermaßen in Goethes Briefroman dargestellte Liebe als Passion mag insofern als Vorausbild für das Liebesverständnis der Romantik zu lesen sein.

---

[1] Reiner Kunze, Zimmerlautstärke, Frankfurt/M.: S. Fischer 1977
[2] Könecke, Stundenblätter, S. 108
[3] Neuhaus, Warum musste Werther sterben?, S. 301
[4] Neuhaus, Warum musste Werther sterben?, S. 307
[5] Barthes, Fragmente einer Sprache der Liebe, S. 21f.

Zur Annäherung an diesen für das Gesamtverständnis des Romans so entscheidenden Suizid-Komplex dient ein aus der psychologischen Forschung entlehnter Kriterienkatalog, anhand dessen sich mögliche Anzeichen für Selbstmordabsichten ermitteln lassen: **Das präsuizidale Syndrom** (6.1). Mithilfe des Arbeitsblattes 10 wird einerseits als Reorganisation sichergestellt, dass die Schülerinnen und Schüler die wichtigsten Textpassagen zur Todes- bzw. Selbstmordthematik kriteriengeleitet zusammentragen; andererseits wird den Lernenden damit auch eine Hilfestellung an die Hand gegeben, die u.U. für die eigene Lebenswirklichkeit im Sinne eines tiefer gehenden Verständnisses eigener und fremder innerer Befindlichkeit von Bedeutung ist.

Die Auseinandersetzung zwischen Werther und Albert über den Selbstmord (Brief vom 12. August) (6.2) steht im Zentrum dieser Sequenz. Ein angemessenes Verständnis dieser Auseinandersetzung wird dadurch ermöglicht, dass die Beurteilung des Selbstmords in einem zeitgenössischen Standardwerk (Zedlers Universallexikon) berücksichtigt wird. Die bisherigen Ergebnisse zusammenfassend und vertiefend werden **Werthers Selbstmordmotive** (6.3) im dritten Teil reflektiert.

6.1 ❐ *Siehst du, mit mir ist's aus –* Das präsuizidale Syndrom

Als Einstieg in diese Thematik schlagen wir die Präsentation und Erläuterung des Arbeitsblattes 10 (S. 68) vor. Als alternativer Einstieg kann durch die Konfrontation des Gedichts von Reiner Kunze (s.o.) und der These, dass Werther zwangsläufig sterben *musste*, eine kognitive Dissonanz ausgelöst werden; die Lerngruppe erhält dann die Gelegenheit, ihr Vorverständnis zu artikulieren und die auf dem Arbeitsblatt vorgegebene Aufgabenstellung selbst zu erschließen.

❐ *Überprüfen Sie Werthers Äußerungen mithilfe der angeführten Kriterien des „präsuizidalen Syndroms" auf mögliche Andeutungen von Selbstmordabsichten. Notieren Sie dazu die entsprechenden Stellen unter den jeweiligen Kriterien.*

Die Ergebnisse werden im Unterrichtsgespräch abgeglichen und ggf. tiefer gehend reflektiert. Als Weiterführung dieser Einführungseinheit in die Thematik kann als Hausaufgabe ein produktionsorientierter Schreibauftrag erteilt werden, durch den das an dieser Stelle Gelernte zum „präsuizidalen Syndrom" angewendet und bereits die Perspektive auf den Gegenstand der sich anschließenden Stunde eröffnet wird, in der es um die Analyse des berühmten Dialoges zwischen Werther und Albert geht.

❐ *Verfassen Sie ausgehend von den Ihnen vorliegenden Erkenntnissen zum „präsuizidalen Syndrom" Werthers einen Brief Wilhelms an Werther, in dem Sie behutsam versuchen Werther von seinen Selbstmordgedanken abzubringen.*

6.2 ❐ *ohne einander verstanden zu haben –* Die Auseinandersetzung zwischen Werther und Albert über den Selbstmord
(Brief vom 12. August)

Bevor der Dialog eingehend analysiert wird, ist es sinnvoll, als Einstieg einen exemplarischen Bezug zum Selbstmorddiskurs im 18. Jahrhundert herzustellen, und zwar besonders zur juristisch-moralischen Sichtweise der Zeit. Als Quelle wird in Form eines Folientextes ein Auszug aus Zedlers Universallexikon dargeboten, einem für das 18. Jahrhundert Maßstäbe setzenden Standardwerk, in dem juristisch-moralisch zwischen Unzurechnungsfähigkeit und Vorsätzlichkeit der Tat unterschieden wird:

> Denn es kommt darauf an, ob eine solche That mit Wissen und mit Willen geschiehet. Nimmt sich jemand das Leben, ist aber seines Verstandes nicht maechtig gewesen, indem er in der Raserey, oder in dem hoechsten Grad der Melancholey gestanden, und also nicht wissen koennen, was er thut, so kann man ihn für keinen Selbst-Moerder ansehen. Thut er aber dieses vorsetzlich, mit Wissen und Willen, so wird ihm die That billig zugerechnet. Denn wollte man einwenden, es werde sich kein Mensch, der vernuenftig sey, ermorden, und waeren alle Selbst-Moerder, indem sie gewaltthaetige Hand an sich geleget, zu der Zeit, da sie dieses gethan, nicht bey Verstand gewesen, daher erschiene, daß man ihnen nicht zurechnen koennte, so hat wohl dieses seine Richtigkeit, daß ein Selbst-Moerder nicht bey Verstand ist; es hebe aber dieses seine Schuld nicht auf. Den da er durch seine Affecten in einen solchen Stand gesetzt wird, daß er gleichsam seiner Vernunft beraubt wird, und nicht weiß, was er thut, so ist er ja selbst die Ursache von solchem Zustande, und setzt sich dadurch in die Schuld, daß er seine hefftige Gemueths Regungen nicht in Zaum gehalten.
>
> Johann Heinrich Zedler, Grosses vollstaendiges Universal Lexicon..., Sechs und Dreyßigster Band. Leipzig und Halle 1743, Sp. 1597

Dieses Zitat kann kurz in Bezug auf seinen Aussageinhalt hin analysiert werden:

- *Welche Unterscheidung wird in Bezug auf den Tatbestand des Selbstmordes vorgenommen?*

Die Ergebnisse sollten in Kurzform an der Tafel gesichert werden, da sie bei der Analyse des Gesprächs zwischen Werther und Albert auf diese Weise schneller mit einbezogen werden können:

Zum „Selbstmord" in Zedlers Universallexikon (1743)

Unterschied zwischen: a) Unzurechnungsfähigkeit: „kein Selbstmörder"

b) Vorsätzlichkeit: Schuldzuweisung, da die Gemütsregungen nicht durch den Verstand „in Zaum gehalten" wurden

Albert argumentiert ganz ähnlich, wenn er zugesteht, dass es pathologisch begründete Ausnahmen von einer generellen Verurteilung des Suizids gebe: „weil ein Mensch, den seine Leidenschaften hinreißen, alle Besinnungskraft verliert und als ein Trunkener, als ein Wahnsinniger angesehen wird." (S. 52) Ein „Mensch von Verstande" (S. 56) hingegen, der Selbstmord begehe, sei nicht zu entschuldigen; von ihm könne man erwarten, dass er „mehr Verhältnisse übersähe" (S. 56). Damit die Schüler von diesem Bezug zu Zedlers Universallexikon ausgehend die Positionen Alberts und Werthers in der Auseinandersetzung detaillierter benennen, wird folgender Arbeitsauftrag für die Partnerarbeit erteilt:

- *Welche unterschiedlichen Positionen zur Suizidproblematik treffen im Brief vom 12. August aufeinander? Stellen Sie Formulierungen, die die Argumentation Werthers und Alberts jeweils bestimmen, stichpunktartig zusammen.*

Die Ergebnisse werden entweder tabellarisch als Tafelbild gesichert oder die Schüler erarbeiten in Partnerarbeit selbstständig eine Präsentation auf Folie, sodass u.U. mehrere Arbeitsergebnisse miteinander verglichen werden können.

Baustein 6: Die Selbstmord-Problematik

Die Auseinandersetzung zwischen Werther und Albert im Brief vom 12. August

Gesprächs<u>anlass</u>: „Pistolen" (S. 50f.)

Werther	Albert
– Ablehnung von Verurteilungen („das ist gut, das ist bös", S. 51) / Ergründung der Ursachen („geschehen <u>musste</u>")	– Verurteilung des Selbstmörders als „töricht" und „lasterhaft" (S. 51)
– „Wahnsinn": Kennzeichen eines „außerordentlichen Menschen" (S. 52) / eines <u>Genies</u>	– Ausnahme bei Unzurechnungsfähigkeit: „Wahnsinn" / „Trunkener" (S. 52)
– Selbstmord als Ausdruck von Emanzipation: Zerreißen von „Ketten", „Kräfte" (S. 53)	– Selbstmord als Ausdruck von „Schwäche" (Stärke hingegen: „qualvolles Leben standhaft zu ertragen", S. 53)
– Der Mensch lebt „aus ganzem Herzen" (S. 53) / Leidenschaft = „Krankheit" (S. 55)	– „Mensch von Verstande" (S. 56) Bezwingung von Gefühlen/Leidenschaften
→ Argumentation aus subjektiver Perspektive: <u>Widerspruch</u> zu den Normen der Gesellschaft	→ Argumentation ähnlich wie bei Zedler: <u>Anpassung</u> an die Normen der Gesellschaft

Im Unterrichtsgespräch sind diese Ergebnisse noch in Bezug auf die gescheiterte Kommunikation zwischen Werther und Albert zu vertiefen:

❒ *Warum beenden die Gesprächspartner den Dialog „ohne einander verstanden zu haben" (S. 56)?*

Neben der Tatsache, dass Albert aus einer gesellschaftskonformen Position heraus argumentiert, wie anhand der Übereinstimmungen mit den Ausführungen in Zedlers Lexikon, in dem die historisch-reale Bewusstseinslage der Zeit artikuliert ist, festgestellt wurde, Werther hingegen seinen subjektiven Anspruch als Widerspruch zum gesellschaftlich Bestehenden zum Ausdruck bringt, liegt die eigentliche Ursache des Missverstehens darin, dass beide Sprecher unterschiedliche Sprachcodes verwenden, die sich durch einander widersprechende Konnotationen auszeichnen. Dabei allerdings ist zu berücksichtigen, dass der Dialog in Briefform durch die Figur Werthers dargestellt wird, das Erzählverhalten also keineswegs als neutral, sondern vielmehr als *personal* zu bestimmen ist. Die Argumentation des Gegenübers (Alberts) erscheint personal gebrochen, da die Wahrnehmung Werthers selektiv ist: Alberts Reden enthalten – wie im Übrigen selbstreflexiv in den Text eingeschrieben ist – immer ein „Zwar", „modifizieren" so lange, „bis zuletzt gar nichts mehr an der Sache ist" (S. 51). Mit anderen Worten: Werther erscheinen Alberts Ausführungen als „heiße Luft"; dementsprechend „hörte" er „endlich gar nicht weiter auf ihn" (S. 51). Ebenso bewertet Werther Alberts Ansicht von Stärke, „ein qualvolles Leben standhaft zu ertragen", als „unbedeutenden Gemeinspruch" (S. 53). Die Geschichte sollte Werthers Einschätzung noch bestätigen, wenn ausgerechnet der Revolutionskönig Napoleon I. (vgl. auch Vorbemerkung zu Baustein 5), das Vorbild des emanzipierten Bürgertums schlechthin, es war, der in seinen „Maximen und Gedanken" äußert: „Der wahre Heldenmut besteht darin, über das Elend des Lebens erhaben zu sein."[1] Die Bezwingung der Gefühls-

---
[1] Unterrichtsmaterialien: Religion betrifft uns, S. 23

welt und das stoische Ertragen des Leides als Merkmale des bürgerlichen Verständnisses von „Heldenmut" haben eine lange Tradition, die sich auf den Schlachtfeldern der beiden Weltkriege als fatal erwiesen hat.

Während also Alberts Sprachcode in der Wahrnehmung Werthers sich als inhaltslos und bürgerlich-konventionell erweist, ist Werthers Sprache durch Konnotationen geprägt, die den Ausdruck der subjektiven Gefühlswelt als geradezu revolutionären Akt umkodieren: Er vergleicht das Verhalten des Selbstmörders – und damit indirekt sein eigenes – u.a. mit einem „Volk, das unter dem unerträglichen Joche eines Tyrannen seufzt", schließlich „aufgärt und seine Ketten zerreißt." (S. 53)

Kein Wunder, dass Albert – an dieser Stelle allegorisch für das scheinbar emanzipierte Bürgertum zu verstehen – erwidert, die „Beispiele", die Werther anführe, „scheinen hierher gar nicht zu gehören." (S. 53) Hier wird besonders deutlich, dass Werther, in dessen Darstellung der Selbstmord als negatives Bild für die Realisierung des *noch nicht erreichten* autonomen Subjekts steht, das wie das „Volk" sich seine Freiheit erst erstreiten muss, und Albert, der zweckrational-aufklärerisch entscheidet, was wohin gehört, aneinander vorbeireden müssen. „Paradox" (S. 54) kommt es Albert buchstäblich vor, wenn ihm das deformierte Bewusstsein seiner eigenen Klasse vor Augen geführt wird. Werther, selbst Bürger, stellt seinerseits fest: „der Mensch muss sterben" (S. 55), – gerade weil aus „dem Labyrinthe der verworrenen und widersprechenden Kräfte", für das der Brief vom 12. August selbstreflexiv das beste Beispiel ist, kein „Ausweg" (S. 55) mehr zu finden ist.

Abschließend kann ggf. der Frage nachgegangen werden:

❐ *Welche Bezüge zwischen dem Brief vom 12. August und dem Schluss des Romans sind erkennbar?*

Das Ausleihen der Pistolen (vgl. S. 50, Z. 11f. und S. 121, Z. 31f.) und die antizipierende Darstellung des Selbstmordes („druckt ich mir die Mündung der Pistolen übers rechte Auge an die Stirn", S. 51, Z. 14 und S. 127, Z. 14f.) sind hier hervorzuheben. Durch die inhaltliche Verklammerung des Briefes mit dem Romanschluss wird ein Spannungsbogen erzeugt, innerhalb dessen der Leser, ganz im Sinne Werthers, seine Aufmerksamkeit auf die „Ursachen" bzw. die „innern Verhältnisse" der „Handlung" (S. 51) lenkt.

Wenn die Geschichte vom ertrunkenen Mädchen als Spiegelung des Werther-Schicksals nicht im Zusammenhang mit Baustein 2.3 behandelt wurde, kann dies nun geleistet werden.

6.3 ❐ *das süße Gefühl von Freiheit* – Werthers Selbstmordmotive

Mit diesem Teil des Bausteins soll die Selbstmordproblematik unter Berücksichtigung der Selbstmordmotive Werthers in die geschichtliche Entwicklung der Einstellung zum Selbstmord bis zur Gegenwart gestellt und somit eine Brücke zu den Erfahrungen der Schülerinnen und Schüler geschlagen werden, zumal „durch Goethes besondere Darstellungsweise [...] jeder existenziell in die Problematik hineingezogen"[1] wird. Als zusätzliche Arbeitsgrundlage dient Arbeitsblatt 11 (S. 70) mit folgenden Aufgaben:

❐ 1. Wie ist der „Werther"-Roman in die geschichtliche Entwicklung der Einstellung zum Selbstmord einzuordnen? Stellen Sie dazu die Entwicklung übersichtlich geordnet dar.
2. Auf welchen Brief spielt der Autor im letzten Absatz an? Untersuchen Sie den Brief genauer.
3. Welche Motive für seinen Selbstmord sind Werthers Briefen aus dem Dezember 1772 zu entnehmen? Begründen Sie, worin Sie die Hauptursache für Werthers Selbstmord sehen.

Aufgabe 1 verlangt eine reorganisierende Leistung. Der „Werther" eröffnet nach Blessins geschichtlichem Abriss eigentlich erst die Diskussion über den Selbstmord, weil der Autor den Selbstmord nicht ausdrücklich verurteilt.

---
[1] Blessin, Grundlagen und Gedanken, S. 49

Baustein 6: Die Selbstmord-Problematik

Schon bevor Werther Lotte kennen gelernt hat, schlägt er das Selbstmord-Thema an, nämlich im Brief vom 22. Mai, der gemäß Aufgabe 2 genauer zu untersuchen ist. Dabei ist vor allem der letzte Satz zu berücksichtigen, in dem Werther gleichsam die Grundbedingungen und die Problematik seiner Existenz formuliert.

In seinen Dezember-Briefen nennt Werther – wie in Aufgabe 3 zu erarbeiten ist – verschiedene Motive für seinen Selbstmord: Neben dem wohl entscheidenden Motiv der Freiheit (S. 101, Z. 16f.) ist das des Selbstopfers für Lotte von Bedeutung (S. 108, Z. 8ff.), außerdem – was häufig überlesen wird – Werthers Versuch den Moment ekstatischer Beglückung zu verewigen (Vgl. S. 121, Z. 4ff.).

Die Frage nach der Hauptursache führt erfahrungsgemäß zu lebhaften Diskussionen, in denen die Kursteilnehmer, vermittelt über die Romanfigur, (indirekt) ihre eigenen Vorstellungen und Erfahrungen einbringen. Dabei geht es im Wesentlichen um die Abwägung individueller und gesellschaftlicher Bedingungen. Als Hauptursache für den Selbstmord müsste Werthers Freiheitsbedürfnis angesichts ständig erfahrener und seelisch krank machender Einschränkung (insbes. in der Liebe, in der Gesellschaft und in der Natur) gewichtet werden.[1]

Eine vorläufige abschließende Auseinandersetzung mit dem Thema kann als Erörterung erfolgen:

❑ *Erörtern Sie Funktion und Bedeutung der Selbstmordproblematik im „Werther".*

Eine weiterführende, stärker auf die Schüler bezogene Erörterungsaufgabe könnte lauten:

❑ *Versuchen Sie – ausgehend von der Selbstmordproblematik im „Werther" – eine Bestimmung des Verhältnisses von Welt und Individuum zu formulieren, die für Sie gültig sein könnte.*

Da das Problem der Moralität des Selbstmordes in der Rezeption des Romans relevant ist, lässt sich – abweichend von der hier vorgeschlagenen Abfolge – auch Baustein 9 folgerichtig anschließen.

Notizen

___

[1] Vgl. Scherpe, Werther und Wertherwirkung, S. 69: „Werthers Selbstmord [...] ist die letzte Konsequenz seines Nonkonformismus."

Werthers Krankheitsbild – Das präsuizidale Syndrom

Baustein 6
Arbeitsblatt 10

In der Forschung versteht man unter dem „präsuizidalen Syndrom" innere und äußere Bedingungen, die möglicherweise auf Selbstmordabsichten verweisen. Man unterscheidet dementsprechend folgende Kriterien:

1. *Gefühlswelt* eines suizidgefährdeten Menschen

– Er erlebt die situativen Umstände als bedrohlich und unüberwindbar. Er empfindet sich als hilflos und ausgeliefert.

_____

– Er verhält sich depressiv, ängstlich und verzweifelt.

_____

– Er fühlt sich einsam, isoliert und unverstanden.

_____

– Er zeigt ein geringes Selbstwertgefühl.

_____

2. *Verhaltensänderungen* eines suizidgefährdeten Menschen

– Er schläft unruhig oder gar nicht.

_____

– Er neigt zu Alkohol- bzw. Drogenmissbrauch.

_____

– Er zieht sich von seinen Mitmenschen zurück; er vernachlässigt Kontakte zu Freunden oder bricht sie ganz ab.

_____

– Seine Stimmungen schwanken stark; er weint häufig.

_____

– Er ist weniger leistungsfähig.

_____

– Er spricht öfter über seinen eigenen Tod; er äußert eventuell den Wunsch zu sterben.

_____

Nach: Christina Spitzenpfeil, „Mitten im Leben sind wir vom Tod umfangen." Tod und Leben. Ein Unterrichtsentwurf für die 10. Jahrgangsstufe, Bd. 1: Materialien, Nürnberg o. J., S. 200.

☐ *Überprüfen Sie Werthers Äußerungen mithilfe der angeführten Kriterien des „präsuizidalen Syndroms" auf mögliche Andeutungen von Selbstmordabsichten. Notieren Sie dazu die entsprechenden Stellen unter den jeweiligen Kriterien.*

Werthers Krankheitsbild – Das präsuizidale Syndrom

Mögliche Lösungen

1. **Gefühlswelt** eines suizidgefährdeten Menschen
   - Er erlebt die situativen Umstände als bedrohlich und unüberwindbar. Er empfindet sich als hilflos und ausgeliefert.
     S. 55, Z. 36ff.: „Labyrinthe" – „der Mensch muss sterben" / S. 75, Z. 7ff.: „wie eine Marionette" – S. 99, Z. 20f.: „siehst du, mit mir ist's aus – Ich trag das all nicht länger."

   - Er verhält sich depressiv, ängstlich und verzweifelt.
     S. 38, Z. 14: „ängstigende Leidenschaft" – „Kummer" / S. 101, Z. 18–21: „wehmütig" – „überschwemmt" – S. 103, Z. 3: „eine Art von Schwermut"

   - Er fühlt sich einsam, isoliert und unverstanden.
     S. 56, Z. 20: „ohne einander verstanden zu haben" / S. 73: „fatale bürgerliche Verhältnisse"

   - Er zeigt ein geringes Selbstwertgefühl.
     S. 77, Z. 22: „wir Subalternen" / S. 92, Z. 25: „heilige, belebende Kraft" – „dahin"

2. **Verhaltensänderungen** eines suizidgefährdeten Menschen
   - Er schläft unruhig oder gar nicht.
     S. 102, Z. 3: „Diese Nacht!" / S. 107, Z. 28: „schröckliche Nacht" / S. 125, Z. 10: „nach eilfe"

   - Er neigt zu Alkohol- bzw. Drogenmissbrauch.
     S. 93, Z. 11ff.: „Exzesse" – „mich manchmal von einem Glas Wein verleiten lasse, eine Bouteille zu trinken"

   - Er zieht sich von seinen Mitmenschen zurück; er vernachlässigt Kontakte zu Freunden oder bricht sie ganz ab.
     S. 62, Z. 29: „Ich muss fort!" / S. 84, Z. 24: „Ich wollte in Krieg!" – Z. 32f.: „Was soll ich hier?" / S. 104, Z. 21f.: „ich ginge"

   - Seine Stimmungen schwanken stark; er weint häufig.
     S. 29, Z. 31: „wonnevollsten Tränen" / S. 30, Z. 25: „glückliche Tage" / S. 102, Z. 11f.: „voll Tränen" / S. 108, Z. 1: „bitterste Tränen"

   - Er ist weniger leistungsfähig.
     S. 60, Z. 1: „die Bücher speien mich alle an"

   - Er spricht öfter über seinen eigenen Tod. Er äußert eventuell den Wunsch zu sterben.
     S. 43, Z. 30: „mir eine Kugel vor'n Kopf schießen möchte" / S. 81, Z. 10: „ich möchte mir eine Ader öffnen" / S. 107, Z. 21: „ich will sterben"

Versuche, den Selbstmord zu rechtfertigen

Werthers Selbstmord und die Tatsache, dass der Autor ihn ausdrücklich nicht verurteilt, sondern dem Urteil des Lesers anheim stellt, war der eigentliche Skandal des Romans unter den Zeitgenossen. Innerhalb der europäischen Intelligenz kam zwar im 18. Jahrhundert eine Diskussion über den Selbstmord in Gang und Montesquieu forderte, dass jeder über seinen Tod wie über sein Leben frei verfügen sollte, aber im Übrigen war es ein streng gewahrtes Tabu. Gesellschaftlich geächtet, stellte der Selbstmord in juristischer Sicht ein Verbrechen dar, das vom Staat verfolgt wurde. Der Selbstmörder hatte kein Recht auf ein ordentliches Begräbnis, die Leiche wurde für medizinische Zwecke freigegeben oder, schlimmer noch, zur Abschreckung öffentlich ausgestellt oder auf Karren durch die Straßen gezogen. Die Familie des Selbstmörders musste mit Strafen rechnen. Als in Deutschland mit der Gesetzgebung unter Friedrich dem Großen erstmals eine Entkriminalisierung des Selbstmords eingeleitet wurde, hielten die Kirchen daran fest, Höllenqualen und das Fegefeuer anzudrohen. Mit größter Überzeugung konnte die Geistlichkeit behaupten, dass der Selbstmörder zugleich gegen die Natur und die göttlichen Gebote verstieß. Auch war der Wiederauferstehungsglaube so an die Unversehrbarkeit der persönlichen Erscheinung geknüpft, dass es ganz widernatürlich schien, selbst Hand an sich zu legen. Die Anatomie, die Sektion des Leichnams, drohte dem Selbstmörder, wenigstens aber eine unehrenhafte Bestattung außerhalb der christlichen Gemeinschaft. [...]

Heute ist der Selbstmord kein Verbrechen mehr. Die öffentliche Diskussion darüber ist weitgehend enttabuisiert, obgleich sich in der persönlichen Meinung eine unterschiedlich motivierte Scheu erhalten hat. Im Begriff des „unnatürlichen Todes" rücken bis jetzt Mord und Selbstmord eng zusammen. Es hat nicht an Versuchen gefehlt, auf dem Wege sprachlicher Manipulation – durch Umbenennung – das philosophische Problem neu zu beleuchten. Der Freitod unterstellt im Gegensatz zur Selbsttötung nicht einen Akt der Zerstörung, sondern die frei getroffene Entscheidung, aus dem Leben zu gehen. Freilich bleiben die meisten Selbstmordhandlungen gegen die eigene Person gerichtete Gewalttaten, besonders wenn sie ihre Ursache in einer Krankheit haben.

Die Erkenntnis, dass zwischen Selbstmord und Seelenkrankheit ein enger Zusammenhang bestehen kann, hat das allgemeine Bewusstsein am stärksten beeinflusst und ist der Grund dafür, dass sich die Einstellung heute geändert hat. Zwar geht nicht jedem Selbstmord eine Depression voraus, aber jede Depression hat Todeswünsche zur Folge. Dem Selbstmörder, der an sich selbst bzw. den gesellschaftlichen Bedingungen seiner Existenz leidet, ist schon als Suizidverdächtigem Hilfe zu leisten, statt ihm mit Strafe zu drohen.

Von anderer Seite ist dennoch in jüngster Zeit ein Streit um das Recht auf einen eigenen Tod entbrannt. Seitdem es die moderne technische Medizin möglich gemacht hat, das Leben künstlich zu verlängern bzw. den Tod immer weiter hinauszuzögern, ist der Sterbende den Apparaturen im Krankenhaus ausgeliefert. Ihm steht ein Restleben ohne jede Lebensqualität bevor. Ja, oft sind es nur noch Qualen oder eine medikamentös herbeigeführte Umnachtung, die ihn erwarten. In dieser Situation tritt nun die Forderung auf, über den eigenen Tod entscheiden zu dürfen.

Dieses durch die neuere Entwicklung erzwungene Nachdenken über Tod und Freitod unterscheidet sich von den Argumenten, die Werther für den Selbstmord ins Feld führt. Der *Werther* bildet gleichsam den Anfang. Er eröffnet die Diskussion, er bricht mit der einseitigen moralischen Verurteilung und – was wichtiger ist – durch Goethes besondere Darstellungsweise wird jeder existenziell in die Problematik hineingezogen.

Werther hat nicht eine, sondern mehrere und wechselnde Meinungen über den Selbstmord. Noch bevor er ausschließlich in Lotte den Sinn seines Lebens sieht, schlägt er das Thema an. Goethe nennt es auch den Lebensekel, der sich besonders bei jungen Menschen einstellt, die alles sich unendlich wiederholen sehen und wie in einem Kreislauf gefangen glauben.

Stefan Blessin: J. W. Goethe. Die Leiden des jungen Werthers. Grundlagen und Gedanken. Erzählende Literatur, S. 48f. © Diesterweg Verlag Braunschweig in der Bildungshaus Schulbuchverlage Westermann Schroedel Diesterweg Schöningh Winklers GmbH

---

1. *Wie ist der „Werther"-Roman in die geschichtliche Entwicklung der Einstellung zum Selbstmord einzuordnen? Stellen Sie dazu die Entwicklung übersichtlich geordnet dar.*
2. *Auf welchen Brief spielt der Autor im letzten Absatz an? Untersuchen Sie den Brief genauer.*
3. *Welche Motive für seinen Selbstmord sind Werthers Briefen aus dem Dezember 1772 zu entnehmen? Begründen Sie, worin Sie die Hauptursache für Werthers Selbstmord sehen.*

Baustein 7: Literatur und Leben – Entstehung des Romans

In seiner Autobiografie „Dichtung und Wahrheit" beklagt sich Goethe darüber, die Leser des „Werther" „wollten [...] sämtlich ein für allemal wissen, was denn eigentlich an der Sache wahr sei?"[1] Das Interesse an den biografischen Vorlagen besteht auch bei heutigen Lesern, auch bei den Schülern; und wenn ihm mit der hier vorgeschlagenen Sequenz entsprochen wird, dann nicht nur um ihre Neugier an der Person des Autors und dem Wirklichkeitsgehalt des Romans zu befriedigen, sondern vor allem deshalb, weil die Lernenden auf diese Weise wertvolle Einsichten in den Kunstcharakter des Werkes gewinnen können. Desto wichtiger ist es – auch im Sinne Goethes – „Poesie" und „Wirklichkeit" zu unterscheiden. **Der biografische Hintergrund des „Werther"** (7.1) wird darum zuerst in den Blick genommen. In diesem Zusammenhang wird von authentischem Material ausgehend untersucht, wie Goethe reale Erlebnisse und Sachverhalte verarbeitet hat.
Des Weiteren sollen die Schüler durch eine **exemplarische Gegenüberstellung der ersten und der zweiten Fassung** (7.2) einen konkreten Einblick in die editionsphilologische Problematik des „Werther"-Romans erhalten, um sich dessen bewusst zu werden, dass ein literarischer Text etwas Gewordenes und Gemachtes, aber auch – nicht zuletzt durch seine Rezeption – Veränderbares ist.

7.1 ◻ *was denn eigentlich an der Sache wahr sei?* – Der biografische Hintergrund des „Werther"

Um zunächst dem Interesse der Schüler an der Person des Autors entgegenzukommen, kann die Lehrperson das Bild des Vierundzwanzigjährigen im Anhang der Textausgabe S. 129 betrachten und beschreiben lassen und anschließend die Schüler bitten, die biografische Darstellung S. 130–132 zu lesen.

◻ *Welchen Eindruck haben Sie von Goethe gewonnen?*

Erste Bezüge der Lebensstationen Goethes zum „Werther"-Roman werden im sich anschließenden Unterrichtsgespräch benannt (vgl. S. 130, Z. 28 – S. 131, Z. 14).
Dann folgt die eigentliche Erarbeitung des Wirklichkeitsgehalts und Kunstcharakters des Romans durch die Analyse der Quellen aus dem Jahr 1772 (S. 143–150) und den Vergleich mit der Romangestaltung. Die Erarbeitung erfolgt am zweckmäßigsten arbeitsteilig in zwei Gruppen. Die eine Gruppe befasst sich mit Kestners Briefentwurf und Tagebuchaufzeichnungen sowie mit Goethes Abschiedsbrief an Lotte (S. 143–147), die andere mit Kestners Bericht an Goethe und dessen Dankesbrief (S. 147–150). Beide Gruppen erhalten denselben Arbeitsauftrag:

◻ *Untersuchen Sie anhand der Quellen (S. 143–147 bzw. 147–150), in welcher Weise Goethe reale Sachverhalte in seinem Roman übernommen bzw. abgeändert hat, und stellen Sie die Ergebnisse mithilfe eines Folientextes dar.*

Die Ergebnisse der ersten Gruppe betreffen im Wesentlichen den ersten Teil des Romans, in dem Goethe seine eigenen Erfahrungen in Wetzlar 1772 verarbeitete. Vor allem das im Roman dargestellte Dreiecksverhältnis Werther – Lotte – Albert ist weitgehend authentisch (Goethe – Charlotte Buff – Kestner); die Namen sind teilweise verändert (vgl. auch Garbenheim – Wahlheim). Eine weitere Parallele besteht darin, dass das letzte Gespräch vor Goethes Abreise vom Leben nach dem Tod handelte. Die Ergebnisse der zweiten Gruppe betreffen im Wesentlichen den zweiten Teil des Romans, in dem der Autor Kestners Be-

---
[1] Goethes Werke, Hamburger Ausgabe, Bd. 9, S. 592

Baustein 7: Literatur und Leben – Entstehung des Romans

richt über Jerusalems Schicksal (der damals kaum 25 Jahre alt war), die Darstellung der Gesandtschaftsepisode, den Verweis vom Hofe, seinen Selbstmord, für den tragischen Ausgang des Romans nutzte. Aus Kestners Bericht hat Goethe einige Formulierungen sogar wörtlich übernommen (vgl. S. 148, Z. 26f.[1] mit S. 121, Z. 31f., S. 149, Z. 18f. mit S. 127, Z. 22f., S. 149, Z. 40 mit S. 127, Z. 30, S. 150, Z. 7f. mit S. 128, Z. 16).

Angesichts der Tatsache, dass Goethe eigene Lebenserfahrungen und reale Begebenheiten[2] im Roman aufgenommen, sich bei der Figurengestaltung teilweise bis in Details an die realen Vorbilder gehalten hat, könnte die Frage gestellt werden, ob der „Werther" ein Schlüsselroman[3] sei.

Die Figur Werther ist jedoch nicht restlos mit Goethe zu identifizieren (schließlich ist der Dichter nicht zu Charlotte zurückgekehrt und hat sich nicht das Leben genommen). Der Roman bildet also die Wirklichkeit weder bloß ab noch ist er schlüssig aus ihr zu erklären. Der „Werther" ist kein Schlüsselroman, sondern als eine „Komposition"[4] aus realen und fiktionalen Elementen anzusehen, und zwar als eine Komposition, durch die sich der Autor – wie im Folgenden deutlich werden soll – „von einem stürmischen Elemente gerettet" hat (S. 151, Z. 20ff.).

Dazu erhalten die Schüler den Auftrag, eine Textstelle aus Goethes „Dichtung und Wahrheit" (S. 150–152) unter folgenden Fragestellungen zu lesen:

❐ 1. *Wie stellt Goethe aus der Rückschau die persönliche Bedeutung dar, die das Schreiben des „Werther"-Romans für ihn hatte?*
  2. *Wie beurteilt Goethe die Rezeption seines Romans und dessen Wirkung auf die Zeitgenossen?*

Zu 1. Goethe befand sich in einer Lebenskrise und wusste nicht, wie es mit ihm weitergehen sollte. Das Schreiben war für ihn ein „Hausmittel", mit dem er sein Leiden therapierte. Indem er „die Wirklichkeit in Poesie" verwandelte, schmerzhaft Erlebtes in Form eines Kunstwerks (vgl. „Komposition") verarbeitete, konnte er sich aus seiner Krise befreien.

Zu 2. Goethe kritisierte die Rezeption seines Romans wegen des rein inhaltlichen, stofflichen Interesses der Leser. Bereits seine Freunde (die ersten Rezipienten) hätten das Kunstwerk nicht „geistig" aufgenommen, sondern „die Poesie in Wirklichkeit" verwandelt, das Gelesene unreflektiert auf das eigene Leben übertragen.

Die ungeheure Wirkung des „Werther" erklärt er damit, dass der Roman „genau in die rechte Zeit traf" und die Gefühlssituation der jungen Leute so ansprach, dass sie sich mit dem Erzählten identifizierten. Die Ergebnisse können in einem Tafelbild etwa folgendermaßen gesichert werden:

---

[1] Die Pistole, mit der sich Jerusalem umbrachte, hatte er kurioserweise ausgerechnet bei Kestner ausgeliehen.
[2] Außer den beiden erarbeiteten historischen Begebenheiten (Goethes Liebe zu Charlotte Buff und Selbstmord des Legationssekretärs Jerusalem) enthält der Roman noch weitere reale Elemente, z.B. Goethes Begegnung mit der sechzehnjährigen Maximiliane von La Roche.
[3] „**Schlüsselliteratur**: Bezeichnung für literarische Werke, in denen wirkliche, meist zeitgenössische Personen, Zustände, Ereignisse unter fiktiven oder historischen Namen und Bezeichnungen mehr oder weniger ‚verschlüsselt' erscheinen. Entscheidend ist jedoch nicht die bloße Übereinstimmung der literarischen Personen usw. mit der Wirklichkeit, sondern die bewusste Verschlüsselung durch den Autor, die darauf angelegt ist, vom Leser durchschaut zu werden. Das Verständnis des Werkes setzt daher beim Leser die Kenntnis des ‚Schlüssels' oder der verschlüsselten Verhältnisse voraus." (Schülerduden „Die Literatur", S. 368)
[4] Den Begriff gebrauchte Goethe selbst, vgl. S. 151, Z. 21.

Abschließend kann über die Gründe für das Interesse vieler Leser (auch der Schüler) an dem Wirklichkeitsgehalt des „Werther"-Romans nachgedacht werden. Ein wesentlicher Grund dürfte in der künstlerischen Gestaltung des Romans liegen, der „den Leser mit den Mitteln der Dokumentarfiktion in ein Geschehen hineinverwickelt, das ihn ganz auf sich selbst stellt und sein Urteil fordert, als wäre es das Leben in all seinen Widersprüchen."[1]

Je nach Zeit und Interesse der Lehrperson und der Lerngruppe bietet sich eine **Exkursion nach Wetzlar** an (vgl. die Abbildung im Anhang der Textausgabe S. 131), jener ehemaligen Reichsstadt, in der Goethe von Ende Mai 1772 bis zum 11. September 1772 am Reichskammergericht, der obersten Rechtsinstanz des Reiches, (mehr oder weniger) tätig war. Ein Rundgang durch die reizvolle Altstadt und der Besuch einiger in historischen Gebäuden untergebrachter Museen – wichtig sind vor allem das Lottehaus im ehemaligen Verwaltungshaus des Deutschordenshofes (Textausgabe, S. 145) und das Jerusalemhaus – lohnt sich im Rahmen der Unterrichtsreihe allemal, zusätzlich auch ein gemeinsamer Spaziergang von Wetzlar nach Garbenheim. Einen Stadtplan von Wetzlar mit Hinweisen auf die Sehenswürdigkeiten findet die Lehrperson in Z 7, S. 120.

7.2 ☐ *wie ein Autor [...] seinem Buche schaden muss* – Exemplarische Gegenüberstellung der ersten und der zweiten Fassung

In dieser Einheit geht es darum, den Kursteilnehmern einen interessanten Einblick in die editionsphilologische Problematik zu vermitteln, die der „Werther"-Roman dadurch aufwirft, dass er in zwei Fassungen vorliegt: der „Sturm-und-Drang"-Fassung von 1774, die als Erstfassung (Editio princeps) unserer Textausgabe zugrunde liegt, und der „klassischen" Fassung von 1787, die gegenüber der ersten entscheidende Umarbeitungen erfahren hat. Lange Zeit hat man die zweite Fassung für Schullektüren verwendet und diese wurde dann – vollkommen paradox – als Beispiel für einen „typischen" Text des „Sturm und Drang" behandelt. Und selbst in der neueren didaktischen Literatur finden sich noch Rechtfertigungen für ein solches Vorgehen: „Aber warum hält man dann an der zweiten Fassung und nicht an dem originalen Sturm-und-Drang-Werk fest? Das hat seine Gründe in der Autorität, die Goethe darstellt und die eine vom Autor eingerichtete Ausgabe letzter Hand immer für sich beanspruchen darf. Auch Gewöhnung spielt eine Rolle. Vor allem liegt es jedoch daran, dass wir die zweite Fassung im Sinne der Erstfassung lesen und deuten."[2] In diesen wenigen Sätzen sind fast alle Fehler enthalten, die man editionsphilologisch und interpretatorisch machen kann. Ex negativo allerdings kann man daraus entnehmen, wie

---
[1] Blessin, Grundlagen und Gedanken, S. 21
[2] Blessin, Grundlagen und Gedanken, S. 24

es denn richtig zu machen ist: Führt man die „Autorität" Goethes an, wird die biografische Methode der Edition wie der Interpretation favorisiert, doch diese ist dann bloß „Äquivalent der hierarchisch gegliederten Gesellschaft, ist deren literaturwissenschaftlicher Ausdruck. Die Philologie dagegen (im Wortsinn), weil sie auf die Texte gerichtet ist, hat es mit Objekten zu tun, deren Utopie oder aber Ideologie beschrieben wird"[1]. Ferner: Wie soll man denn die „zweite Fassung im Sinne der Erstfassung lesen und deuten"[2], wenn man doch die erste Fassung gar nicht kennt? Die „Gewöhnung" an das Falsche verrät nur den ideologischen Charakter einer solchen Argumentation.

Die exemplarische Gegenüberstellung der ersten und der zweiten Fassung richtet das Schülerinteresse also besonders auf die Texte als Objekte und fragt nach den unterschiedlichen Bedeutungen der beiden Fassungen. Zu dieser Gegenüberstellung haben wir einen Kommentar des fiktiven Herausgebers gewählt, da in der zweiten Fassung diese Herausgeber-Kommentare wesentlich erweitert wurden. Schon der Textumfang (vgl. S. 140–143) verweist auf diesen Sachverhalt.

Neben diesen Erweiterungen werden in der zweiten Fassung die Geschichte mit dem Bauernburschen eingefügt, einige Briefe umgestellt und einige kleinere sprachlich-stilistische Erweiterungen und Veränderungen vorgenommen. Informationen zu diesen entstehungsgeschichtlichen Aspekten und der editionsphilologischen Problematik des Umgangs mit den beiden Fassungen bietet ein entsprechender Aufsatz im Anhang der Textausgabe (S. 133–138). Der Text wird von den Schülern am besten als vorbereitende Hausaufgabe unter folgender Fragestellung gelesen:

❐ *Stellen Sie stichpunktartig die Entstehungsgeschichte des Romantextes dar. Nennen Sie Gründe dafür, warum man die erste veröffentlichte Fassung des Romans als Textgrundlage wählen sollte.*

Hierbei sollten die wichtigsten Daten (z.B. erste Fassung 1774, zweite Fassung 1787), die Charakteristika der beiden Fassungen (1. Fsg.: Sturm-und-Drang-Sprache, 2. Fsg.: Glättungen, Umformulierungen, Erweiterungen) benannt werden und die editorische Regel zur Editio princeps als Schnittpunkt von Produktion und Rezeption erläutert werden.

Als illustrierendes Beispiel für die erwähnten sprachlichen Glättungen kann man im Unterrichtsgespräch den Faksimiledruck des Manuskripts der zweiten Fassung (S. 135) einbeziehen. Der Text, der ggf. auf Folie präsentiert werden kann, lautet:

> am 8 August
>
> Ich bitte dich, lieber Wilhelm, es war gewiß nicht auf dich geredt, wenn ich die Menschen unerträglich schalt, die von uns Ergebung in unvermeidliche Schicksale fordern. Ich dachte wahrlich nicht daran, daß du von ähnlicher Meynung seyn könn[test].

Schon die Umschrift des Manuskripts stellt eine „Mini-Edition" dar, da die editorische Entscheidung zu treffen war, wie mit der im Manuskript sichtbaren Korrektur Goethes umzugehen ist. „Ergeben<u>heit</u>" wurde gestrichen und durch „Ergeb<u>ung</u>" ersetzt. Bei dieser Korrektur handelt es sich in erster Linie um eine stilistische Verbesserung, die gleichwohl eine inhaltliche Veränderung mit sich bringt: Während „Ergebenheit" durch das Suffix „-heit" eine Eigenschafts- bzw. Zustandsbeschreibung darstellt, verweist „Ergebung" auf ein Geschehen, gilt als Geschehensbezeichnung.[3] Wird also von einem Geschehen gesprochen, zielt Werthers Rede darauf ab, den prozessualen Charakter der Entfremdung hervorzuheben, die durch die ihn einschränkenden Verhältnisse initiiert wird: „Menschen ... Ergebung ... fordern". Die Eigenschafts- oder Zustandsbezeichnung hingegen würde einen bereits ergebenen bzw. verformten Charakter voraussetzen.

---

[1] Kraft, Editionsphilologie, S. 23. Wenn man aber schon mit der biografischen Methode argumentieren will, sollte man dies auf gesicherter Grundlage tun. Das würde aber bedeuten, dass man die Erstfassung zugrunde legt, weil Goethe sich später selbst für den Druck der ersten Fassung ausgesprochen hat (vgl. S. 137, Z. 26 – 138, Z. 5 im Anhang der Textausgabe).
[2] Blessin, Grundlagen und Gedanken, S. 24
[3] Vgl. Duden, Grammatik der deutschen Gegenwartssprache, S. 379 und 383.

Die Motto-Verse (S. 134) können als konkrete Reaktion auf die zeitgenössische Rezeption gelesen werden. An dieser Stelle bietet sich auch eine Kombination mit Baustein 6 an, in dem die Selbstmordproblematik, und mit Baustein 9, in dem die Reaktion der zeitgenössischen Leserschaft (vgl. 9.2) genauer behandelt wird:

❏ *Warum hat Goethe die Motto-Verse der zweiten Auflage seiner ersten Fassung des Romans vorangestellt?*

Inhaltlich dürfte die appellative Struktur deutlich werden, die eine Warnung vor einer Nachahmung des Werther-Schicksals impliziert: „Sei ein Mann und folge mir nicht nach." Im Sinne integrativen Deutschunterrichts kann eine genauere Analyse des lyrischen Textes erfolgen, bei der Grundbegriffe der Gedichtinterpretation wiederholt werden:

❏ *Analysieren Sie die Motto-Verse unter besonderer Berücksichtigung des Verhältnisses zwischen ihrer Form und dem mitgeteilten Inhalt.*

Beide Strophen sind streng durchkomponiert (fünfhebiger Trochäus, Kreuzreim, regelmäßiger Wechsel von weiblicher und männlicher Kadenz) und verstärken damit die ernste, belehrende Wirkung der Aussage. In der ersten Strophe wird die Liebe ambivalent als der „heiligste von unsern Trieben" und auch als Quelle „grimme[r] Pein" dargestellt. Diese Ambivalenz verstärkt der Kreuzreim: „lieben" wird inhaltlich mit „Trieben", „sein" hingegen mit „Pein" verbunden. Anaphorisch sind zudem „Jüngling" und „Mädchen" in den ersten beiden Versen aufeinander bezogen, wobei dem „Jüngling" der aktive („sehnt sich so zu <u>lieben</u>") und dem „Mädchen" der passive Part („so <u>geliebt</u> zu sein") zugesprochen wird.
Auch in der zweiten Strophe wird diese semantisch bipolare Struktur fortgesetzt, nunmehr allerdings wird inhaltlich nicht mehr die Liebe verhandelt, sondern die Gefahr identifikatorischen Lesens (s. dazu auch Z 6, S. 119): die angeredete „liebe Seele" des Rezipienten wird durch den Kreuzreim semantisch mit dem „Geist" Werthers in der „Höhle" verbunden, damit die schwebende Gefahr der Imitation angedeutet: Aus der „lieben Seele" könnte auch bei Nachahmung ein ruheloser „Geist" werden.
Der Schlussappell im letzten Vers verweist darauf, dass Werthers „Gedächtnis" nur von der „Schmach" zu retten sei, wenn man seinem Vorbild gerade nicht nacheifere.

Mit der Analyse der stilistischen Veränderungen und der Motto-Verse sind nun die nötigen Voraussetzungen geschaffen um den exemplarischen Vergleich der beiden Fassungen vornehmen zu können.
Als Hinführung wird der Text über den Zusammenhang von „Werther"-Wirkung und Umarbeitung von Georg Jäger (S. 139–140) gelesen. Im Rückblick auf die durchgeführte Analyse der Motto-Verse lohnt sich der Hinweis, dass in diesen ebenfalls die „Personalisierung des Leserkontaktes" (S. 139, Z. 7) ausgenutzt wird (direkte Anrede: „Du"), allerdings nicht zur Identifikation, sondern zur freundlichen Belehrung. Von Bedeutung für die Untersuchungsperspektive beim Vergleich der Fassungen ist Jägers Feststellung: „Eine Reihe von Lesehinweisen, welche die Gestalt Werthers problematisieren und die distanzlose Identifikation mit ihm erschweren, dient jetzt [in der zweiten Fassung] der Lenkung der Leserperspektive." (S. 140, Z. 9–12) Der Vergleich der beiden Fassungen erfolgt dann mit folgendem Arbeitsauftrag:

❏ *Vergleichen Sie die beiden Fassungen und erläutern Sie, inwiefern in der zweiten Fassung die „distanzlose Identifikation" (Georg Jäger) des Lesers mit Werther erschwert wird.*

Rein äußerlich ist zunächst festzustellen, dass der Auszug aus der zweiten Fassung länger ist, was auf Erweiterungen des Herausgeberkommentars hindeutet. Um systematisch einen Vergleich durchführen zu können bietet es sich an, von der Struktur der beiden Textauszüge auszugehen:

Exemplarische Gegenüberstellung der ersten und der zweiten Fassung („Der Herausgeber an den Leser")

Erste Fassung	Erste und zweite Fassung	Zweite Fassung
	Hinweis zur erzählerischen Darbietungsweise (S. 140, Z. 22–26/S. 141, Z. 34–38)	
		Reflexion der Quellenlage und des Zeugenkreises (S. 142, Z. 1–15)
Reflexion der Dreiecksbeziehung Werther – Lotte – Albert: Werther als Mensch mit „Leidenschaft", negative Bewertung Alberts (S. 140, Z. 27–S.141, Z. 25)		Reflexion der Dreiecksbeziehung Werther – Lotte – Albert: **negative Bewertung Werthers** (S. 142, Z. 16–29) und **positive Darstellung Alberts** (S. 142, Z. 29–S. 143, Z. 8)
Steigerung und Eskalation des Konflikts: Ermahnung Alberts an Lotte (S.141, Z. 28–31)		

← Vermeidung der „distanzlosen Identifikation" ←

Die Gliederung macht deutlich, dass die Unterschiede überwiegen und selbst in den noch in beiden Fassungen vorliegenden Passagen so tief greifende Veränderungen zu verzeichnen sind, dass es sich um „zwei unterschiedliche Texte" (S. 136, Z. 9f.) handelt. Die Detailveränderungen sind nun im Einzelnen zu analysieren:

Während in der ersten Fassung in der Eingangsbemerkung von der „Geschichte" (S. 140, Z. 22) Werthers die Rede ist, also von einem auf konkrete menschliche Handlungen zurückführbaren Prozess, wird in der zweiten Fassung „von den letzten merkwürdigen Tagen" (S. 141, Z. 34f.) gesprochen, was auf das Außergewöhnliche des Falls aufmerksam macht. Sodann folgt in dem späteren Text ein längerer Reflexionsabschnitt (S. 142, Z. 1–15), in dem die Schwierigkeit der Beurteilung des Werther-Schicksals sowie die Subjektivität der Darstellung benannt werden (S. 142, Z. 6f.: „die Meinungen verschieden und die Urteile getheilet"; Z. 12–14: „so schwer ist, die eigensten wahren Triebfedern auch nur einer einzelnen Handlung zu entdecken").

Im früheren Text hingegen fehlt dieser Abschnitt; Werthers „Leidenschaft" (S. 140, Z. 22) steht hier vielmehr als positives Korrektiv der „ruhigen Treue eines rechtschafnen Manns" (S. 140, Z. 29) (Albert) gegenüber. Die Beziehung Alberts zu Lotte ist „seinen Geschäften" (S. 141, Z. 1f.) nachgeordnet, stellt fast nur noch eine Zweckgemeinschaft, eben ohne „Leidenschaft" dar. Zudem ist sich Albert dieses Problems durchaus bewusst: „Werthers Aufmerksamkeiten für Lotten" fasst er als „stille[n] Vorwurf" (S. 141, Z. 5–7) auf.

Demgegenüber ist aus Werthers Leidenschaft in der zweiten Fassung „Unmuth und Unlust" (S. 142, Z. 16) geworden. Seine Wesensveränderung bringt die „widrigsten Wirkungen" (S. 142, Z. 22) hervor und schließlich wird er (gegenüber Albert) „immer ungerechter" (S. 142, Z. 28), je unglücklicher er wird. Diese Erzählerbewertungen entwerfen ein deutlich negatives Werther-Bild, das besonders durch den Vorwurf seiner Ungerechtigkeit pointiert wird. Albert hingegen, so sagen seine „Freunde" (S. 142, Z. 29), die in der ersten Fassung nicht vorkommen, sei „ein langgewünschtes Glück theilhaftig geworden" (Z. 30f.), er sei daran interessiert, dieses Glück auch „auf die Zukunft zu erhalten" (Z. 31f.), er habe sich auch „nicht verändert" (Z. 36), er liebe „Lotten über alles" (Z. 38). Albert wird gegenüber Werther also geradezu verklärt, daher auch die rhetorische Frage (S. 142, Z. 40–S. 143, Z. 4), die eine Solidarisierung des Lesers mit Albert bewirken will: Es sei doch nur legitim, „jeden Schein des Verdachtes" (S. 143, Z. 1), der die Traumbeziehung zu Lotte trüben könnte, abzuwehren.

In der ersten Fassung wird durch Werthers Leidenschaft hingegen die gesamte Dreiecksbeziehung untergraben: er selbst als „trauriger Gesellschafter" (S. 141, Z. 11) bewirkt bei Lotte ein Gefühl der „Schwermuth" (S. 141, Z. 15) und bei Albert „Mistrauen" (S. 141, Z. 18f.). Die ganze Figurenkonstellation suggeriert eine bedrückte Atmosphäre; Natürlichkeit und Spontaneität sind unterdrückt.

Dies ist dann auch in der ersten Fassung der Grund dafür, dass Albert sich mehr und mehr entfernt. Werther nutzt solche Gelegenheiten um Lotte zu treffen. Doch dadurch steigert sich der Konflikt nur umso mehr: Es entsteht „neue Unzufriedenheit" (S. 141, Z. 26), die „Gemüther verhetzen sich immer mehr gegen einander" (Z. 26f.) und „zuletzt" (Z. 27) ermahnt Albert Lotte den Kontakt zu Werther zu unterlassen.

Die spätere Fassung hingegen hebt Alberts Großmut hervor, durch den Werther die Gelegenheit erhält, Lotte allein zu treffen. Die Formulierung, die Alberts Souveränität zum Ausdruck bringt: „aber nicht aus Hass noch Abneigung gegen seinen Freund" (S. 143, Z. 6), scheint mit der adversativen Konjunktion am Anfang geradezu ein direkter Widerspruch gegen die Darstellung in der ersten Fassung zu sein.

Zusammenfassend kann man also feststellen, dass in der zweiten Fassung durch eine ausführliche, diagnostizierende und beurteilende Darstellung des Falls die „distanzlose Identifikation" mit Werthers Bewusstsein verhindert wird, ja vielmehr durch die positive Überzeichnung Alberts zu dessen Position eine geheime Zustimmung evoziert wird. Am Schluss kann ein Zitat Werthers aufgegriffen werden, in dem interessanterweise die Problematik einer überarbeiteten Fassung eines Textes behandelt wird: „Ich habe daraus gelernt, wie ein Autor durch eine zweite, veränderte Auflage seiner Geschichte, und wenn sie noch so poetisch besser geworden wäre, notwendig seinem Buche schaden muss." (S. 57, Z. 5–8)

❐ Diskutieren Sie ausgehend von den Ergebnissen des exemplarischen Vergleichs der beiden Fassungen,
   a) ob die zweite Fassung „poetisch besser" ist und
   b) ob die Überarbeitung in Form der zweiten Fassung dem „Buche schaden muss".

Werther warnt davor, das einmal Geschriebene „wieder auskratzen und austilgen" (S. 57, Z. 12) zu wollen. Goethe selbst jedenfalls konnte offenbar die Bedenken seiner Figur nicht teilen, wie die Umarbeitung des Romantextes zur zweiten Fassung belegt, – ein prägnantes Beispiel dafür, dass man die Ebene der historischen Realität, zu der der Autor gehört, von der fiktiven Welt, in der der Erzähler lebt, unterscheiden sollte.

Notizen

Baustein 8: Goethes „Werther" und die Literatur des 18. Jahrhunderts

Goethes „Werther" und die Literatur des 18. Jahrhunderts

In diesem Baustein lernen die Kursteilnehmer, Goethes „Werther" mithilfe eines informativen Textes zum **Epochenüberblick: Aufklärung – Empfindsamkeit – Sturm und Drang** (8.1) im Kontext des Epochenumbruchs verstehen und bringen den Roman vor diesem Hintergrund in Zusammenhang mit **literarischen Texten des 18. Jahrhunderts** (8.2), die sie selbstständig in Form eines „Lern-Basars" erarbeiten.

8.1 ☐ Epochenüberblick: Aufklärung – Empfindsamkeit – Sturm und Drang

Grundzüge des Epochenumbruchs im 18. und beginnenden 19. Jahrhundert (s. Anhang der Textausgabe, S. 153–156) haben die Kursteilnehmer schon im Zusammenhang mit der Gesellschaftskritik im „Werther" (Baustein 5.3) kennen gelernt. Deshalb kann man sich in diesem Baustein auf den „Epochenüberblick" im Anhang, S. 156–158 beschränken. Der Sachtext wird entweder als Hausaufgabe oder im Unterricht bearbeitet, indem die Schüler die wichtigsten Informationen geordnet (evtl. tabellarisch) in ihr Hausheft übertragen:

Aufklärung (1720–1800)	Empfindsamkeit (1740–1780)	Sturm und Drang (1765–1785)

Nach der Vorstellung und Erläuterung der Informationen im Schülervortrag empfiehlt es sich, den Kursteilnehmern bewusst zu machen, dass der 1774 veröffentlichte „Werther"-Roman formal-zeitlich der Aufklärung, der Empfindsamkeit und dem Sturm und Drang angehört. In einfacher, aber anschaulicher Weise geschieht dies mithilfe eines Zeitstrahls an der Tafel, in den man (evtl. mit verschiedenfarbiger Kreide) die zeitliche Ausdehnung der drei Epochen eintragen lässt. Dabei wird deutlich, dass Empfindsamkeit und Sturm und Drang in die Epoche der Aufklärung eingelagert sind, sodass einerseits die Unterscheidung der Epochen problematisch erscheint und andererseits sich die Frage ergibt, welcher Epoche oder literarischen Bewegung der „Werther"-Roman zuzuordnen ist.

❏ *Welcher Epoche oder literarischen Bewegung ordnen Sie den „Werther"-Roman schwerpunktmäßig zu?*

Goethes Roman weist, wie im Unterrichtsgespräch zu erläutern ist, Merkmale der Empfindsamkeit und des Sturm und Drang auf, die beide nur vor dem Hintergrund der Aufklärung zu verstehen sind. Der Leser erlebt Werther als einen jungen Menschen, für den das Herz, die Fähigkeit zu fühlen und zu empfinden, entscheidend ist. Das gilt z.B. für seine brieflichen, oft tagebuchartigen Aufzeichnungen über seine Liebe zu Lotte und seine Begegnung mit der Natur. Damit präsentiert sich Werther als Vertreter der Empfindsamkeit und steht in Opposition zum Rationalismus der Aufklärung.

„Die säkularisierte Empfindsamkeit bildete die Basis der gefühlsbetonten Selbstwahrnehmung der jungen Generation der Stürmer und Dränger", heißt es in dem zugrunde liegenden Text (S. 157, Z. 24ff.). Kennzeichnend für Werther als Vertreter des Sturm und Drang ist seine Begeisterung für etwas Bedeutsames, z.B. die Natur und die Liebe; und ob es der Überschwang des Glücks ist oder die ihn verzehrende Fähigkeit zu leiden bis hin zum Selbstmord (siehe dazu Baustein 6), in den damit verbundenen Gefühlen, die in leidenschaftlicher Sprache zum Ausdruck kommen, erfährt Werther seine Individualität, die seinem Selbstbewusstsein als herausragende Einzelpersönlichkeit („Genie") entspricht. Daneben gibt es auch den (in Baustein 5 behandelten) Ansatz zur Gesellschaftskritik im „Werther", die sich an zwei Bereichen festmachen lässt, eher indirekt an der Liebesbeziehung zu Lotte und direkt an Werthers Begegnung mit dem Adel. Mit Werthers Entscheidung, den Dienst für den Adel anzunehmen, verlässt der Roman den individuellen Bereich und öffnet sich deutlich zum gesellschaftlichen Bereich hin. Mit dieser Veränderung zu Beginn des zweiten Teils ist auch eine stilistische Veränderung des Briefschreibers verbunden, der schon mit seinem ironisch-satirischen Ton die kritische Intention vermittelt, vergleichbar mit der Auflehnung und aktiven Auseinandersetzung anderer Figuren der Sturm-und-Drang-Literatur (vor allem in der dramatischen Literatur) mit den überkommenen Ordnungen.

8.2 ❏ Literarische Texte des 18. Jahrhunderts

Die Bearbeitung verschiedener literarischer Texte aus der zweiten Hälfte des 18. Jahrhunderts dient dazu, dass die Schüler üben, Texte vor dem Hintergrund ihrer Epoche zu verstehen und intertextuelle Bezüge herzustellen, hauptsächlich zu Goethes „Werther". Als Grundlage werden die im Anhang S. 159–172 in chronologischer Abfolge zusammengestellten acht Texte unterschiedlicher Gattungen angeboten: eine epische Kleinform, fünf Gedichte und zwei Dramenauszüge, von denen jeder Schüler einen Text selbstständig (anhand vorgegebener Aufgaben) bearbeiten soll, und zwar möglichst so, dass alle Texte von der Lerngruppe bearbeitet werden. Dies geschieht am besten in der Form eines „Lern-Basars", in dem zwar für jeden Schüler ein Aufgabenabschnitt (ein Teil des Arbeitsblatts 12a, S. 81) im Angebot ist, aber nur eine begrenzte Anzahl von Aufgabenabschnitten zu den einzelnen Texten zur Auswahl (auf mehreren Tischen) bereitgestellt wird. Wer sich von der Lerngruppe nicht rechtzeitig für eine „Ware" entschieden hat, muss nehmen, was übrig geblieben ist. Die Aufgaben werden schriftlich in Einzelarbeit – zeitökonomisch als Hausaufgabe – gelöst. In der Folgestunde legt die Lehrperson die Lösungsabschnitte (vgl. Arbeitsblatt 12 b) aus, sodass jeder Schüler seine Ausarbeitung selbst überprüfen kann.

Danach werden die bearbeiteten literarischen Texte, sofern die Schüler sie nicht alle zu Hause lesen sollten, und die (ggf. überarbeiteten) Aufgabenlösungen der Schüler im Plenum vorgetragen, sodass alle Beteiligten einen differenzierten Eindruck von dem literarischen Kontext erhalten, in dem Goethes „Werther" steht.

Im Unterrichtsgespräch werden nun einzelne Ergebnisse differenziert und vertieft, bestimmte literarische Texte in eine vergleichende Beziehung gebracht (z.B. Vergleich des Verhaltens der Helden Herkules und Prometheus gegenüber den Göttern sowie der Hymnen „Prometheus" und „Ganymed", die Goethe selbst als Komplementärtexte im Sinne der Dialektik von „verselbsten" und „entselbstigen" verstand), vor allem werden intertextuelle Bezüge zu epochenspezifischen Aspekten hergestellt, z.B.: „Sprache der Vernunft – Verstandeskultur", „Sprache des Herzens – Gefühlskultur", „Enthusiasmus und Rebellion – Emanzipation des bürgerlichen Ich-Bewusstseins".

Zum Abschluss können an der Tafel oder auf einem vorbereiteten Plakat die (mit Autorennamen versehenen) Titel der bearbeiteten Texte – in Anlehnung an die Übersicht im Anhang der Textausgabe S. 158 – schwerpunktmäßig den Epochen visuell zugeordnet werden:

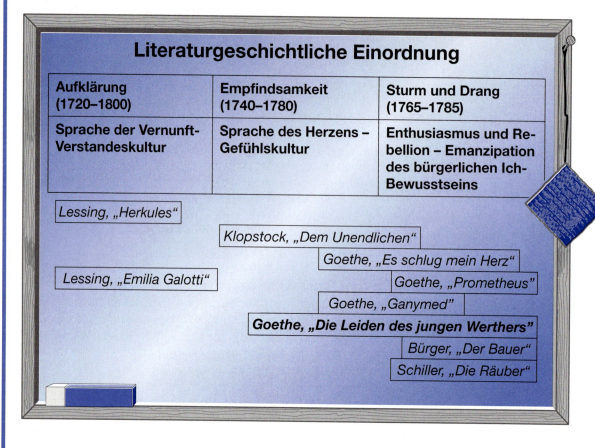

Notizen

Aufgaben zum Lern-Basar:

Goethes „Werther" und die Literatur des 18. Jahrhunderts

Baustein 8
Arbeitsblatt 12a

Gotthold Ephraim Lessing: Herkules (S. 159)
1. Analysieren Sie die Fabel. Berücksichtigen Sie dabei Intentionalität, Gliederung und erzählerische Mittel und kennzeichnen Sie das Verhalten des Halbgottes gegenüber den Göttern.
2. Ordnen Sie den Text begründet schwerpunktmäßig einer Epoche zu.
3. Bringen Sie den Text in Zusammenhang mit Goethes „Werther".

Friedrich Gottlieb Klopstock: Dem Unendlichen (S. 159f.)
1. Analysieren Sie die Hymne unter besonderer Berücksichtigung auffälliger Stilmittel.
2. Ordnen Sie den Text begründet schwerpunktmäßig einer Epoche zu.
3. Bringen Sie den Text in Zusammenhang mit Goethes „Werther".

Johann Wolfgang Goethe: Es schlug mein Herz (S. 160f.)
1. Untersuchen Sie das Gedicht in Bezug auf die innere Befindlichkeit und das Handeln des lyrischen Ichs, die Bedeutung der Natur, die Darstellung der Geliebten und das Verständnis von Liebesglück.
2. Ordnen Sie den Text begründet schwerpunktmäßig einer Epoche zu.
3. Bringen Sie den Text in Zusammenhang mit Goethes „Werther".

Gotthold Ephraim Lessing: Emilia Galotti (S. 161–166)
1. Beschreiben Sie das Verhalten der Handlungsträger in dem Auszug des „bürgerlichen Trauerspiels".
2. Ordnen Sie den Text begründet schwerpunktmäßig einer Epoche zu.
3. Bringen Sie den Text in Zusammenhang mit Goethes „Werther".

Johann Wolfgang Goethe: Prometheus (S. 166–168)
1. Analysieren und deuten Sie die zentrale Thematik der Hymne und beschreiben Sie Besonderheiten der Gestaltung.
2. Ordnen Sie den Text begründet schwerpunktmäßig einer Epoche zu.
3. Bringen Sie den Text in Zusammenhang mit Goethes „Werther".

Johann Wolfgang Goethe: Ganymed (S. 168f.)
1. Beschreiben Sie die Natur- und Gotteserfahrung in Goethes Hymne „Ganymed".
2. Ordnen Sie den Text begründet schwerpunktmäßig einer Epoche zu.
3. Bringen Sie den Text in Zusammenhang mit Goethes „Werther".

Gottfried August Bürger: Der Bauer (S. 169f.)
1. Untersuchen Sie das Gedicht unter besonderer Berücksichtigung der Sprecherrolle, der Struktur und Herrschaftskritik.
2. Ordnen Sie den Text begründet schwerpunktmäßig einer Epoche zu.
3. Bringen Sie den Text in Zusammenhang mit Goethes „Werther".

Friedrich Schiller: Die Räuber (S. 170–172)
1. Untersuchen Sie, wie und warum Karl Moor zu dem Entschluss gelangt, ein Verbrecher zu werden. Was ist ausschlaggebend – sein Gefühl oder sein Verstand?
2. Ordnen Sie den Text begründet schwerpunktmäßig einer Epoche zu.
3. Bringen Sie den Text in Zusammenhang mit Goethes „Werther".

Lösungen zum Lern-Basar:

Goethes „Werther" und die Literatur des 18. Jahrhunderts

Baustein 8
Arbeitsblatt 12b

Gotthold Ephraim Lessing: Herkules

1. Intentionalität: didaktisch (erzieherisch); Gliederung: Situation (1. Satz) – Aktion (Erstaunen) – Reaktion (des Helden) – Ergebnis (letzter Satz); erzählerische Mittel: epischer Bericht des auktorialen Erzählers bis zum Beginn der „Aktion" – direkte Rede – epischer Bericht („Ergebnis"); Kennzeichnung des Verhaltens: nicht „Feindesliebe", sondern „vernünftiges" Handeln des Halbgottes im Sinne diplomatischer Klugheit, um sich mit den Göttern zu arrangieren; aber auch Betonung der eigenen Leistung (er hat sich „den Himmel verdient"). Der Bildbereich ist auf den Sachbereich (Verhältnis des leistungsstarken Bürgertums zum Adel) zu übertragen.
2. Aufklärung: Appell an „Vernunft, Bildung und Erziehung" des bürgerlichen Lesers – mit dem Ziel seiner Gleichstellung mit den Herrschenden aufgrund eigener Leistungen und klugen Handelns.
3. Vgl. Werthers Versuch in der Adelgesellschaft, der er sich (mindestens) gleichwertig fühlt, Fuß zu fassen. Vgl. auch Werthers ironisch-distanzierte Haltung: „Was ist der Mensch? Der gepriesene Halbgott!" (S. 100, Z. 15)

Friedrich Gottlieb Klopstock: Dem Unendlichen (S. 159f.)

1. Die durch freie Rhythmen bei fünfstrophischem Aufbau gekennzeichnete Hymne ist ein aus tiefer Ergriffenheit eines lyrischen Ichs, das den Schöpfergott mit seinem Herzen „denkt", gestalteter Preis des „Unendlichen". Dabei wird in den ersten beiden Strophen, in denen Gott direkt angeredet wird, neben den klanglichen Mitteln der Assonanz und der Alliteration vor allem das Stilmittel des Gegensatzes benutzt (z.B. erheben – sinken, unten – oben); in den Strophen 3–5 wechselt die Anrede und wird mit Aufforderungen an metaphysische (aus der Offenbarung stammende) Elemente sowie Welten des Universums verbunden, in das Loblied („der Posaunen Chor") einzustimmen, auch wenn es Gott nie völlig gerecht werden könne. Wiederholungen (auch in der Form der Epanalepse, z.B. „Herr, Herr", „Gott, Gott") steigern die Gefühlsäußerung zu rauschhafter Ekstase.
2. Empfindsamkeit: (vom Pietismus) beeinflusster intensiver Gefühlsausdruck, Sprache des Herzens.
3. Auch für Werther ist die mit Religiosität verbundene Gefühlskultur, die Sprache des Herzens, wichtig (vgl. Brief vom 10. Mai); ein unmittelbarer Zusammenhang ist durch die Nennung des Namens „Klopstock" (S. 29, Z. 28) gegeben.

Johann Wolfgang Goethe: Es schlug mein Herz (S. 160f.)

1. Das „Herz" des lyrischen Ichs ist Auslöser für dessen aus der Rückschau dargestelltes Handeln, den Aufbruch zu der Geliebten, und Antrieb, die scheinbaren Widrigkeiten des Weges am Abend und in der Nacht zu überwinden. Die durch Bildhaftigkeit (Personifikationen) verlebendigte Natur wird zwar als bedrohlich empfunden, ohne jedoch dem leidenschaftlich Liebenden Furcht einzuflößen. Bei der Begegnung mit der Geliebten verwandelt deren „milde Freude" das Wilde und Ungestüme des lyrischen Ichs zur „Zärtlichkeit"; die äußere Natur erscheint nun wie das Spiegelbild der inneren Befindlichkeit („Ein rosenfarbes Frühlingswetter"). Beim Abschied – der eigentliche Aufenthalt bei dem geliebten Mädchen bzw. die Vereinigung der beiden Liebenden wird ausgespart – ist das lyrische Ich eher passiv („Du gingst, ich stund"). Mit dem adversativen „Und doch" wird dem Abschiedsschmerz das Glück erlebter Liebe entgegengestellt: Die Chiasmusstruktur der letzten beiden Zeilen verdeutlicht, dass es die Erfahrung (Passiv) und das Geben (Aktiv) von Liebe umfasst; die Anrede „Götter" deutet an, dass das in der Liebe erfahrene Glück auf Transzendentes verweist.
2. Empfindsamkeit: Der Begriff „Herz" (die Fähigkeit zu fühlen und zu empfinden) ist von zentraler Bedeutung (in jeder Strophe); das Erlebnis individueller Liebe ermöglicht mitteilbare Selbsterfahrung. Trotzdem ist das Gedicht eher dem Sturm und Drang zuzuordnen: Die Affekte, insbes. die Begeisterung für etwas Bedeutsames wie die Liebe, die Radikalität, mit der das lyrische Ich seinem Herzschlag folgt, stilisieren es zum „Genie".
3. Enger Zusammenhang mit Werthers Gefühlsintensität, Natur- und Liebeserfahrung.

Gotthold Ephraim Lessing: Emilia Galotti (S. 161–166)

1. Emilia ist sich ihrer Gefühle nicht sicher; sie befürchtet, den Verführungskünsten des Prinzen zu erliegen, und bittet deshalb den Vater, den Dolch gegen sie zu richten. Odoardo tötet sie, als sie ihn an die römische Virgina-Geschichte erinnert. Auf diese Weise, nämlich durch Opferung bzw. Selbstaufopferung als einzige Möglichkeit der Auflehnung gegen das herrschende System, retten die bürgerlichen Untertanen ihre Ehre (Tugend); aber das Glück des Einzelnen wird damit zerstört. Der Prinz als absolutistischer Fürst wälzt die Schuld auf seinen Berater ab und ist nicht bereit, die moralische Verantwortung zu übernehmen.
2. „Emilia Galotti" ist kein Revolutionsstück, kein „Sturm-und-Drang-Drama", eher eine resignierende Zeitdiagnose, „Aufklärung" über die herrschenden Zustände zum Zwecke ihrer Verbesserung durch Vernunft und Erziehung.
3. Ein unmittelbarer Zusammenhang mit Goethes „Werther" findet sich am Ende des Romans: „Emilia Galotti lag auf dem Pulte aufgeschlagen." (S. 127, Z. 30f.). Ähnlich wie Emilia versteht Werther seinen Selbstmord (u.a.) als Opfer (vgl. z.B. S. 108, Z. 8f.). Sein Scheitern ist jedoch auch durch die gesellschaftlichen Verhältnisse bedingt.

Johann Wolfgang Goethe: Prometheus (S. 166–168)

1. „Prometheus" ist ein Rollengedicht, in dem der Halbgott als lyrisches Ich sich direkt an Zeus wendet und in einer Abfolge rhetorischer Fragen, die er selbst beantwortet, seine Unabhängigkeit von den Göttern betont, indem er eine scharfe, wertende Abgrenzung der Sphären vornimmt (vgl. die häufige Verwendung von Pronomina). Damit thematisiert Goethe den Protest des jugendlichen Genies gegen die patriarchalische Autorität, die sich theologisch, politisch und familiär deuten lässt (Gott, Fürst und Vater). Dieser Intention entsprechen die Verstöße gegen die herrschende ästhetische Norm: freie Rhythmen in Strophen mit ungleicher Zeilenzahl, z.T. elliptische Sätze sowie Wortneuschöpfungen.
2. Sturm und Drang: kraftgenialische Auflehnung gegen die verkrustete Gesellschaft der Vätergeneration, leidenschaftliche Sprache.
3. Die revoltierende Grundhaltung des Prometheus ist Werther fremd; allerdings steht er Prometheus insofern nahe, als er mit dem Selbstmord seinen „Willen" bewusst über den göttlichen stellt (vgl. S. 99, Z. 4ff.).

Johann Wolfgang Goethe: Ganymed (S. 168f.)

1. Das lyrische Ich liegt an einem Frühlingsmorgen in der freien Natur, zu der es ein erotisches Verhältnis zu haben scheint (vgl. schon die Anrede „Geliebter"), wobei die personifizierte Natur die Subjekt-Position einnimmt, also der aktive Partner ist. Erst als es den Ruf der Nachtigall vernimmt, will es aufbrechen („Ich komm"), und während es hinaufstrebt, neigt sich die Natur (in Gestalt der Wolken) zu ihm herunter. Die Vereinigung geschieht durch Aktivität und Hingabe („Umfangend umfangen") und ermöglicht dem Sprecher zugleich die Verbindung mit Gott.
Der Titel der Hymne verweist auf die mythologische Gestalt des Ganymed. Wenn dieser der Sprecher ist, sind alle Partner in der dargestellten Beziehung männlich (der Frühling als „Geliebter", Gott als „Vater").
2. In dem Gedicht sind zwar Elemente der Empfindsamkeit verarbeitet, jedoch bricht der Autor hier mit den kirchlichen Anschauungen, indem er das für den Sturm und Drang typische Gedankengut des Pantheismus aufgreift und die Verschmelzung von Natur- und Gottesbegeisterung in für die damalige Zeit besonders anstößiger Weise erotisiert.
3. Die „Ganymed"-Hymne, in demselben Jahr entstanden wie der „Werther", benutzt das gleiche Bildarsenal (das dampfende [Nebel-] Tal, die Blumen und Gräser) zur Darstellung der Naturerfahrung. Der Roman weist darüber hinaus ebenfalls eine zumindest andeutungsweise erotisierte Verschmelzung von Natur- und Gotteserfahrung auf (vgl. „wie die Gestalt einer Geliebten" im Brief vom 10. Mai).

Baustein 8 — Arbeitsblatt 12b

Gottfried August Bürger: *Der Bauer* (S. 169f.)

1. Der ironisch-kritische Titel deckt die Diskrepanz zwischen fürstlichem Anspruch und Wirklichkeit auf. Der Sprecher in diesem Rollengedicht, ein Bauer, klagt den ihn quälenden Fürsten an und scheint dem herrschenden spätfeudalen System den Prozess zu machen. Die anaphorischen und thematisch parallel angeordneten Fragen der ersten drei Strophen nach der Rechtfertigung willkürlicher Herrschaft des Fürsten bleiben unbeantwortet. Ein Gedankenstrich nimmt die Stelle einer möglichen Antwort ein. Mit der vierten und fünften Strophe reagiert der Sprecher auf eine Antwortmöglichkeit, indem er die Behauptung aufstellt, dass alles, was der Fürst zerstöre und ihm als Existenzgrundlage diene, nicht dem Fürsten, sondern ihm, dem Bauern, gehöre, weil es das Ergebnis seiner Arbeitsleistung sei. Wiederum nach einem Gedankenstrich stellt der Bauer schließlich das Gottesgnadentum als Begründung für die fürstliche Herrschaft in Frage, indem er dem Angesprochenen vorwirft, gegen Gottes Gebote zu handeln („du raubst!") und sich somit – als Tyrann – die Herrschaft widerrechtlich anzumaßen. Diese letzte Strophe wird durch eine Interjektion eingeleitet und verknüpft in äußerst verknappter Form Frage- und nachdrücklich gesprochene Aussagesätze und stellt formal wie thematisch den Höhepunkt des Gedichtes dar, das in einem direkten Angriff („Du nicht von Gott, Tyrann!") gipfelt; hier schlägt die Anklage in Systemkritik um.
2. Sturm und Drang: Dieses politisch engagierte Gedicht greift die Herrschaftsberechtigung des absoluten Staates im Kern an.
3. Goethes „Werther" enthält zwar eine deutliche Gesellschaftskritik, stellt jedoch das absolutistische System nicht in Frage. Der Fürst erscheint im Roman durchaus nicht als Despot, sogar eher als liberaler, aufgeklärter Herrscher, der viel mit den Gebildeten des Bürgerstandes gemein hat und sich Werther gegenüber großzügig verhält, ihn z.B. nach seiner Demission einlädt, „mit ihm auf seine Güter zu gehen" (S. 81).

✂

Friedrich Schiller: *Die Räuber* (S. 170–172)

1. Karl Moor wird nicht aufgrund reiflicher Überlegung zum Räuber, sondern nimmt aus Verzweiflung den Vorschlag seiner Freunde an, Anführer einer Räuberbande zu werden. Dass die Affekte ausschlaggebend sind, wird schon an den Regieanweisungen deutlich („in wilder Bewegung", „schäumend auf die Erde stampfend"), aber auch an der leidenschaftlichen Sprache, die durch Ausrufe, Metaphern, rhetorische Parallelismen und Antithesen gekennzeichnet ist. Moor ist zutiefst enttäuscht von seinem Vater, den er offenbar grenzenlos verehrt hat; denn er glaubt, sein Vater habe damit, dass er seinen eigenen Sohn gnadenlos verstieß, die sittliche Weltordnung verraten, und will nun an der vermeintlich unmenschlich gewordenen Menschheit Rache üben: Weil es Menschen waren, die ihm ihre „Menschlichkeit" verweigerten, erklärt er der Zivilisation den Krieg und will als Krimineller Menschlichkeit zurückstellen, um vage personale („Taten") und emotionale Werte („Freiheit") zu verwirklichen (vgl. S. 172, Z. 21ff.). Der für Moors Motivation entscheidende Bezug zu seinem Vater kann über das Familiäre hinaus politisch und theologisch gedeutet werden als Bezug zu der patriarchalischen Trias Vater, Fürst und Gott.
2. Sturm und Drang: Auflehnung gegen die patriarchalische Autorität und die von ihr bestimmte Gesellschaft, leidenschaftliche Sprache, übersteigerte Gefühlsausbrüche.
3. Die revoltierende, in Gewalt gegen andere abgleitende Grundhaltung Karl Moors ist Werther fremd, auch wenn einige seiner brieflichen Äußerungen deutliche gesellschaftskritische Ansätze enthalten; er richtet seine Aggressionen gegen sich selbst. Werthers zum Selbstmord führende Verzweiflung hat andere Ursachen als diejenige, die für Moors Entschluss, Räuber zu werden, ausschlaggebend ist.

Baustein 9: Die zeitgenössische „Werther"-Rezeption

Nach dem Erscheinen des „Werther" auf der Leipziger Buchmesse im Herbst 1774 setzte eine lebhafte Diskussion um den Roman ein. Neben einer mit der Figur des Werther sich identifizierenden enthusiastischen Rezeptionshaltung gab es auch eine kritische, an den Idealen der Aufklärung orientierte sowie eine ebenso ablehnende, auf die Grundsätze der protestantischen Rechtgläubigkeit ausgerichtete Lektüre. Als besonders skandalös bzw. eindrücklich haben viele Zeitgenossen des jungen Goethe das für den „Werther"-Roman zentrale Ereignis empfunden: den Selbstmord des Protagonisten. Gleichwohl mussten selbst so vehemente Gegner des Romans wie Hauptpastor Goeze einräumen, dass „in unseren Tagen" die „Selbstmörder so häufig werden" (S. 184). Offenbar greift also der Roman damit ein zu dieser Zeit virulentes Thema auf; dadurch aber, dass der „Held" es ist, der Selbstmord begeht, wird ein neues Terrain beschritten (vgl. Baustein 6). Um aber die „Werther"-Rezeption in **zeitgenössischen Rezeptionsdokumenten** (9.2) angemessen beurteilen zu können, muss man wenigstens über Grundzüge der **Rezeptionsbedingungen im 18. Jahrhundert** (9.1) informiert sein.

9.1 ☐ *Übet euren Geist in allen Arten des Schönen* – Rezeptionsbedingungen im 18. Jahrhundert

Der literaturgeschichtliche Text „Rezeptionsbedingungen im 18. Jahrhundert" von Wolfgang Beutin im Anhang der Textausgabe S. 174–179 kann als Grundlage für einen Kurzvortrag (siehe dazu Z 4, S. 117) verwendet werden, der entweder von einem Schüler übernommen wird oder von der gesamten Lerngruppe als Hausaufgabe vorzubereiten ist. Der Text gibt Auskunft über den zu Beginn des 18. Jahrhunderts sich vollziehenden Strukturwandel der (mit der Ablösung von der höfischen Dichtung verbundenen) literarischen Öffentlichkeit (S. 174–176, Z. 28) und die Situation des freien Schriftstellers (S. 176, Z. 29–S. 179, Z. 24), die durch wirtschaftliche Ungesichertheit, Einschränkungen durch die Zensur und den (in der Mitte des Jahrhunderts in Deutschland entstehenden) literarischen Markt gekennzeichnet ist.

Nach dem Kurzvortrag können im Unterrichtsgespräch einzelne Aspekte vertieft werden, z.B. das „Nachdrucksunwesen" (S. 179, Z. 3f.) mit Bezug auf die zahlreichen Nachdrucke des „Werther"- Romans zum Schaden des Autors (vgl. S. 134f.) oder mögliche Rücksichtnahmen des „Werther"-Autors auf die „ganz handfeste Repression" durch die Zensur (S. 177, Z. 3ff.), die er sicherlich bei einer schärferen Gesellschaftskritik (vgl. Baustein 5) bzw. einer wesentlich ungünstigeren Darstellung der Figur des Fürsten (vgl. die Briefe vom 24. März, 25. Mai und 11. Juni) auf den Plan gerufen hätte.[1]

Unter Aufnahme der Feststellung Beutins „Auf dem literarischen Markt überleben konnten nur die Autoren, denen es gelang, sich weitgehend dem Publikumsgeschmack anzupassen" (S. 179, Z. 17ff.) können die Schüler Vermutungen darüber anstellen, ob oder inwieweit Goethes „Werther" dem damaligen Publikumsgeschmack entspricht, wichtiger aber ist ihre Einsicht, dass zunächst geklärt wird, wodurch dieser Geschmack gekennzeichnet ist.

☐ *Was erwarten die gebildeten Schichten der damaligen Zeit von einem Roman (als einem Werk der schönen Künste)?*

---

[1] Vgl. Könecke, Studenblätter, S. 128.

Baustein 9: Die zeitgenössische „Werther"-Rezeption

Diese Erwartungen lassen sich beispielhaft aus dem Inhalt eines erzieherischen Appells ableiten, den der Tübinger Philosophieprofessor Friedrich August Böck im Jahre 1771, also drei Jahre vor Erscheinen des „Werther", an die Jugend richtete. Die Schüler erhalten die Aufgabe, Böcks Text im Anhang der Textausgabe S. 179f. unter dieser Leitfrage zu untersuchen.
Die Ergebnisse können an der Tafel in Form einer Übersicht strukturiert werden:

Lesererwartungen im 18. Jh. am Beispiel des Appells von F. A. Böck

Dichtung	Unmittelbare Wirkungen des Lesens	Weitere Auswirkungen durch Anwendung des Gelesenen
– groß, erhaben – wahr, natürlich – zärtlich, sanft – würdig, anständig • echte Schönheit • das Gute	• Übung des Geistes • Veredelung, Verfeinerung des Geschmacks	– Religion: Gottesdienst – reiner, stärker – Vaterland: Liebe – zärtlicher – Herrscher: Treue zu ihm – vollkommener – Beruf: Eifer – lebhafter – gesellschaftliches Leben: Betragen – anständiger, gefälliger • Gewinn für Religion und Staat • Beförderung des eigenen Glücks und des Glücks vieler Menschen

Nun kann der „Werther"-Roman in eine vergleichende Beziehung zu den Lesererwartungen gebracht werden:

☐ *Der Roman „Die Leiden des jungen Werthers" erschien 1774. Erfüllt er die von Böck beispielhaft formulierten Erwartungen der gebildeten Schichten?*

In der Diskussion sollten Entsprechungen und (mehr noch) Nicht-Entsprechungen von Werk und Erwartungshorizont zur Sprache kommen.

9.2 ☐ *und ist eben das Unglück* – Zeitgenössische Rezeptionsdokumente

Mit der Klärung relevanter Rezeptionsbedingungen im Blick auf den „Werther"-Roman sind die entscheidenden Voraussetzungen für die Analyse und Erörterung exemplarischer Rezeptionsdokumente geschaffen.
Als Einstieg eignet sich die Betrachtung des zeitgenössischen Aquarells „‚Werther'-Lesung im Walde" von Heinrich Beck im Anhang der Textausgabe S. 173.

☐ *Beschreiben und deuten Sie das Bild in Bezug auf die dargestellte „Werther"-Rezeption.*

Die Deutung wird vor allem die mitfühlende Aufnahme des im Naturraum Wald durch Vorlesen vermittelten Textes bei den weiblichen Rezipienten herausstellen, die sich in der Emotionalität ihrer Gesten zeigt – ausgelöst wahrscheinlich durch das unglückliche Ende der Liebesgeschichte, das Scheitern Werthers, das im Selbstmord endet. In diesem Zusammenhang kann, wenn dies nicht bereits vorher geschehen ist (vgl. Baustein 8), sinnvoll der Begriff „Empfindsamkeit" (vgl. S. 157) eingeführt werden.

Die Untersuchung der Texte S. 180–185 kann sich zunächst, wenn dieser Baustein unmittelbar der Behandlung der Selbstmord-Problematik (Baustein 6) angeschlossen wird, auf die Rezeption der Selbstmord-Thematik beschränken und eignet sich als Hausaufgabe oder für die Einzelarbeit im Unterricht.

☐ *Untersuchen Sie die Rezeptionsdokumente S. 180–185 in Bezug auf die Aufnahme der Selbstmord-Thematik.*

Es ist festzustellen, dass die Aufnahme ein breites Spektrum aufweist:
- Schubart registriert lediglich den Selbstmord,
- Claudius bedauert ihn als „Unglück",
- Lessing hält die Darstellung (ohne ausdrückliche Erwähnung des Selbstmordes) für moralisch bedenklich,
- Goeze ist über die vermeintliche Apologie des Selbstmords empört, stellt ihn auf eine Stufe mit der „Sucht der Lotterien" und möchte das Buch zum Schutze der Jugend verboten sehen,
- Lichtenberg hält die Darstellung des Selbstmordes ironisch für die „schönste Stelle im ‚Werther'".

Bei der (arbeitsteiligen) Analyse des Befundes, der unabdingbaren Voraussetzung für die Erörterung, sollten die bisher erarbeiteten Ergebnisse (vgl. auch Baustein 6.2) nach Möglichkeit mit berücksichtigt werden. Wenn man nämlich die Rezeptionsdokumente in ihrer Verschiedenheit mit den Ergebnissen der Analyse des Briefes vom 12. August in Beziehung setzt, fällt auf, dass sich die beiden Positionen – die Werthers und die Alberts – in gewisser Weise auch bei den zeitgenössischen Rezipienten ausmachen lassen, sodass der literaturhistorische Epochenhorizont sowohl im Werk selbst als auch in den Positionen der Rezipienten deutlich wird. Zudem wird dadurch die Geschichtlichkeit in ihrer Prozessualität anschaulich: Nicht einzelne Positionen und Texte stehen unverbunden nebeneinander, sondern sie sind *aufeinander* bezogen. Diese Form der Intertextualität ist es, die eine kritische Aneignung des Werkes ermöglicht (vgl. dazu auch S. 212–215): *„Solche Kritik entsteht aus dem hermeneutisch-kritisch zu begreifenden Strukturzusammenhang von literarischen Werken (den Texten und ihren Kontexten) und ihrer je besonderen, aber nicht außerhalb sozialer Bedingungen stattfindenden Aneignung durch die Rezipienten."*[1] Auch die Schülerinnen und Schüler als Rezipienten sind insofern konstitutive Größen im Geschichtsprozess, als die Analyse der zeitgenössischen Rezeption ihnen eben jene kritische Reflexion ihres eigenen Leseverhaltens eröffnet (vgl. dazu auch Z 6, S. 119).

☐ *Analysieren Sie die Texte von Schubart, Claudius, Lessing und Goeze (S. 180–185) arbeitsteilig in Bezug auf die Rezeption des „Werther". Berücksichtigen Sie dabei möglichst auch die Auseinandersetzung zwischen Werther und Albert über den Selbstmord (Brief vom 12. August) und präsentieren Sie Ihre Ergebnisse auf einer Folie.*

Christian Friedrich Daniel Schubart: Da sitz' ich mit zerflossnem Herzen... (1774), S. 180–182:

Der Schubart-Text stellt ein Rezeptionsdokument dar, das als ein Beispiel für eine unmittelbare Reaktion auf das Werk Goethes aufgefasst werden kann, da es im Erscheinungsjahr des „Werther"-Romans datiert ist.

Dies gilt jedoch auch für die mitgeteilten Inhalte dieses rezensionsartigen Textes: Schon die Eingangsmetapher des „zerflossnen Herzens" (S. 180, Z. 17) scheint unmittelbar aus der im Brief vom 12. August von Werther gebrauchten Bildlichkeit abgeleitet, wo Werther seine Rede als aus „ganzem Herzen gesprochen" (S. 53, Z. 7) bezeichnet. Schubart teilt dann in ähnlichen Bildern zunächst seinen **subjektiven Lektüreeindruck** mit („mit klopfender Brust", „wollüstiger Schmerz", S. 180, Z.17–S. 181, Z. 7).

---
[1] Vonhoff, Texte, Kontexte und Leser: Intertextualität und Funktionale Verweisungen, S. 168

Es folgt eine **knappe Inhaltsangabe** (S. 181, Z. 7–15), in der Werther als Figur im Mittelpunkt steht: Er wird als „Genie" bezeichnet (ein zentraler Begriff der Epoche des „Sturm und Drang") und wiederum ist ein zentrales Textsignal aus dem Brief aufgegriffen, wenn von der „unbezwinglich haftenden Leidenschaft" (S. 181, Z. 9f. und S. 52, Z. 14; S. 54, Z. 19) die Rede ist. Zusammenfassend und bewertend bezeichnet Schubart den Inhalt des Romans als „simplen Stoff" (S. 181, Z. 15), was deutlich macht, dass der Selbstmord Werthers von ihm nicht als skandalöses Ereignis verstanden wird.

Sodann folgt ein **Appell** (S. 181, Z. 15–S. 182, Z. 2), in dem der Verfasser nachdrücklich eine Lektüre des Romans empfiehlt. Durch eine Überleitung bringt er dabei die fiktionale Ebene des Romantextes mit der historischen des realen Autors Goethe in einen Zusammenhang: Während er zuvor die fiktive Figur Werther ein „Genie" nennt (s.o.), verwendet er nun denselben Begriff zur Charakterisierung Goethes: Dieser habe den dargelegten „simplen Stoff" des Romans „mit so viel Aufwand des Genies" (S. 181, Z. 16) beachtet. Und auch der Leser als historische Größe wird mit einbezogen, indem der Verfasser ihm appellativ für seine Lektüre des Romans nahe legt: „Nimm aber dein Herz mit!" (S. 181, Z. 33)

Der Schubart-Text ist also ein Beispiel für identifikatorisches Lesen, das die fiktive Figur Werther als eine Schnittstelle von „Produktion und Rezeption"[1] begreift. Dabei versteht Schubart offenbar Werthers Handeln symbolisch als Beispiel für das Geniale des „Sturm und Drang" und damit auch den Autor Goethe als Sturm-und-Drang-Dichter.

Matthias Claudius: Weiß nicht obs 'n Geschicht oder 'n Gedicht ist... (1774), S. 182:

Mit der im Titel bzw. in der ersten Zeile genannten scheinbaren Unsicherheit des Verfassers, die Gattung des „Werther" zu bestimmen, ist bereits auf den Inhalt dieses Rezeptionsdokuments verwiesen: Während „Geschicht" offenbar als Erzähltext aufgefasst wird, in dem der *Verlauf* eines Geschehens dargestellt wird, ist mit „Gedicht" (S. 182, Z. 5) als Lyrik der *Ausdruck individueller Erfahrung* gemeint. Und jenes zu Anfang aufgeworfene Spannungsverhältnis ist es auch, das die Bedeutung des Textes ausmacht, denn neben der Darstellung des Verlaufs des Geschehens als Weg in den Selbstmord haftet dem „Werther"-Roman insofern tatsächlich auch etwas Lyrisches an, als es sich um eine „materialisierte *Form der Identität*"[2] handelt, die nicht bereits positiv mitgeteilt werden kann, sondern erst noch vorgestellt werden muss.

Als zentralen Aspekt hebt Claudius im ersten Teil, der als **Ich-Aussage** formuliert ist (Z. 5–19), den inneren Kampf zwischen „Liebe" und „Vernunft" (Z. 7; Z. 10) hervor: Die Liebe erfasse als „eigen Ding" (Z. 7) den Menschen ganzheitlich „in jeder Ader" (Z. 9) und ziehe den „Kopf", die „Vernunft" (Z. 10), in Mitleidenschaft. Eben diese bipolare Struktur liegt im Brief ebenfalls in der Gegenüberstellung des Vernunftmenschen Albert und des leidenschaftlich liebenden Werther vor, zumal dieser wie Claudius äußert, dass die „wachsende Leidenschaft" den Menschen „aller ruhigen Sinneskraft" (S. 54, Z. 19f.) beraube. In der Spekulation über einen Aufbruch Werthers „nach Pareis oder Pecking" (Z. 12) kommt das Lyrische (s.o.) zum Tragen, indem darauf verwiesen wird, dass nur im Aufbruch aus dem Bestehenden Subjektkonstituierung gelingen könne; doch muss dies eben noch vorgestellt werden, da der Roman selbst nur das negative Bild vermittelt: Werther bleibt nämlich so lange, „bis er kaputt ist" (Z. 14f.).

Im zweiten Teil wendet sich Claudius **appellativ an den Rezipienten** (Z. 19–27), durch die adversative Konjunktion „Aber" und die direkte Anrede „du" (S. 182, Z. 19) eingeleitet. Bezeichnenderweise propagiert er in diesem Appell eine „Tugend", die mit der „Liebe" (Z. 22) vergleichbar sei, allerdings benennt er sie nur indirekt: sie könne nur mit „viel Ernst und Verleugnung errungen werden" (Z. 24) und werde nach dem Tod (also im Jüngsten Gericht) „reichlich" (Z. 26) belohnt. – Gemeint ist die Entsagung, eine bürgerlich-christliche Tugend. Damit stabilisiert Claudius ein Stück weit die durch den Selbstmord Werthers gerade radikal negierte bürgerliche Werte- und Gesellschaftsordnung.

Gotthold Ephraim Lessing : Brief an Eschenburg (1774), S. 183:

Nach einer kurzen **Danksagung an Eschenburg** (Z. 3–6) folgt eine **reflektierende Stellungnahme** (Z. 7–19) Lessings zum „Werther"-Roman, die durch eine rhetorische Frage

---
[1] Vonhoff, Texte, Kontexte und Leser: Intertextualität und Funktionale Verweisungen, S. 171
[2] Kraft, Historisch-kritische Literaturwissenschaft, S. 47

Baustein 9: Die zeitgenössische „Werther"-Rezeption

eingeleitet wird, in der der Roman als „warmes Produkt" (Z. 7) im Sinne eines empfindsamen Textes bewertet wird, an dem Lessing eine „kalte Schlussrede" (Z. 9) vermisst. Während „warm" also für den Bereich des Emotionalen steht, ist mit „kalt" eher das Rationale gemeint, mithilfe dessen die Welt der Gefühle reflektiert und korrigiert werden müsse. Lessing spricht darum dem „Werther"-Roman zwar eine gewisse „poetische Schönheit" (Z. 13) zu, die aber nicht als „moralische" (Z. 13f.) missverstanden werden dürfe: Denn durch den Selbstmord sei Werther sittlich-moralisch zu verurteilen – eben weil Selbstmord eine irrationale Tat ist – und in diesem Sinne sei die Werther-Figur nicht *„gut"* (Z.14). Damit erweist sich Lessing als ein Vertreter jener bürgerlich-aufklärerischen Gesellschaft, der Werther im Brief vom 12. August vorwirft, dass sie sich anmaße, dauernd andere Menschen zu beurteilen: „das ist gut, das ist bös!" (S. 51, Z. 22) Die Kritik Werthers richtet sich gegen ein „kaltes", rationales Verurteilen des Selbstmordes, das die „Ursachen" (S. 51, Z. 24), die häufig emotionaler Natur sind, nicht hinreichend ergründet.

Johann Melchior Goeze: Kurze, aber notwendige Erinnerung über die Leiden des jungen Werthers (1775), S. 184f.:

Goezes Beitrag ist ein Aufruf an die Obrigkeit, den „Werther"-Roman zu verbieten. Schon im Einleitungssatz wird Goezes theologisch motivierte Argumentation deutlich, wenn er „Gott" (Z. 4) anruft; gleichzeitig gibt er sich als radikaler Vertreter der protestantischen Orthodoxie zu erkennen, wenn er die „treue Obrigkeit" mit Gott in Verbindung bringt und an deren Verantwortung gegenüber den Untertanen appelliert; denn es ist im Sinne der „Zwei-Reiche-Lehre" Luthers die Aufgabe der Herrschenden, gesellschaftliche Ordnung und Frieden zu gewährleisten, Pflicht des einzelnen Christen als Privatperson, sich um das Seelenheil zu sorgen. Vor diesem Hintergrund kann man sagen, dass Goeze Lessings sittlich-moralische Kategorie des Guten aufgreift und nunmehr theologisch umkodiert: Er wirft den „gottlose[n] Zeitungs-Rezensenten" (Z. 8) vor, den Selbstmörder als „Tugend-Helden" (Z. 10) zu stilisieren. Interessant ist, dass Goeze sich nicht nur auf den „Werther"-Roman bezieht, sondern mindestens genauso auf diejenigen Rezensenten (wie etwa Schubart, s. o.), die den Roman hoch werten. An dieser Stelle wird der zu Anfang erwähnte Zusammenhang sinnfällig, dass die Rezeptionsdokumente auch in ihrem Bezug *aufeinander* zu lesen sind. Goezes Interesse ist dabei ein primär seelsorgerisches: Er will die „jungen Gemüter" (Z. 28) vor Schriften bewahren, die das Seelenleben aufwühlen und gar in den Selbstmord treiben könnten, den Goeze offenbar in seiner Eigenschaft als Theologe als Abfall von Gott und damit als Sünde auffasst.

Ob allerdings ein solches seelsorgerisches Ziel mit Formulierungen wie „auszurotten" (Z. 25) und abwertenden Attribuierungen anderer („gottlos", Z. 8; „leichtsinnig", Z. 29) erreicht werden kann, ist fraglich. Solche Bewertungen jedenfalls finden sich auch in Alberts Äußerungen („töricht", „lasterhaft", S. 51) und sind daher Ausdruck eines reaktionären Zeitgeistes, gegen den sich der „Werther"-Roman gerade wendet.

Georg Christoph Lichtenberg: Die schönste Stelle im „Werther"… (1776–79), S. 185:

Lichtenbergs Stellungnahme ist die kürzeste und zugleich die anspruchsvollste und wird deshalb – nach unserem Vorschlag – im Frontalunterricht analysiert. Sie ist in aphoristischer Form gestaltet und bedarf der Deutung.

Um den Schülerinnen und Schülern das Verständnis zu erleichtern bietet es sich an, sie – wenn die Beobachtung nicht von ihnen selbst geäußert wird – auf den ironischen Charakter dieses Aphorismus aufmerksam zu machen. Dazu kann zunächst eine Definition des Begriffs der Ironie als Folientext präsentiert werden:

> **Ironie** (griech. *eironeia* = Verstellung), die komische Vernichtung eines berechtigt oder unberechtigt Anerkennung Fordernden, Erhabenen durch Spott, Enthüllung der Hinfälligkeit, Lächerlichmachung unter dem Schein der Ernsthaftigkeit, der Billigung oder gar des Lobes, die in Wirklichkeit das Gegenteil des Gesagten meint [...] und sich zum Spott der gegnerischen Wertmaßstäbe bedient, doch dem intelligenten Hörer oder Leser als solche erkenntlich ist".
> Aus: Gero v. Wilpert, Sachwörterbuch der Literatur, S. 381

Baustein 9: Die zeitgenössische „Werther"-Rezeption

Anschließend werden diese Kennzeichen ironischer Rede auf die Analyse des Lichtenberg-Zitats angewendet:

❑ *Inwiefern kann vor dem Hintergrund dieser Definition Lichtenbergs Äußerung als ironisch bezeichnet werden?*

Schon das Attribut „schönste" ist vor dem Kontext der anderen Rezeptionsdokumente nicht eindeutig: einerseits kann nämlich die poetische, andererseits die moralische Dimension gemeint sein (vgl. Lessing-Dokument, S. 183, Z. 13f.). Das negative Subjektbild der Figur „Werther" wird von Lichtenberg in seiner dialektischen Grundstruktur erfasst: „er", das ist eine Figur, die im Roman nicht existent ist, sondern im Akt der Rezeption erst konstituiert wird; der „Hasenfuß" ist der „Werther" des Romans, der seinen Gefühlen und Leidenschaften erliegt. Mit der Bewertung des Selbstmörders als „Hasenfuß" bewegt sich Lichtenberg in seinem Urteil zunächst im Kontext der bürgerlich-aufklärerischen Zeitgenossen, die (wie auch Albert) den Selbstmord als Ausdruck von „Schwäche" (S. 53, Z. 1) auffassen.

Die *Ironie* seines Aphorismus besteht nun aber darin, dass gerade diese gesellschaftlich anerkannte Position durch das ästhetische Mittel der Sprengung der „Werther"-Figur in „Hasenfuß" und „er" zerstört wird: denn indem der Hinrichtungsakt, den „er" vollzieht, als die „schönste Stelle" bezeichnet wird, wird *zugleich* der Selbstmord als Akt der Stärke interpretiert, und zwar auf der *ästhetischen Ebene*: Das negative Bild des historischen Subjekts ist in der bürgerlichen Gesellschaft nur im Personalpronomen der dritten Person, im Akt der (Selbst-)Aufhebung darstellbar, eben nur „an Stelle von", wie die Funktion des Pronomens auch ist.

Nach der Präsentation der Gruppenarbeitsergebnisse und der Analyse des Lichtenberg-Zitats kann sich folgendes Tafelbild ergeben:

Rezeptionsdokumente zum „Werther"-Roman

- Schubart: Werther ist wie der Autor Goethe ein „Genie"
- Lessing: Forderung nach Ausgleich emotionaler „Wärme" durch rationale „Kälte"
- Claudius: Entsagung als heilsame Tugend gegenüber der selbstzerstörerischen Liebe Werthers
- Goeze: Schutz vor Selbstmord und Bewahrung des Seelenheils durch Verbot des „Werther"-Romans
- Lichtenberg: Ironisierende Bewertung Werthers als negativer Ausdruck des Positiven

Die Variationsbreite der Einstellungen zum „Werther"-Roman kann nun in Zusammenhang mit dem **Epochenhintergrund** gebracht werden (vgl. dazu Baustein 8.1). Dazu verschaffen sich die Schüler, wenn der Text S. 156–158 nicht schon vorher einbezogen wurde, mithilfe des Abschnitts „Epochenüberblick: Aufklärung (1720–1800) – Empfindsamkeit (1740–1780) – Sturm und Drang (1765–1785)" die notwendigen Grundinformationen und erhalten folgende Aufgabe:

❑ *Ordnen Sie die analysierten Rezensionen S. 180–185 der jeweiligen Gruppe der zeitgenössischen „Werther"-Rezeption vor dem Epochenhintergrund zu.*

- Schubart und Claudius rezipieren den Roman eher „sentimental" im Sinne der Empfindsamkeit, wobei Schubart Werther als „Genie" im Sinne des Sturm und Drang versteht,
- Lessing schätzt zwar „die poetische Schönheit" des Romans, vermisst aber den erzieherischen, „moralischen" Wert, durch den sich Literatur für die Aufklärung zu legitimieren hat,
- Goeze als Vertreter der orthodox protestantischen Strenggläubigkeit gebärdet sich nur als Aufklärer, nimmt aber die Haltung eines obrigkeitshörigen Demagogen ein,
- Lichtenberg beschränkt sich auf einen für die Aufklärung typischen ironischen Aphorismus.

Diese Rezeptionsdokumente eignen sich gut für die **Einübung der textgebundenen Erörterung** bzw. der abiturrelevanten Aufgabenart „Argumentative Entfaltung eines fachspezifischen Sachverhalts bzw. Problems im Anschluss an eine Textvorlage", zumal die Analyse großenteils schon geleistet ist. Mithilfe der im Anhang der Textausgabe S. 215–218 gegebenen Hinweise, die mit Bezug auf die Schubart-Rezension konkretisiert sind, sollten sich die Schüler in einer längerfristigen Hausaufgabe mit einem der fünf Rezeptionsdokumente (S. 180ff.) schriftlich auseinander setzen. Zusatzmaterial 9 [4.] (S. 123) enthält zwei weitere Rezeptionsdokumente, die für eine Kursklausur geeignet sind.

Da die Schüler erfahrungsgemäß Schwierigkeiten beim Aufbau einer eigenen Argumentation haben, müssen ihnen zunächst entsprechende Kriterien vermittelt werden. Zu diesem Zweck hat sich Karl Otto Conradys Unterscheidung von identifikatorischem und kritisch distanziertem Lesen bewährt, die auch in dem Abschnitt „Die textgebundene Erörterung" im Anhang der Textausgabe 215ff. zitiert wird. Zu dem Essay von Conrady (Z 6, S. 119) kann man die Schüler vor der Besprechung seiner Ausführungen eine **Inhaltsangabe** anfertigen lassen – als zusätzliche Übung zur Wiedergabe expositorischer Texte.

Beispiel einer Inhaltsangabe:

Der Literaturhistoriker Karl Otto Conrady beschreibt in seinem Essay „Vom Lesen und seinen Schwierigkeiten", der 1978 in den „Bertelsmann Briefen" veröffentlicht wurde, zwei unterschiedliche Arten des Lesens.
An den Anfang seiner Ausführungen stellt er die These, der „mündige Leser" lese „distanzierend und kritisch". Dann erinnert er an einen historischen Fall, das Erscheinen von Goethes größtem Bucherfolg „Die Leiden des jungen Werthers" im Jahre 1774. Die mit dem Selbstmord der Titelfigur endende Darstellung habe zu erheblichen Bedenken der zeitgenössischen Kritiker geführt. Diese Bedenken gründen laut Conrady darin, dass bei unreflektiertem Lesen des Romans eine Identifikation mit dem Helden, mit seiner Gefühlswelt und seinen Handlungsweisen erfolgen könnte.
Im weiteren Verlauf erläutert der Verfasser diese Art des Lesens, das „identifikatorische Lesen", und stellt es dem „distanzierend kritischen Lesen" gegenüber. Während der Leser beim identifikatorischen Lesen die Aussagen eines Textes in ihrem ersten Verständnis ernst nehme und unmittelbar auf die eigene Lebenspraxis übertrage, nimmt – so Conrady – der Leser beim distanzierend kritischen Lesen das Geschehen nicht einfach hin, sondern er befragt es auf seine Angemessenheit und Richtigkeit und setzt sich dialogisch immer wieder neu mit ihm auseinander. Diese Art des Lesens führt Conrady auf die Mündigkeit des lesenden Bürgers zurück. Gleichzeitig werden Fragen der Wertung angesprochen, die zum Beispiel in der Beantwortung dessen, was angemessen sei, zum Ausdruck kommen. In einem Goethe-Zitat werden solche Wertungskriterien einer „produktiven Kritik" deutlich, die vor allem auf das, was „vernünftig und verständig" in einem Werk sei, abzielen.
Conrady schließt seinen Essay mit der Feststellung, dass die Kritik vor allem zu fragen habe, was ein Autor in seiner Zeit und unter den gegebenen historischen Bedingungen zur Entfaltung der Humanität und der Fortentwicklung der menschlichen Lebensbedingungen zu leisten in der Lage gewesen sei und tatsächlich geleistet habe.

Literarische Wirkungen des „Werther"

Goethes Roman „Die Leiden des jungen Werthers" hatte weit reichende literarische Wirkungen – zunächst in Form der sog. Wertheriaden als Werther-Nachahmungen, die im Zusammenhang mit der sozialpsychologisch erklärbaren Erscheinung des „Wertherfiebers" entstanden, z.B. lyrische Klagen Lottes um Werthers Tod; von Reitzensteins Gedicht „Lotte bei Werthers Grabe" (vgl. Anhang der Textausgabe, S. 186f.) ist für solche Klagelieder in der Nachfolge von Robert Blair und Edward Young exemplarisch[1]. Zu den Wertheriaden zählt man auch „Werther"-Parodien, als deren bekannteste Nicolais „Freuden des jungen Werthers" gilt (vgl. Anhang, S. 188ff.).

Das Romanfragment „Der Waldbruder" von Lenz gehört zu den literarisch bedeutendsten Werken in der Wirkungsgeschichte des „Werther" (vgl. Anhang, S. 193f.). Auch im 19. Jahrhundert wurde literarisch auf Goethes „Werther" Bezug genommen, vgl. z.B. von Kleists Anekdote „Der neuere (glückliche) Werther", 1811, und Heines Gedicht „Die Tendenz", 1842 (im Anhang, S. 195f. und S. 197). Eine folgenschwere literarische Rezeptionsweise wird in einem Vergleich des „Werther" mit Joseph Goebbels' Tagebuch-Brief-Roman „Michael" (1929) deutlich, den Karl Hotz unter dem Aspekt der „Indienstnahme des ‚Werther' durch die ‚deutsche Ideologie'"[2] behandelt. Die Auseinandersetzung mit „Michael" könnte im Rahmen eines fächerübergreifenden Projekts geleistet werden. Ende des 20. Jahrhunderts erschienen recht bedeutende literarische Variationen des Werther -Themas bzw. literarisch dargestellte „Werther"-Rezeptionen wie die Romane „Die neuen Leiden des jungen W." (1973), „Faustinas Küsse" (1998) und „Der geheime Bericht über den Dichter Goethe" (1999), aus denen ebenfalls Auszüge im Anhang (S. 198ff.) abgedruckt sind. Auch in Karen Duves Roman „Dies ist kein Liebeslied" (2002) äußert sich die Ich-Erzählerin zu ihrem „Werther"-Verständnis; die entsprechende Textstelle schlagen wir u.a. als Grundlage für eine Klausur vor (vgl. Z 9 [5.], S. 124).

Bei der Bearbeitung solcher literarischen Wirkungen des „Werther" können die Schüler u.a. darauf aufmerksam werden, dass die in Goethes Roman gestaltete Problematik so lange „eine Herausforderung sein wird, wie die Verhältnisse bestehen, gegen die Goethes ‚Werther' ursprünglich Stellung bezogen hat."[3]

Da dieser Baustein sachlogisch als einer der letzten innerhalb der Unterrichtsreihe zum „Werther" eingesetzt wird, werden im Sinne einer Lernprogression auch deutliche unterrichtsmethodische Akzente durch das **Lernen an Stationen** gesetzt: Die Kursteilnehmer erhalten verschiedene Lernangebote, die sie weitgehend selbstständig bearbeiten. Auch wenn sich die Lehrkraft – etwa aus Gründen der Zeitökonomie – nicht für das Stationen-Lernen entscheidet, kann sie die angebotenen Materialien und Aufgaben – evtl. in Auswahl – für einen methodisch anders strukturierten Unterricht nutzen.

Grundlage für das **Stationen-Lernen „Literarische Wirkungen des ‚Werther'"** ist neben den Texten im Anhang, S. 186–211, das komplexe Arbeitsblatt 13a–f (S. 94ff.), das außer dem „Laufzettel" eine Reihe von Materialien und Aufgaben enthält, die an den einzelnen Stationen ausgelegt werden. Die mit * gekennzeichneten Themen, die sich jeweils auf einen Text des 18., 19. und 20. Jahrhunderts beziehen, sind obligatorisch; alle anderen können nach Interesse der Kursteilnehmer behandelt werden. Je nach Zeitaufwand und Gewichtung kann die Lehrerin bzw. der Lehrer auch weitere Themen als verpflichtend kennzeichnen.

Der geplante Ablauf des Lernens an Stationen beginnt mit einem informierenden Einstieg durch die Lehrperson: Bekanntgabe und Erläuterung des Themas, Hinweise auf die wesentliche Textgrundlage (Anhang der Textausgabe, S. 186ff.), Informationen über den Ab-

---

[1] Vgl. Rothmann, Erläuterungen und Dokumente, S. 159f.
[2] Hotz, Goethes „Werther" als Modell für kritisches Lesen, S. 28ff.
[3] Arndt und Inge Stephan, Werther und Werther-Rezeption, S. 163

lauf (freie Wahl der Reihenfolge der Bearbeitung vorgegebener Aufgaben, der Sozialform, der Gewichtung in der Zeit). Dann wird der Laufzettel (Arbeitsblatt 13 a, S. 94) ausgeteilt; er muss stets aktuell ausgefüllt sein. So hat die Lehrperson einen Überblick, welche Aufgaben von welchem Schüler bearbeitet worden sind und wie viel Zeit noch gegeben werden muss.

Infostation: Auf einem Tisch werden Kopien des Arbeitsblattes 13 b (S. 95) ausgelegt, und zwar so viele, dass auch mehrere Schüler an einer Aufgabe zur gleichen Zeit arbeiten können. Alle Aufgaben sind schriftlich zu bearbeiten.

Prüfstation: Auf zwei Tischen werden so viele Abschnitte des Arbeitsblatts 13 c (S. 96) ausgelegt, dass mehrere Schüler ihre Aufgabenlösungen zur gleichen Zeit überprüfen und ggf. überarbeiten können.

Übungsstation: Auf einem Tisch liegen mehrere Abschnitte des Arbeitsblatts 13 d (S. 100) mit Übungen, insbes. zu den obligatorischen Themen, mit Lösungen.

Expertenstation: Hier werden zwei Referate vorgeschlagen, mit denen Romanauszüge, Themen und Aufgaben der Info- und Prüfstation (6. und 7.) und der Übungsstation (6.) in den Gesamtzusammenhang der Werke gestellt werden. Damit sich interessierte Schüler rechtzeitig mit den Referatthemen befassen können, sollte Arbeitsblatt 13 e (S. 103) vom Beginn des Stationen-Lernens an auf einem Tisch ausgelegt werden.

Zwischenstation: In einer Arbeitspause können die Schüler diese Station aufsuchen, an der sie – neben Obst und Süßigkeiten – Bücher zum Thema u.a. vorfinden, z.B. ein Literatur-Lexikon und Fremdwörterbuch (zum Nachschlagen unbekannter Begriffe wie „Persiflage", „Petrarca").

Aktivstation: Hier liegen einige Kopien der Abschnitte des entsprechenden Arbeitsblatts 13 e (S. 103f.) aus; die Aufgaben sind produktionsorientiert und sollen die kreativen Fähigkeiten der Schüler anregen.

Abschlussrunde: Die Schüler erhalten in der Abschlussrunde mithilfe des Arbeitsblatts 13 f (S. 105) Gelegenheit, zur Bedeutung des „Werther"-Romans vor dem Hintergrund seiner literarischen Wirkungen Stellung zu nehmen, die Ergebnisse der Aktivstation zu präsentieren und sich im „Blitzlicht"-Verfahren zu den Ergebnissen des Stationen-Lernens zu äußern.

Notizen

Laufzettel

zum Stationen-Lernen „Literarische Wirkungen des ‚Werther'"

Baustein 10
Arbeitsblatt 13a

NAME: _____

Station	Erledigt am ... allein/ mit ...	Bemerkung

Infostation:
  1. C. E. von Reitzenstein: „Lotte bei Werthers Grabe" (S. 186f.)
* 2. C. F. Nicolai: „Freuden des jungen Werthers" (S. 188ff.)
  3. J. M. R. Lenz: „Der Waldbruder" (S. 193f.)
* 4. H. von Kleist: „Der neuere (glücklichere) Werther" (S. 195f.)
  5. H. Heine: „Die Tendenz" (S. 197)
* 6. U. Plenzdorf: „Die neuen Leiden des jungen W." (S. 201f.)
  7. H.-J. Ortheil: „Faustinas Küsse" (S. 202ff.)
  8. R. Schami / M. Gutzschahn: „Der geheime Bericht über den Dichter Goethe" (S. 207ff.)		

Prüfstation: Lösungen der Aufgaben 1 – 8 aus der Infostation		

Übungsstation:
  1. Zwei Werther-Gedichte
  2. F. Nicolai an J. K. Lavater
  3. Goethes „Stoßgebet"
  4. „Literaturparodie"
  5. W. M. Thackeray: „Werther had a love for Charlotte"
  6. U. Plenzdorf, „Die neuen Leiden des jungen W." (S. 198ff.)		

Expertenstation:
  1. Referat: U. Plenzdorf, „Die neuen Leiden des jungen W."
  2. Referat: H.-J. Ortheil: „Faustinas Küsse"		

Zwischenstation:		

Aktivstation:
  1. Text zum Bild S. 180 und/oder zu einer Karikatur
  2. Werthers E-Mails
  3. Prinz Tumas Erzählung (vgl. S. 207ff.)		

Abschlussrunde:
  1. Stellungnahme
  2. Präsentation
  3. Blitzlicht		

Die mit * gekennzeichneten Themen/Aufgaben sind obligatorisch zu bearbeiten, alle anderen können nach Interessen behandelt werden.
Bearbeiten Sie die Aufgaben bitte schriftlich und kontrollieren Sie Ihre Ergebnisse mithilfe der Kontrollbögen an der Prüfstation.
Als Atem- und Arbeitspause können Sie die Zwischenstation aufsuchen. Verweilen Sie bitte nicht mehr als 5 Minuten dort.

Infostation
zum Stationen-Lernen „Literarische Wirkungen des ‚Werther'"

Baustein 10
Arbeitsblatt 13b

1. **C. E. von Reitzenstein: „Lotte bei Werthers Grabe" (S. 186f.)**
   a) Analysieren Sie das Gedicht nach Inhalt und Form.
   b) C. E. von Reitzensteins Gedicht ist das bekannteste der zahlreichen lyrischen Klagen, wie sie zeitgenössische jugendliche Werther-Schwärmer in der Nachfolge englischer Weltschmerzdichtungen am Grab ihres tragischen Vertreters verfassten.
   Stellen Sie einige wichtige sprachliche Elemente der Klage am Beispiel der ersten zehn Verse heraus.

*2. **C. F. Nicolai: „Freuden des jungen Werthers" (S. 188ff.)**
   Untersuchen Sie die Bezugnahmen auf Goethes „Werther", die ein- und umgearbeiteten Elemente und stilistischen Mittel in Hinblick auf die Wirkung, die Nicolai offensichtlich beim Leser erzielen will.

3. **J. M. R. Lenz: „Der Waldbruder" (S. 193f.)**
   a) Analysieren Sie den Briefwechsel unter besonderer Berücksichtigung von Herz' Selbstcharakterisierung und der Darstellung seiner Umwelt.
   b) Vergleichen Sie die „Waldbruder"-Auszüge mit Goethes Briefroman.

*4. **H. von Kleist: „Der neuere (glücklichere) Werther" (S. 195f.)**
   Klären Sie die Frage, ob die Anekdote „Der neuere (glücklichere) Werther" eher als eigenständiger Text oder primär als Persiflage auf Goethes „Werther" zu verstehen ist.
   Berücksichtigen Sie dabei, welche Motive und Handlungselemente Kleist übernommen und verändert hat. Übrigens: Seit der missratenen Aufführung seines Lustspiels „Der zerbrochene Krug" am Weimarer Hoftheater (1808) hasste Kleist Goethe.

5. **H. Heine: „Die Tendenz" (S. 197)**
   a) Analysieren Sie die ironische Struktur des Gedichts nach Inhalt und Form.
   b) Beschreiben Sie die Haltung des Sprechers gegenüber Werther.

*6. **U. Plenzdorf: „Die neuen Leiden des jungen W." (S. 201f.)**
   Untersuchen Sie, wie Edgar Wibeau (S. 201, Z. 6 – S. 202, Z. 7) Goethes „Werther" bei der erstmaligen Lektüre rezipiert.

7. **H.-J. Ortheil: „Faustinas Küsse" (S. 202ff.)**
   Analysieren Sie Beris „Werther"-Rezeption.

8. **R. Schami/M. Gutzschahn: „Der geheime Bericht über den Dichter Goethe" (S. 207ff.)**
   Untersuchen Sie, wie Prinz Tuma der Kommission den Dichter Goethe und seinen „Werther"-Roman vorstellt. Wären Sie als Kommissionsmitglied an der Wiedergabe der Werther-Geschichte interessiert?

Prüfstation
zum Stationen-Lernen „Literarische Wirkungen des ‚Werther'"

**Baustein 10
Arbeitsblatt 13c**

1. C. E. von Reitzenstein: „Lotte bei Werthers Grabe" (S. 186f.)

a) Das Rollengedicht lässt sich in drei Sinnabschnitte gliedern. Zunächst spricht Lotte ihre Trauer um den toten Werther aus (Z. 1–8) und stellt dann ihre eigene Situation (im Präsens) dar (Z. 9–28): sie sei unglücklich, ruhelos, werde von Albträumen geplagt und ihre Beziehung zu Albert sei gestört. Ihre Gedanken richten sich schließlich (Z. 29ff.) auf die Zukunft (vgl. Futur), und zwar auf den Jüngsten Tag, an dem Gott Werthers Schuld gegen seine Liebe abwägen und ihm – auf Alberts Bitten hin – vergeben werde, sodass sie alle in „die Seligkeit des Himmels" eingehen können.

Der Text ist teilweise als Projektion von Schuldgefühlen und der Liebe zu Werther zu deuten, eine Projektion, die aus Lottes trostlosem Zustand erwächst. Lotte spricht formal zu dem Toten an dessen Grab (vgl. „du"), der monologische Text ist Ausdruck ihrer Einsamkeit.

Als Metrum liegt dem Gedicht ein fünfhebiger Trochäus zugrunde. Die Verse sind durch Kreuzreime gebunden mit abwechselnd klingender und stumpfer Kadenz. Als weitere klangliche Mittel dienen Alliterationen (z.B. Z. 29f.) und Assonanzen (z.B. Z. 1), die z.T. – wie der „w"-Laut – den Klagecharakter betonen.

b) Wesentliche sprachliche Elemente der Klage sind Ausdrücke des Mitleids („Armer Jüngling"), die Interjektion „O", die in Zeile 5 mit einer Aposiopese verbunden ist, die Formen des Partizips Perfekt („Ausgelitten", „ausgerungen", „Abgeblutet"), die anaphorischen Ausrufe im Irrealis der Vergangenheit (Z. 6f.) sowie weitere Ausdrücke, die das unwiederbringliche Vergangensein positiver Gefühle hervorheben („Ist dahin", „ohne Wiederkehr").

* 2. C. F. Nicolai: „Freuden des jungen Werthers" (S. 188ff.)

Der Text bezieht sich inhaltlich auf die Handlung in Goethes „Werther", ist jedoch nicht im Stil des Briefromans gestaltet, sondern als epischer Bericht eines auktorialen Erzählers in der Er-Form mit starker Tendenz zur szenischen Darstellung.

Der Anfang setzt Goethes „Werther"-Handlung am Tag nach der abendlichen Kuss-Szene unmittelbar nach Alberts Ankunft (vgl. S. 122) fort, greift das Durchsehen der Pakete (vgl. S. 122, Z. 27) auf und verarbeitet mit Alberts ironischem Verweis, Lotte habe „ja so gewiss [gewusst], dass er [Werther] vor Weihnachtsabends nicht wiederkommen würde", die entsprechende Mitteilung Lottes in Goethes „Werther" (vgl. S. 109, Z. 31ff.), den er offenbar genau gelesen hat. Denn einzelne Elemente werden – auch sprachlich – präzise übernommen, z.B. Werthers „Zettelchen", das der „Knabe" brachte (S. 189, Z. 30; vgl. S. 123, Z. 9ff.). Werthers briefliche Äußerung vom 18. August: „Armer Tor, der du alles so gering achtest, weil du so klein bist", legt Nicolai nun Albert wörtlich in den Mund (S. 191, Z. 15f.).

Den Schlussteil der originalen „Werther"-Handlung hat Nicolai völlig verändert. Die Werthertragödie wird bei ihm zur Posse mit Happy End: Albert hat die an Werther ausgeliehenen Pistolen (wie auch immer) mit einer Blase voll Hühnerblut geladen, sodass Werther sich nur mit Hühnerblut besudelt, statt sich zu erschießen. Großmütig tritt Albert Lotte an Werther ab um „eine zärtliche wechselseitige Liebe nicht [zu] stören" (S. 189, Z. 38f.), zumal er eingesehen hat, dass er selbst „mit Lotten nicht glücklich sein" kann (S.192, Z. 12f.). Werther heiratet Lotte und kann sich nach zehn Monaten über die Geburt eines Sohnes freuen. Albert erfährt als Vertreter der Aufklärung (vgl. seine Feststellung: „ein bisschen kalte Vernunft tut's meiste", S. 191, Z. 36) in den „Freuden des jungen Werthers" eine positive Aufwertung, weil er Werther in jeder Hinsicht überlegen zu sein scheint. Damit ist auch eine Abwertung Werthers verbunden; beispielsweise kommentiert der Erzähler Werthers Äußerungen zum Selbstmord als „unzusammenhängendes garstiges Gewäsche" (S. 190, Z. 33f.). Den „genialischen" Werther-Stil übertreibt Nicolai mit Elisionen, Interjektionen und Ellipsen. Alle diese Mittel stehen im Dienste einer Parodie, mit der das Original verspottet werden soll. Nicolai will offensichtlich beim Leser die Wirkung erzielen, dass er Werther lächerlich findet.

96

3. J. M. R. Lenz: „Der Waldbruder" (S.193f.)

a) Herz schildert zu Beginn seines ersten Briefes sein zurückgezogenes Leben und die Naturnähe seiner Existenz. Er lebt allein in einer Hütte, die nur mit Pflanzen bedeckt ist, in einer Bergwelt, an deren Grund sich ein Flusstal befindet; dort liegt auch ein kleines Dorf.

Die als arm, aber glücklich bezeichneten Dorfbewohner beneidet er angeblich wegen ihrer geistigen und seelischen Begrenztheit und der Monotonie ihrer Arbeit. Für sie ist er – auch wegen seiner äußeren (ungepflegten) Erscheinung – ein Sonderling, über die sie sich lustig machen. Herz zeigt Verständnis dafür und erträgt ihren Spott – im Vergleich zu der Kritik eitler Städter – gerne. Herz scheint ein gebildeter junger Mann zu sein, was man seinem gewandten Schreibstil, seinem Verhältnis zu den Unterschichtsangehörigen, die er „Adamskinder" nennt, und seiner Anspielung auf den italienischen Renaissance-Dichter Petrarca (S. 194, Z. 5) entnehmen kann.

Dass er sich einsam und unverstanden fühlt, geht aus seiner Bitte an den Freund Rothe und deren Begründung hervor, ihn bei Gelegenheit zu besuchen.

Rothe benutzt in seinem Antwortschreiben die Pluralform des Personalpronomens, mit der er sich einem Kollektiv von „wahren Freunde[n] und Freundinnen und alle[n] Vernünftigen" zugehörig erklärt, das Herz' Lebensform ablehnt, durch Auslachen ausgrenzt und ihm nur die Wahl lässt, in ihren Kreis zurückzukommen. Rothe verweigert Herz eine Fortführung des Briefwechsels und ist nur bereit, mit ihm zu kontaktieren, wenn Herz ihn besucht.

b) Im Vergleich zu der Monoperspektivität des „Werther"-Romans, die nur durch den Herausgeber relativiert wird, bietet das „Waldbruder"-Fragment auch die Perspektive des Briefpartners durch die direkte Mitteilung des Antwortschreibens. Rothe und Wilhelm scheinen jeweils die bürgerliche Vernunft zu repräsentieren; beide wirken (vergeblich) auf ihren Freund ein, um ihn in die bürgerliche Gesellschaft zu integrieren.

Ähnlich sind auch die positive Einstellung der Hauptfiguren zur Landbevölkerung und zur Natur sowie die Darstellung der Natur als Landschaft; allerdings fehlt der Naturschilderung im Lenz-Text die Begeisterung, mit der Werther im ersten Teil des Romans die Natur aufnimmt. Herz schreibt – wie man etwa beim Vergleich der „wenn-dann"-Gefüge (vgl. S. 193, Z. 25ff. mit S. 9, Z. 18ff.) feststellen kann, eher nüchtern, obwohl auch für ihn das „Herz" (vgl. S. 193, Z. 30) von Bedeutung ist.

* 4. H. von Kleist: „Der neuere (glücklichere) Werther" (S. 195f.)

Heinrich von Kleist übernimmt von Goethes „Werther"-Roman das Situationsmotiv (das Motiv der Frau zwischen zwei Männern) und wandelt es in mehrfacher Hinsicht ab, weil in seinem Text ein junger Mann in die Ehefrau seines älteren Arbeitsgebers heimlich verliebt ist, ohne dass diese seine Zuneigung zu erwidern scheint; der Schluss der Handlung lässt die tugendhafte Frau jedoch in einem ganz anderen Licht erscheinen (als habe sie vorher ihre Liebe zu dem Kaufmannsdiener nur verdrängt). Auch der Selbstmord des Verliebten mit einer Pistole des Ehemannes erinnert an die Vorlage, wobei in Kleists Text allerdings der Selbstmordversuch fehlschlägt und unbeabsichtigt zum Tode des alten Herrn führt. Damit ist die entscheidende Voraussetzung für eine weitere gravierende Veränderung der Handlung geschaffen, die Heirat der Witwe und des ehemaligen Angestellten ihres Mannes, eine Ehe, die durch übermäßigen Kinderreichtum gesegnet, insofern glücklich ist und Werthers prinzipiell unerfüllbare Sehnsucht ironisch negiert. Die Handlung wird unter Verschweigung der Personennamen, als handelte es sich um einen realen Fall, in lockerem Stil von einem auktorialen Erzähler dargeboten, der an einer Stelle ironisch sein Nichtwissen bekundet (S. 195, Z. 30f.), an anderer Stelle die Handlung kommentiert, in Klammern wertet (S. 196, Z. 17) oder bei der Vorbereitung der Pointe eine Frage an den Leser richtet, in der er ihm scheinbar eine widersprüchliche Wahlmöglichkeit einräumt („seinen Schmerz oder seine Freude?").

Diese prägnante, ironisch-heitere Kurzerzählung, in deren Pointe eine überraschende Wendung erfolgt, scheint eine Anekdote zur Charakterisierung einer denkwürdigen Begebenheit zu sein. Ohne den Titel könnte sie als eigenständige Erzählung verstanden werden. Der Titel „Der neuere (glücklichere) Werther" steuert jedoch die Rezeptionshaltung des Lesers, indem er seine Aufmerksamkeit auf Goethes Roman lenkt, lässt den Leser auf übernommene und veränderte motivische und Handlungselemente achten und Werther lächerlich erscheinen. Wegen des Titels ist dieser Text daher primär als Persiflage auf Goethes „Werther" zu verstehen. Dafür spricht auch Kleists Hass auf Goethe.

5. H. Heine: „Die Tendenz" (S. 197)

a) Der Sprecher wendet sich in gedrängter sprachlicher Form mit beschwörenden Imperativen an den zeitgenössischen deutschen Schriftsteller („Sänger"), um ihn und seine Gleichgesinnten (vgl. „uns") mit seinem Werk zu revolutionärem Handeln zu motivieren. In den Strophen 2 und 3 sagen jeweils die ersten beiden Verse, wofür der Schriftsteller „nicht mehr" eintreten solle (Liebe, Sentimentalität, Idylle), die beiden anderen formulieren mithilfe anaphorischer Parallelismen klimaktisch die Forderung nach politisch-literarischem Engagement für die Freiheit. Eingeleitet durch die adversative Konjunktion „Aber" stellt die Schlussforderung, die Dichtung „so allgemein als möglich" zu halten, einen krassen Gegensatz zu dem vorher Gesagten dar und kann deshalb nur ironisch gemeint sein. Die Ironie deckt den Widerspruch zwischen Literatur und Politik, Verbalismus und Aktion auf.

Auch in der Form des Gedichtes wird die ironische Struktur deutlich. Der Text ist nämlich nicht nur metrisch (vierhebige [sog. spanische] Trochäen), sondern auch in der Reimanordnung außerordentlich kunstvoll gestaltet: In jeder Strophe umarmen reimmäßig die erste und letzte Zeile ein Reimpaar in der 3./4. Zeile, und eine frei stehende 2. Zeile reimt sich auf alle zweiten Zeilen jeder Strophe.

Die inhaltliche Ironie spiegelt sich also in der Form dieses politischen Gedichtes mit dem Aufruf zur Gewalt wider. Damit wird einerseits Kritik an der zeitgenössischen Tendenzdichtung geübt, andererseits der Appell deutlich, schriftstellerisch zur politischen Veränderung ohne Rücksicht auf besondere künstlerische Gestaltung der Literatur beizutragen.

b) Werther wird in einem negativen Vergleich erwähnt, dessen Vergleichspunkt das (normalsprachlich nur auf Taubenlaute bezogene) „Girren" ist und deshalb abwertend wirkt. Der Attributsatz („Welcher nur für Lotten glüht") löst die Liebesbeziehung Werthers aus dem Romankontext und verwirft die Darstellung einer individuellen, ausschließlich auf den Partner gerichteten Emotionalität als Gegenstand politisch engagierter Literatur.

* 6. U. Plenzdorf: „Die neuen Leiden des jungen W." (S. 201f.)

Edgar Wibeaus Werther-Rezeption wird hier in personalem Erzählverhalten, also aus der Figurenperspektive, und zwar in der Ich-Form dargestellt, wobei das erzählende Ich auf das frühere Geschehen, seine Primär-Rezeption des „Werther", zurückblickt (vgl. Präteritum). Edgar überwindet rasch den anfänglichen Lesewiderstand und liest den Roman in einem Zug. Daraus kann man schließen, dass er den „Werther" spannend fand, zumal er ihn (in drei Stunden) verschlungen hat. Allerdings kritisiert er die vermeintliche Realitätsferne der Werther-Geschichte und die sentimentale Darstellungsweise sowie die Form des Briefromans.

Statt Selbstmord zu begehen, hätte Werther, zumal er oft mit Lotte allein gewesen sei, entsprechend handeln sollen, um sie für sich zu gewinnen; so aber müsse Lotte, die er darum bemitleidet, mit ihrem von Edgar als „Kissenpuper" abgewerteten Mann zusammenleben. Als Alternative zum Selbstmord schlägt Edgar außerdem vor, Werther hätte „in die Wälder" reiten und sich dort anderen Männern wie Thomas Müntzer anschließen sollen.

Edgar rezipiert den Roman naiv, unhistorisch und identifikatorisch. Seine identifikatorische Lektüre wird daran deutlich, dass er die Handlung unmittelbar in sein Leben, auch in seinen saloppen Sprachgebrauch, überträgt und überlegt, wie er an Werthers Stelle gehandelt hätte, also Fiktion und Wirklichkeit nicht unterscheidet. Dass er die historische Distanz zwischen seiner Gegenwart bei der Aufnahme des Textes und der erzählten Wirklichkeit nicht in Rechnung stellt, sondern naiv überspringt, ist daraus zu entnehmen, dass er die sozialen Verhältnisse und die moralischen Konventionen der damaligen Zeit unberücksichtigt lässt und die Handlung im 16. Jahrhundert (vgl. Fußnote zu Thomas Müntzer) terminiert – oder „vor drei Jahrhunderten" (S. 202, Z. 3f.).

Darüber hinaus hat er den „Werther" nur als Liebesroman, reduziert auf die Dreiecksbeziehung Werther – Lotte – Albert, gelesen und weder die Gesellschaftskritik im „Werther" noch die Ursachen für Werthers Scheitern erfasst. Offensichtlich fehlen Edgar bei der Erstlektüre des Romans die notwendigen Voraussetzungen für eine kritisch distanzierende Rezeption.

7. H.-J. Ortheil: „Faustinas Küsse" (S. 202ff.)

Beris „Werther"-Rezeption wird in personalem Erzählverhalten, also aus der Figurenperspektive, und zwar in der Er-Form als vergangen (vgl. Präteritum) dargestellt. Beri kann den „Werther" nicht in einem Zug lesen, weil ihn der Roman bedrückt. Deshalb unterbricht er immer wieder die Lektüre, um sich abzulenken (vgl. S. 203, Z. 28ff. und S. 205, Z. 16ff.). Auch daran, dass er meint, „gegen das Gelesene ankämpfen" zu müssen (S. 203, Z. 19f.), wird deutlich, dass der Roman eine starke Wirkung auf ihn ausübt, obwohl Beri die Handlung und vor allem den Titelhelden kritisiert. Das Werk enthält seiner Meinung nach keine „richtige Handlung" (S. 204, Z. 16) und Werther ist „ein eitler Schwätzer" (S. 203, Z. 8), unmännlich, „weich und gefühlig" (S. 204, Z. 19f.). Beri übt zwar Kritik, er liest den Roman jedoch nicht kritisch distanzierend, sondern identifikatorisch. Dies ist daran erkennbar, dass er die erzählte Wirklichkeit unmittelbar auf seine Welt bezieht, Alternativen für Werthers Verhalten gegenüber Lotte entwickelt (S. 204, Z. 31ff.) und sich sicher ist, dass er Werther „auf den richtigen Weg gebracht" hätte (S. 205, Z. 5). Er bedauert, „dass man nicht in die Bücher hineinspringen konnte, um das schlimme Ende noch abzuwenden. Ihm wäre so etwas gelungen"(S. 205, Z. 6ff.).

Außerdem identifiziert der Römer den Titelhelden – mit unzulässiger Verallgemeinerung – mit den Deutschen, die er als „Nordmenschen" bezeichnet, konkret aber mit dem Autor Goethe: „Im Grunde waren sie [Werther und Goethe] ja eine Gestalt" (S. 205, Z. 20f.). Bei seiner Rezeption verschwimmen also Fiktion und Wirklichkeit. Den Kunstcharakter des Romans nimmt er nicht wahr.

8. R. Schami / M. Gutzschahn: „Der geheime Bericht über den Dichter Goethe" (S. 207ff.)

Der Romanauszug wird aus der Sicht eines Ich-Erzählers dargeboten (vgl. S. 210, Z. 3), der auf vergangenes Geschehen zurückblickt und Prinz Tumas Rede mit dem Mittel der Dokumentarfiktion als „Protokoll" präsentiert.

Tuma preist in seiner adressatenbezogenen Einleitung (vgl. Anreden, S. 208, Z. 32ff.) den Zuhörern Goethe als einen der „besten Denker Deutschlands" und als Dichterfürsten an. Dann (S. 209, Z. 3ff.) charakterisiert er Goethes Leben als „so reich und vielschichtig", dass es in der zur Verfügung stehenden Zeit nicht angemessen gewürdigt werden könne, und verweist auf Informationsblätter, die er dem Protokollanten aushändigen werde.

Als erstes Werk, mit dem er seinen Zuhörern Goethe vorstellen möchte, wählt er den „Werther"-Roman, das seinen Autor sofort berühmt gemacht habe, und kennzeichnet das Thema des Romans als „die Suche nach der absoluten Liebe, für die es keine Möglichkeit der Erfüllung gibt" (S. 209, Z. 27f.), was bei den Zuhörern lebhafte Assoziationen an orientalische Dichtung auslöst und eine Diskussion entfacht.

Tuma preist den Roman – wiederum superlativisch – als „eines der größten Werke des Meisters" (S. 210, Z. 25f.) an und beschreibt im Folgenden die Entstehung des „Werther", wobei er die „unglückliche Liebe" erwähnt, die der junge Goethe kurz zuvor „durchlitten" habe, und vor allem die ungeheure Wirkung des Romans auf die Zeitgenossen des Dichters in Deutschland und im übrigen Europa; in diesem Zusammenhang hebt er Napoleon als Autorität hervor, zu dessen Lieblingslektüre der „Werther" gehörte. Zwar wird erwähnt, dass der Roman „überall in der Diskussion" war (S. 211, Z. 2), die kritische und ablehnende Haltung vieler Zeitgenossen bleibt jedoch unerwähnt.

Die Reduktion des „Werther" auf „die Geschichte einer grenzenlosen, absoluten Liebe, die keine gesellschaftlichen Bedingungen anerkennt" (S. 211, S. 31ff.), wie der Redner variierend wiederholt, lässt auf ein eher oberflächliches Verständnis des Werkes schließen. Aber es geht dem Prinzen darum, seine Zuhörer für den „Werther" zu interessieren; und dies dürfte ihm mit seiner kenntnisreichen, werbenden und adressatenbezogenen Einführung gelungen sein.

Übungsstation

zum Stationen-Lernen „Literarische Wirkungen des ‚Werther'"

Baustein 10
Arbeitsblatt 13d

1. Zwei Werther-Gedichte

- *Welches der beiden Gedichte steht in der Tradition der sentimentalen Wertheriaden, welches ist ein moralisierendes Anti-Werther-Gedicht mit christlich-aufklärerischem Hintergrund? Begründen Sie Ihre Meinung.*

a) Die Leidenschaft bezwingen bringt Gewinn;
   Ihr folgen reißet alles hin.
   Das Leben gab dir Gott, nicht du;
   Dir's nehmen bringt dich nicht zur Ruh.
   (in: Musenalmanach für das Jahr 1776, Lauenburg)

b) **Lotte bei Werthers Grab**
   Tief, tief atmet die Brust, wenn leise sterbende Töne
   Wie das Säuseln am Grab, wimmern im traurigen Lied:
   Ausgelitten hast du! Den Todesstreit hast du gerungen,
   Armer Jüngling, mit Blut hast du die Liebe geküsst!
   (Carl Friedrich Graf Reinhard, Zürich 1783)

Lösung: Anti-Werther-Gedicht: a. Begründung: moralisierende Warnung, der Leidenschaft nachzugeben; sie zu bezwingen ist eine Forderung der Vernunft (Aufklärung). Nach christlichem Glauben ist das Leben ein Gottesgeschenk, Selbstmord verhindert den Seelenfrieden. Sentimentale Wertheriade: b. Begründung: vgl. S. 186.

2. Friedrich Nicolai an Johann Kaspar Lavater

- *Was entnehmen Sie dem Briefauszug über die Einstellung des Verfassers zu Goethes „Werther"? Ziehen Sie daraus Rückschlüsse auf die Intention der „Freuden des jungen Werthers" (S. 188ff.).*

Niemand kann die ‚Leiden des jungen Werthers', als Werk des Geistes betrachtet, mehr schätzen, ja bewundern, als ich selbst. Aber gewisse hingeworfene Grundsätze werden der menschlichen Gesellschaft gewiss schädlich, wenn sie nicht als Räsonnements [Gedanken] eines vorausgesetzten schwärmerischen Charakters, sondern als festgesetzte Wahrheiten betrachtet werden. Ich glaube, der Verfasser habe sie auf die erste Art verstanden wissen wollen, aber fast alle Rezensenten [...] verstehen sie auf die letztere Art.
(Brief Friedrich Nicolais an Joachim Kaspar Lavater vom 17. Jan. 1775)

Lösung: Der Verfasser schätzt den „Werther"-Roman als Kunstwerk sehr und glaubt mit Goethes Intention übereinzustimmen; diese hätten jedoch die meisten Rezensenten nicht richtig verstanden. Der Literaturkritiker trennt in der Beurteilung literarischen und gesellschaftlichen Wert, wobei dieser an der möglichen (hier: schädlichen) Wirkung gemessen wird, weil die aus seiner Sicht bedenklichen „Grundsätze" Werthers missverstanden werden könnten (vgl. Lessings Unterscheidung von „poetischer Schönheit" und „Moral", S. 183). Mit seiner Parodie „Freuden des jungen Werthers" will er also offensichtlich nicht Goethes Werk verunglimpfen, sondern mögliche Missverständnisse im Sinne – der Aufklärung verbundenen – Überzeugungen (z.B. bzgl. der Moralität des Selbstmordes) richtigstellen.

3. Goethes „Stoßgebet"

Vor Werthers Leiden,
Mehr noch vor seinen Freuden
Bewahr uns, lieber Herr Gott!
(Johann Wolfgang Goethe an Friedrich Heinrich Jacobi, 1775)

Diese Verse schrieb Goethe an Jacobi im März 1775 nach der Lektüre von…

❏ *Ergänzen Sie den Satz und deuten Sie Goethes „Stoßgebet".*

Lösung: Christoph Friedrich Nicolais „Freuden des jungen Werthers".
Deutung: Goethe bittet Gott darum, die Menschen vor dem Leid zu bewahren, das sein Romanheld Werther ertragen musste und das im Selbstmord endete, aber auch, sie vor einem solch spießerhaften Machwerk zu verschonen wie Nicolais Parodie „Freuden den jungen Werthers".

4. „Literaturparodie"

a) Definition

Eine Literaturparodie ist …, das einen als bekannt vorausgesetzten literarischen Text mit einem anderen … nachahmt. Dabei tauchen bestimmte … des Ursprungstextes wieder auf, während der … verändert wird. Es entsteht eine komische Unstimmigkeit, sodass … verspottet wird.
<u>Lückenwörter:</u> Inhalt (2x), die Vorlage, ein literarisches Werk, formale Merkmale

❏ *Übertragen Sie den Text mit den eingefügten Lückenwörtern in ihr Heft.*

b) Kommunikationsmodell

❏ *Machen Sie sich mithilfe des folgenden Kommunikationsmodells bewusst, wie sich Ihre Deutung der Parodie „Freuden des jungen Werthers" (S. 188ff.) und / oder der Anekdote von Heinrich von Kleist (S. 195ff.) vollzogen hat.*

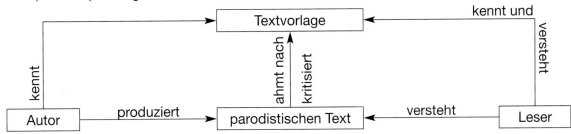

5. W. M. Thackeray: „Werther had a love for Charlotte"

Werther had a love for Charlotte,
    Such as words could never utter,
Would you know how first he met her?
    She was cutting bread and butter.

Charlotte was a married lady,
    And a moral man was Werther,
And for all the wealth of Indies
    Would do nothing that might hurt her.

So he sighed and pined and ogled,
    And his passion boiled and bubbled;
Till he blew his silly brains out,
    And no more was by them troubled.

Charlotte, having seen his body
    Borne before her on a shutter,
Like a well conducted person
    Went on cutting bread and butter.

(Stuart Atkins: The Testament of Werther in Poetry and Drama. Cambridge [Mass.] 1949, S. 58)

❏ *Die komische Ballade des englischen Satirikers William Makepeace Thackeray (1811–1863) aus dem Jahr 1853 wurde in England und Amerika bekannter als Goethes Roman. Welche Besonderheiten des Gedichts könnten dazu beigetragen haben?*

Lösung: Die Handlung des Gedichts kann ohne Kenntnis des „Werther"-Romans verstanden werden. Werther wird als moralischer Dummkopf dargestellt, der an seiner unaussprechlichen Liebe leidet, nur seufzt und Lotte verliebt ansieht, statt zu handeln, bis seine Leidenschaft so groß wird, dass er Selbstmord begeht.
Lotte erscheint als wohlerzogene Ehefrau, die ungerührt ihren häuslichen Tätigkeiten nachgeht, auch nachdem sie Werthers Leichnam gesehen hat.
Beide Figuren werden als lächerlich dargestellt, sodass man sich einen Gefühlsaufwand ersparen und sich über sie amüsieren kann: Charlottes stumpfer Gleichmut, die Reduktion ihrer (in der ersten und letzten Strophe wiederholten) Tätigkeit auf das Butterbrot-Schneiden, im Gegensatz dazu die kochende Leidenschaft Werthers, der als töricht bezeichnet wird („his silly brains").
Darüber hinaus ist die Form des Gedichts gleichmäßig gebauten: vierhebiger Trochäus als Metrum, komisch klingende Endreime der zweiten und vierten Verse.

6. U. Plenzdorf, „Die neuen Leiden des jungen W." (S. 198ff.)

❏ *Untersuchen Sie, nach welchen Kriterien Edgar den „Werther" von Goethe abwertet und Salingers „Der Fänger im Roggen" aufwertet.*

Lösung: Aufwertung (Salingers Roman): Kein empfohlenes, sondern selbst entdecktes Buch; der Held („ein edler Kerl") als Identifikationsfigur mit ähnlichen Verhaltensweisen (eines Außenseiters) wie der Leser, „Echtheit" der Darstellung. Abwertung („Werther"): Der Held kommt nicht als Identifikationsfigur in Frage, weil er kein tatkräftiger Mann ist (Zurückhaltung beim Alleinsein mit Lotte, Selbstmord), unrealistische Handlung; rührseliger Stil; Briefromanform.

Expertenstation
zum Stationen-Lernen „Literarische Wirkungen des ‚Werther'"

1. **Referat 1: U. Plenzdorf, „Die neuen Leiden des jungen W."**
   - ☐ *Referieren Sie über die literarische Gestaltung der „Werther"-Thematik und der „Werther"-Rezeption in Ulrich Plenzdorfs Roman „Die neuen Leiden des jungen W."*

2. **Referat 2: H.-J. Ortheil: „Faustinas Küsse"**
   - ☐ *Referieren Sie über die „Werther"-Rezeption in Hanns-Josef Ortheils Roman „Faustinas Küsse".*

Aktivstation
zum Stationen-Lernen „Literarische Wirkungen des ‚Werther'"

1. **Text zum Bild S. 180 und/oder zu einer Karikatur**
   - ☐ *Schreiben Sie einen ernst gemeinten oder parodistischen Text zu dem Bild auf S. 180, das Sie zu diesem Zweck kopieren müssten, und/oder zu dieser Karikatur von Ivan Steiger mit Bezug auf Goethes „Werther".*

2. Werthers E-Mails

Sabine Janssen stieß in der Mail-Box des Verstorbenen auf ein paar ungelesene Nachrichten:

werther@goethe.de
Hört sich mega-gut an, die Gegend. Aber so ganz allein durch Wald und Wiese wandern und Bäume malen... Auf Dauer wär das nix für mich. Obwohl, der Alex hat letztens auch so 'ne Tour gemacht. Ist einfach für ein paar Monate ausgestiegen und ist runter zum Regenwald. Nur Natur, Ruhe und so. Hast du schon nette Leute kennengelernt?

werther@goethe.de
Du hast Recht, die Menschen sind überall gleich. Die „verarbeiten den größten Teil der Zeit, um zu leben, und das bisschen, das ihnen von Freiheit übrig bleibt, ängstigt sie so, dass sie alle Mittel aufsuchen, um es los zu werden". Manchmal frage ich mich auch, ob es das bringt: 'rumchecken für den Job, Stress, bisschen Ferien, bisschen Fun.

werther@goethe.de
Eine Bekanntschaft, die dein Herz näher angeht? Oha! hat es da vielleicht jemanden erwischt? Hört sich an wie 'ne coole Braut, die Lotte. Klingt nach Powerfrau. Bei der kannst du dich nicht so hängen lassen. Ich sag's ja immer, die Mischung macht's: intelligent, nicht eingebildet, interessant, nicht zickig. Scheint, als wärt ihr echt auf einer Wellenlänge: lesen, tanzen. Nur das mit ihrem Typen ist ein echter Knackpunkt. [...]
(Sabine Janssen, Ein empfindsamer Rebell wurde vor 225 Jahren zur Kult-Figur. Aus: Rheinische Post vom 9.8.1999, Nr. 183)

❏ *Fügen Sie einige E-Mails hinzu!*
Übrigens finden Sie den „Werther" als E-Mail-Sammlung unter:
www.mdr.de/leipzig-liest/wir_les.html

3. Prinz Tumas Erzählung (vgl. S. 207ff.)

❏ *Erzählen Sie in der Rolle des Prinzen Tuma in groben Zügen die Werther-Geschichte, sodass die Zuhörer ein wenig ergriffen werden.*

Abschlussrunde
zum Stationen-Lernen „Literarische Wirkungen des ‚Werther'"

1. Stellungnahme

Die *(literar-)historische* und *kulturelle* Bedeutung [literarischer Texte] sowie die sprachliche und künstlerische Qualität zeigen sich
- in nachhaltiger Wirkungsgeschichte
- in aktueller Rezeption
- in ihrer kulturhistorischen Repräsentanz [Beispielhaftigkeit].

(Richtlinien und Lehrpläne für die Sekundarstufe II – Gymnasium/Gesamtschule in Nordrhein-Westfalen, Deutsch. Hg. vom Ministerium für Schule und Weiterbildung, Wissenschaft und Forschung des Landes Nordrhein-Westfalen, Frechen: Ritterbach Verlag 1999, S. 18)

❏ *Nehmen Sie mit Bezug auf diese Kriterien Stellung zur Bedeutung des Romans „Die Leiden des jungen Werthers".*

2. Präsentation

❏ *Stellen Sie Ihre Ergebnisse aus der Aktivstation im Plenum vor.*

3. Blitzlicht

❏ *Äußern Sie sich in einer Reihum-Gesprächsrunde persönlich über Ihren Eindruck hinsichtlich der Ergebnisse beim Stationen-Lernen. Kritik an den Kommentaren der Mitschülerinnen und Mitschüler ist nicht zulässig.*

Interpretationsansätze zum „Werther" und ihre literaturtheoretischen Grundlegungen

Die Vorgaben verschiedener Lehrpläne für den Deutschunterricht in der (gymnasialen) Oberstufe weisen Methoden des Textverstehens als einen Kernbereich des Deutschunterrichts aus.[1] Vor dem Hintergrund dieser allgemeinen Anforderung bietet es sich gerade anhand des „Werther"-Romans – vor allem für einen Leistungskurs – an, verschiedene literaturwissenschaftliche Verfahrensweisen zu konkretisieren und ihr Wirkungspotenzial mit dem Ziel einer eigenen Positionsbestimmung seitens der Schülerinnen und Schüler zu diskutieren. Der „Werther" hat nämlich geradezu eine Flut von Kommentierungen und Interpretationen angeregt, die bis heute anhält und schon fast eine gewisse Willkürlichkeit des Textverständnisses zu suggerieren scheint.

In didaktisch reduzierter Form werden in diesem Baustein systematisch diejenigen Interpretationsansätze und die damit verbundenen literaturtheoretischen Grundlegungen dargeboten, die wirkungsgeschichtlich nachhaltig relevante Probleme thematisieren. Dabei verwenden wir im Sinne der Wissenschaftspropädeutik die in der Literaturwissenschaft heute gängigen Bezeichnungen für die Ansätze.[2] Weiterführende Literaturhinweise in den Fußnoten stellen jeweils zur Vertiefung den Bezug zu den betreffenden theoretischen und auf den „Werther" bezogenen Forschungsdiskursen her.

Im Gegensatz zu den meisten gegenwärtig gängigen Lehrwerken für den Oberstufenunterricht wird in diesem Baustein der so genannte poststrukturalistische Ansatz sowohl in seiner Theorie als auch in der Praxis am Beispiel des „Werther" thematisiert.[3] Schließlich soll aufgewiesen werden, dass die dargestellten Positionen einander nicht ausschließen, sondern zusammenwirken können.

Die in Z 8 (S. 121) dargestellten **theoretischen Grundlegungen literaturwissenschaftlicher Verfahrensweisen** (11.1) in können nicht nur zur Information der Lehrperson, sondern auch als Arbeitsmaterial für einen Leistungskurs dienen, der seinem Namen Ehre macht. Von unterrichtspraktischer Bedeutung ist auf jeden Fall die **Konkretisierung unterschiedlicher Interpretationsansätze zum „Werther"** (11.2 mithilfe des Arbeitsblattes 14, S. 109ff.). Die Kombination aus abstrakter literaturtheoretischer Grundlegung der behandelten Verfahren und konkreter interpretatorischer Leistung am „Werther"-Text kann nach innerer oder äußerer Differenzierung (z.B. Grundkurs / Leistungskurs) modifiziert werden.

11.1 ☐ Theoretische Grundlegungen literaturwissenschaftlicher Verfahrensweisen

In der schulischen Praxis wird oftmals deutlich, dass sich *ein* Interpretationsverfahren kaum stringent verfolgen lässt; das hängt einerseits damit zusammen, dass nach dem Lehrplan ein Überblick über *mehrere* Interpretationsmethoden gewährleistet werden soll (s.o.), andererseits in besonderem Maße die Schüler als Rezipienten literarischer Werke in den Blick zu nehmen sind. Eine „Abbilddidaktik" derjenigen literaturwissenschaftlichen Ansätze, die als Lehrstühle an den Universitäten vertreten sind, ist daher zu vermeiden. Für die Schüler der Oberstufe muss vielmehr „Wissenschaft erst fruchtbar, d.h. persönlich bedeutend, gemacht werden: Diese Umsetzung ist äußerst schwierig, sowohl vonseiten des Lehrers wie in der Aufnahme durch den Schüler selbst."[4]

---

[1] Vgl. z.B. Richtlinien und Lehrpläne für die Sekundarstufe II, S. 27.
[2] Biografische Untersuchungen, die rezeptionsästhetische Analyse usw. werden hier nicht als eigenständige literaturtheoretische Verfahren aufgefasst, sondern sind jeweils (Teil-)Aspekte der behandelten Ansätze.
[3] Didaktische Anregungen finden sich bei: Kammler, Neue Literaturtheorien und Unterrichtspraxis. Die dort formulierten allgemeinen Kriterien für Textgruppen, bei denen dekonstruktive Lektüren besonders angebracht erscheinen, lassen sich gut auf den „Werther" anwenden. (Vgl. Kammler, Neue Literaturtheorien und Unterrichtspraxis, S. 18f.)
[4] Burkert, Gymnasium und Gymnasialität, S. 23

Die literaturwissenschaftlichen Positionen sollen den Schülerinnen und Schülern eine Hilfe sein um sich methodisch zu orientieren und eine eigenständige Deutung begründet entwickeln zu können. Dabei können die einzelnen Ansätze auch integrativ miteinander verbunden werden.

Da in dieser Sequenz Grundlegungen zu fünf verschiedenen literaturwissenschaftlichen Verfahrensweisen thematisiert werden, bilden die Schüler ebenso viele Gruppen, die sich arbeitsteilig mit den Positionen befassen. Dazu erhalten sie das Zusatzmaterial 8 mit folgender Aufgabenstellung:

❏ *Eignen Sie sich die betreffende literaturwissenschaftliche Position an und überlegen Sie, worin die besondere Leistung des Ansatzes besteht und welche Einwände man gegen diesen erheben könnte.*
Bestimmen Sie einen Gruppensprecher, der den Ansatz mit Ihren kritischen Überlegungen in Form eines Kurzvortrages im Plenum vorstellt.

Durch die Form des Kurzvortrages eines komplexen Sachverhalts unter einer bestimmten Zeitvorgabe werden die Schülerinnen und Schüler auf Anforderungen von mündlichen Prüfungssituationen vorbereitet, wie sie etwa in der Abiturprüfung verlangt werden.
Wenn der Kurzvortrag nicht schon an einer früheren Stelle der Unterrichtsreihe als Handlungsmuster eingesetzt wurde (vgl. z.B. Baustein 5), sollte die Lehrperson den Arbeitsgruppen zusätzlich Z 4 (S. 117) aushändigen.

Die Inhalte der Kurzvorträge werden im Sinne des „Setzkastens" als Tafelbild gesichert. Dabei könnte es hilfreich sein, wenn zu jeder Position thesenartig ein charakteristischer Leitsatz formuliert wird. Anschließend bietet es sich an, Gemeinsamkeiten und Unterschiede der Ansätze herauszustellen bzw. deren mögliche Kombinierbarkeit zu reflektieren.
Die folgende zusammenfassende Übersicht versteht sich als methodischer „Setzkasten", in dem insbesondere das Verfahren der historisch-kritischen Literaturwissenschaft als Perspektive angesehen wird, unter der (entsprechend der interpretatorischen Gesamtkonzeption des vorliegenden Unterrichtsmodells) die anderen Ansätze Verwendung finden können. Das ist in dem Grad an Abstraktion der historisch-kritischen Interpretation begründet: Letztlich sind die Erkenntnisinteressen aller Ansätze historisch ausgerichtet und ihre spezifischen Akzentuierungen können auf verschiedene Weise zur historisch-kritischen Dimensionierung beitragen, sei es auf die Textanalyse selbst oder extratextuelle Aspekte bezogen.

Historisch-kritische Literaturwissenschaft
(„Literarische Werke sind weder zeitlos noch zeitgebunden, sie sind geschichtlich. Der Sinn der Geschichte ist der Mensch; der Sinn des Menschen ist seine Freiheit.")

Geisteswissenschaftliche Literaturwissenschaft („Das Verständnis des Ganzen setzt voraus, dass man die Einzelheiten verstanden hat – umgekehrt wirkt das Verständnis des Ganzen zurück auf die Deutung der Einzelheiten.")	**Marxistische Literaturwissenschaft** („Das Sein bestimmt das Bewusstsein.")
Psychoanalytische Literaturwissenschaft („Literatur ist ein Ort, an dem regressive Wünsche zum Ausdruck kommen.")	**Poststrukturalistische Literaturwissenschaft** („Die Bedeutungskonstruktion literarischer Texte dekonstruiert sich fortwährend selbst im Medium der Schrift.")

Baustein 11: Interpretationsansätze zum „Werther"

11.2 ☐ Konkretisierung unterschiedlicher Interpretationsansätze zum „Werther"

Bei der nun folgenden Konkretisierung der angeführten literaturwissenschaftlichen Verfahrensweisen kann unterschiedlich vorgegangen werden: Wurden zuvor die theoretischen Texte (vgl. Z 8) im Unterricht behandelt, ist es möglich, die Schülerinnen und Schüler eigenständig geeignete Textstellen im Roman zusammenstellen zu lassen um die einzelnen Verfahren ansatzweise anzuwenden. Dabei kann auf bereits erarbeitete Ergebnisse der Unterrichtsreihe zurückgegriffen werden:

– Geistesgeschichtliche Interpretation: Bausteine 4, 8, 9
– Marxistische Interpretation: Baustein 5, 6
– Psychoanalytische Interpretation: Baustein 6, 7
– Historisch-kritische Interpretation: Bausteine 5, 6, 7
– Poststrukturalistische Interpretation: Bausteine 2, 3

Dieses Vorgehen hat den Vorteil, dass die bisher gewonnenen Erkenntnisse, z.B. im Blick auf eine Klausur, reorganisierend unter den einzelnen Perspektiven und damit nach verschiedenen Erkenntnisinteressen gebündelt und reflektiert werden können. Um dies jedoch gründlich leisten zu können, ist den Schülerinnen und Schülern ausreichend Zeit einzuräumen.

Steht weniger Zeit zur Verfügung, ist es auch möglich, die theoretischen Grundlegungen auszulassen und der Lerngruppe mit Arbeitsblatt 14 (S. 109ff.) exemplarische Interpretationsansätze an die Hand zu geben. Dabei sollen die Kursteilnehmer dazu veranlasst werden, ausgehend von der Lektüre der einzelnen Interpretationen deren jeweiliges Erkenntnisinteresse mit eigenen Worten zu bestimmen:

☐ *Bestimmen Sie,*
   a) wie in den einzelnen Interpretationsansätzen methodisch vorgegangen wird,
   b) welches Erkenntnisinteresse jeweils verfolgt wird.

Die Ergebnisse der arbeitsteiligen Gruppenarbeit können auf Folie gesichert und von den jeweiligen Gruppensprechern vorgetragen werden. Anschließend bietet es sich an, (noch einmal) nach dem Muster des „Setzkastens" (s.o.) ein synoptisches Tafelbild zu erstellen, hier mit den Konkretionen der Ansätze in Kurzform:

Historisch-kritische Literaturwissenschaft
(Vom bewusstlosen zum bewussten Scheitern)

Geisteswissenschaftliche Literaturwissenschaft (Untergang des Genies)	Marxistische Literaturwissenschaft („Ich liebe die Subordination nicht sehr")
Psychoanalytische Literaturwissenschaft (Lebenskrisen Goethes und fehlender Vater Werthers)	Poststrukturalistische Literaturwissenschaft (Ein Schrift gewordener Sarg)

Als vertiefende Reflexion in Bezug auf die Stärken und Schwächen der einzelnen Ansätze kann man die Lerngruppe unter Leitung eines Moderators eine Podiumsdiskussion führen lassen: Jeweils ein Gruppensprecher vertritt den entsprechenden Ansatz. Dieses Verfahren dient zugleich der Überprüfung des Verständnisses und regt die Schülerinnen und Schüler dazu an, selbst reflektiert eine Interpretation zu vertreten.

Konkretisierung unterschiedlicher Interpretationsansätze zum „Werther"

Baustein 11 – Arbeitsblatt 14

Untergang des Genies – **Der geistesgeschichtliche Interpretationsansatz**

J. W. Goethes „Werther"-Roman ist ein kunstvoller Ausdruck zentraler, die Epoche des „Sturm und Drang" bestimmender Ideen: Werther ist ein äußerst sensibler und zugleich vielseitig gebildeter Mensch; er vereint diejenigen Eigenschaften, die in der Epoche des „Sturm und Drang" den genialen Menschen ausmachen. Damit wendet sich die Literatur dieser Zeit gegen den kühlen Rationalismus der Aufklärung und betont im Geniebegriff die Ganzheitlichkeit des Menschen als Gefühls- und Vernunftwesen. Im „Werther"-Roman wird dieser Geniebegriff konsequent bis auf die konkrete Ebene der sprachlichen Gestaltung entfaltet:

„Ach, ihr vernünftigen Leute!, rief ich lächelnd aus. Leidenschaft! Trunkenheit! Wahnsinn! Ihr steht so gelassen, so ohne Teilnehmung da, ihr sittlichen Menschen, scheltet den Trinker, verabscheut den Unsinnigen, geht vorbei wie der Priester und dankt Gott wie der Pharisäer, dass er euch nicht gemacht hat wie einen von diesen. Ich bin mehr als einmal trunken gewesen, und meine Leidenschaften waren nie weit vom Wahnsinne, und beides reut mich nicht, denn ich habe in meinem Maße begreifen lernen: wie man alle außerordentliche Menschen, die etwas Großes, etwas unmöglich Scheinendes würkten, von jeher für Trunkene und Wahnsinnige ausschreien müsste." (S. 52)

Interjektionen („Ach"), elliptische Ausrufe („Leidenschaft!"), Drastik in der Wortwahl („Trunkene und Wahnsinnige") sind Charakteristika dieser „Sturm-und-Drang"-Sprache. Werther artikuliert den Geniebegriff gegen die überlieferten Ordnungsvorstellungen, indem er sich gerade auf „außerordentliche Menschen" beruft; demgegenüber stehen die „sittlichen Menschen" – das Attribut „sittlich" verweist hier implizit auf die rationalistische Sittlichkeit eines Immanuel Kant, der Ikone der Aufklärung schlechthin. Und an jenem extremen Subjektivismus scheitert letztlich das Genie. Maßlosigkeit, innere Selbstverzehrung und Verzweiflung als Ausdrucksformen der Opposition treiben Werther in den Untergang.

Die grundlegende Problematik, von der junge Generationen immer wieder betroffen sind, nämlich das Aufbegehren und die Abgrenzung gegenüber Traditionen und etablierten Denkweisen, macht diesen Roman so aktuell.

„Ich liebe die Subordination nicht sehr" – **Der marxistische Interpretationsansatz**

Die revolutionäre Perspektive des „Werther"-Romans, die auf eine Veränderung der Gesellschaftsordnung abzielt, ist unverkennbar. Gleichwohl ist Werther als „bürgerlicher Intellektueller ein Kind der Aufklärung und ohne sie nicht denkbar. [...] Rousseau vor allem war der große Anreger, der leidenschaftliche Fürsprecher der bürgerlichen Belange im 18. Jahrhundert, der die Empfindungen des im Feudalstaat unterdrückten Bürgers zum Ausdruck brachte. Mit seinem Ruf ‚Zurück zur Natur' stellte er der Dekadenz der Feudalklasse das Ideal einer natürlicheren Gesellschaftsform gegenüber, die er weitgehend mit der bürgerlichen Klasse gleichsetzte. Die Überlegenheit des Bürgers beruhte auf seinen bürgerlichen Tugenden wie Fleiß, Tüchtigkeit, Sparsamkeit sowie auf einer strengen Moralauffassung im Gegensatz zur Korruption des Feudaladels. [...] Werthers Tod bedeutet eine gewaltsame Lösung der privaten und gesellschaftlichen Widersprüche und ist im echten Sinn tragisch. Es ist die Tragik des Bürgers, der an dem tiefgehenden Grundkonflikt des Jahrhunderts, an dem antagonistischen Klassenkonflikt zwischen Bürgertum und Feudalgesellschaft mit seinen geistigen und emotionalen Ausstrahlungen zugrunde geht. Dabei spielen auch schon die inneren Widersprüche des Bürgertums, das die alleinige Entwicklung der Persönlichkeit zum Problem erhob, ihre Entfaltung jedoch gleichzeitig verhinderte, eine große Rolle."[1] Dies wird etwa daran deutlich, dass Werther „die Nation [der Geburtsadel] von Herzen zuwider ist" (S. 78), er sogar als Abgrenzung von der höfischen Gesellschaft die „freie Luft" (S. 79) rühmt, in der er leben könne; zugleich leidet er offensichtlich darunter, dass er in der adligen Gesellschaft beim Grafen v. C. hinauskomplimentiert wird, da er – wie er weiß – als Subalterner dort nicht hineingehört (vgl. S. 77). Wollte er den Vorfall zunächst noch „auf die leichte Schulter" nehmen, so gelingt ihm das nicht wegen des Geredes seiner Mitbürger; dies „verdrießt" auch seinen bürgerlichen Bekannten A., der mit seinem „Nur" („Nur verdrießt mich's. Es ist

---

[1] Klassik. Erläuterungen zur Deutschen Literatur, S. 105/109

schon überall herum." (S. 79) jene „inneren Widersprüche des Bürgertums" (s.o.) andeutet, die Werthers Freiheit zusätzlich einschränken.

Lebenskrisen Goethes und fehlender Vater Werthers – Der psychoanalytische Interpretationsansatz

Seit den Anfängen psychoanalytischer Interpretationen versucht man ausgehend vom „Werther"-Roman Rückschlüsse auf die psychische Befindlichkeit des Autors Goethe zu gewinnen: Dabei wird besonders die Bewältigung seiner unglücklichen Liebe zu Charlotte Buff, der Braut des Hannover'schen Gesandtschaftssekretärs Johann Christian Kestner (vgl. S. 131), in den Mittelpunkt gestellt. Die Produktion des literarischen Textes hätte somit eine gewisse therapeutische Funktion, durch die der junge Goethe, selbst von Suizidgedanken geplagt, sein aufgewühltes Seelenleben besänftigt habe; die Fiktion des Werther-Schicksals ersetzt dessen Realisierung im wirklichen Leben. Auch die Tatsache, dass Goethe sich ab 1782 erneut mit dem „Werther"-Roman beschäftigte und schließlich eine zweite Fassung entstand (vgl. dazu die Informationen in der Textausgabe S. 133–138), kann man damit erklären, dass sich Goethe zu dieser Zeit in einer Lebenskrise (Gefühl des Unerfülltseins bei starker beruflicher Beanspruchung) befand. Erst seine Italienreise löste diese Verstimmung auf, sodass 1787 dann die „harmlosere" zweite Fassung des Romans erschienen ist. Die inhaltliche und sprachliche Glättung der zweiten Fassung kann also auch auf eine innere Festigung Goethes zurückgeführt werden.

Neben diesem Vorgehen beschäftigen sich neuere psychoanalytische Untersuchungen eher mit der Frage, wie sich ein psychischer Konflikt in der Struktur des Romans niederschlägt: „Was Werther frühzeitig hätte helfen können, wäre eine Orientierungsinstanz, die sowohl dem Gefühlsreichtum wie auch dem Intellekt Hilfe gewährt: Werther braucht wie das Kind eine Mutter, die seine Liebe aus ihrer narzisstischen [selbstverliebten] Isolation befreit und ihm den Weg zur Außenwelt erschließt. [...] Werthers wirkliche Mutter verweigert sich beharrlich seinen Bedürfnissen. [...] Werthers Heimatort ist gekennzeichnet durch seine enge Einbindung in eine naturhafte Umwelt: Gebirge, Täler, Gartenhäuschen sind Signalbegriffe in Werthers Brief; an ihnen erfreut er sich immer noch, zumal wenn sie sich in ihrem alten Zustand befinden, während es in der Umgebung des späteren mütterlichen Heims nichts dergleichen gab. Die Erfahrung der Natur sucht Werther dann ja auch im weiteren Verlauf seiner Erlebnisse; rings um Lottes Wohnort hat er die unberührte Umwelt seiner Kindheit wiedergefunden, und fast immer, wenn er sich in einer ungetrübt hoffnungsfrohen Stimmung befindet, hängt dies auch mit den Eindrücken der Natur zusammen. [...] Auch dies steht im Einklang mit psychoanalytischen Einsichten, die in der Natur riesenhafte Projektionen der Mutter aus einer kindlich gestimmten Seele entdecken. [...] Neben allen anderen Versagungen schlägt die fehlende Anlehnung an einen Vater belastend auf Werthers Biografie durch. Der frühe Tod des realen Vaters und der offensichtliche Verzicht der Mutter, dem Knaben eine andere männliche Autoritätsperson zuzuteilen, haben Werthers Individuationsprozess ohne jede Anlehnung an eine Orientierungsinstanz ablaufen lassen, die im Alltag der bürgerlichen Familie normsetzende Kraft besaß."[1] Letztlich scheitert Werther daran, dass ihm die Auseinandersetzung mit der väterlichen Instanz in der Kindheit versagt blieb, da ihm also eine frühzeitige Einübung in spätere Konfliktsituationen fehlt. Und den Konflikt, in den er sich mit der Liebe zu Lotte begibt, vermag er nicht zu bewältigen.

Vom bewusstlosen zum bewussten Scheitern – Der historisch-kritische Interpretationsansatz

Den „Werther"-Roman weder ausschließlich als zeitgebundene Dokumentation der „Sturm-und-Drang"-Epoche noch als zeitloses Kunstwerk mit „überzeitlicher" Bedeutung zu lesen, sondern ihn in seiner Geschichtlichkeit zu verstehen ist Aufgabe einer historisch-kritischen Interpretation. Entscheidend ist die über die Interessenlage der Zeit, des Autors und vieler Interpreten seines Werks hinausführende „Überschuss-Qualität": Gerade der „Werther" ist Beispiel dafür, dass Literatur – als Kunst – ideologisch-scheinhafte und utopisch-kritische Momente enthält: Der Widerspruch zwischen dem historisch Möglichen und dem Prinzip des wahren Lebens bleibt unaufgelöst.[2] (Vgl. z.B. S. 52.) Werther vertritt nämlich den Anspruch des wahren Lebens gegenüber dem etablierten Sein, jedoch nicht als Revolutionär,

---

[1] Schmiedt, Woran scheitert Werther?, S. 89ff., S. 93
[2] Hotz, Goethes „Werther" als Modell für kritisches Lesen, S. 42

sondern als Leidender. Tatsächlich also ist die Negation der bestehenden gesellschaftlichen Verhältnisse „gezügelt": Der Widerspruch ist immer schon gebrochen.

Das literarische Werk in seiner Geschichtlichkeit verstehen heißt auch, seine Entstehungs- und Textgeschichte bei der Interpretation zu berücksichtigen. „Edition und Interpretation bedingen einander." (S. 133) In der zweiten Fassung des Romans ist nämlich ein neuer Text entstanden: Nunmehr leidet Werther nicht allein als „Genie", als Subjektentwurf an der aus den historisch-sozialen Wurzeln seiner Zeit resultierenden Entfremdung, sondern er ist sich seines abweichenden, gestörten Rollenverhaltens als Ausdruck der Entfremdung von der normativen Struktur der Gesellschaft bewusst: „Ich bin erstaunt, wie ich so wissentlich in das alles, Schritt vor Schritt, hineingegangen bin! Wie ich über meinen Zustand immer so klar gesehen und doch gehandelt habe wie ein Kind, jetzt noch so klar sehe und es noch keinen Anschein zur Besserung hat". (Brief vom 8. August abends) Werthers Bewusstsein der Unheilbarkeit paktiert am Ende mit dieser[1] – sein Untergang ist Preis einer solchen Erkenntnis.

Während also in der ersten Fassung gerade in der Negativität des Leidens am Bestehenden der Appell zur Veränderung einer durch Standesschranken und bürgerliche Zweckrationalität verformten Gesellschaft aufscheint, liegt in der zweiten Fassung schlichtweg ein anderer Roman vor: Er handelt vom Bewusstwerden einer in der ersten Fassung noch unbewussten Geschichtsschreibung.[2]

Ein Schrift gewordener Sarg – Der poststrukturalistische Interpretationsansatz

Schreiben, Schrift und Bücher – dies sind grundlegende Elemente im „Werther"-Roman. „Literatur ist ganz und gar das Medium des ‚Werther', aus dem er sich schreibt.[3] Poststrukturalistische Lektüre von Texten verfolgt gerade diesen medialen, selbstreferenziellen [selbstbezüglichen] Charakter von Literatur.

Neben der Tatsache, dass der Titelheld selbst als Leser und Übersetzer von Büchern (u.a. Homer, Ossian, Klopstock, Lessing) dargestellt wird, fällt auf, dass erotische Konnotationen entscheidend medial durch intertextuelle Bezüge inszeniert werden. Die Tanzszene mit Lotte etwa ist ohnehin schon erotisch konnotiert: „alles ringsumher verging" (S. 26), und eine Frau erkennt sofort das Anzügliche dieser intimen Zweisamkeit zwischen Werther und Lotte: Sie „hebt einen drohenden Finger auf und nennt den Namen Albert [...] mit viel Bedeutung." (S. 27) Kurz nach dieser ersten körperlichen Begegnung von Werther und Lotte fällt am Fenster der Ausruf „Klopstock!" (S. 29). „In der stummen Pantomime, die der Nennung des Dichternamens vorausgeht, zeigt Lotte die drei Dimensionen dieses Erlebnisses an: Ihr Blick durchdrang die Gegend, sie sah gen Himmel und auf mich – also die Natur draußen, der Schöpfer droben und der Gleichempfindende an ihrer Seite. Und wenn sie dabei den Namen Klopstocks ausspricht, dann bekennt sie sich damit zu dem Dichter, bei dem sie dies zu erleben gelernt hat."[4] Dieser Hinweis auf Innerlichkeit und Freundschaft durch den Dichternamen wird nun durch den unmittelbaren Kontext zum Ausdruck des Wunsches nach sexueller Vereinigung[5]: „Wohlgeruch stieg [...] auf", „ihr Blick durchdrang die Gegend" und Werther küsst „sie unter den wonnevollsten Tränen" (S. 29). Die Symbolik von Flüssigkeiten, insbesondere Körperflüssigkeiten, lässt sich in dieser Szene als erotische Anspielung deuten. Entscheidend ist nun, dass der Höhepunkt dieser Szene in einem intertextuellen Bezug liegt („Klopstock!") und die mediale Gestaltung dieser Szene in Schrift für den Roman grundlegende Momente enthält: Der Gedankenstrich als unartikuliertes Satzzeichen soll dem Gesagten Substanz geben. Dieser Vorgang wird von Werther selbstreflexiv an einer späteren Stelle ausgeführt: „Ich mache nicht gern Gedankenstriche, aber hier kann ich mich nicht anders ausdrücken – und mich dünkt deutlich genug." (S. 89)

Diese Differenz zwischen Ausdruck und Vorstellung, zwischen Bezeichnendem und Bezeichnetem ist es, die konstitutiv für den gesamten Romantext ist. Schon am Anfang des Romans formuliert Werther im Irrealis: „Ach, könntest du das wieder ausdrücken, könntest du dem Papier das einhauchen, was so voll, so warm in dir lebt". (S. 9f.) Lebendiges Empfinden und die Totenstar-

---

[1] Adorno, Minima moralia, S. 165
[2] Vgl. Adorno, Ästhetische Theorie, S. 272
[3] Förster, ‚mich dünkt, man kann es mit Händen greifen'", S. 20
[4] Alewyn, „Klopstock!", S. 360
[5] Vgl. Neuhaus, Warum Werther sterben musste, S. 302.

re der Zeichnung oder der Schrift stellen eine nur irreal auflösbare Differenz dar: „wie kann der kalte tote Buchstabe diese himmlische Blüte des Geistes darstellen." (S. 65) Und die Schrift wird für Werther erst recht zum Sarg, wenn etwa der Gesandte auf die Strukturiertheit und Ordnung des sprachlichen Systems verweist, durch die noch die letzte Empfindung erstickt wird: „man findet immer ein besser Wort, eine reinere Partikel", „Kein Und, kein Bindewörtchen sonst darf außen bleiben und von allen Inversionen, die mir manchmal entfahren, ist er ein Todfeind." (S. 71) Im Zusammenhang mit der für ihn unbefriedigenden Tätigkeit als Sekretär fällt auch das Stichwort „Leiden" (S. 71). Folgerichtig geht Werther im Sumpf der toten Schriftzeichen unter: „er habe sitzend vor dem Schreibtische die Tat vollbracht" und „Emilia Galotti lag auf dem Pult aufgeschlagen" (S. 127). Der Schreibtisch als Ort der Produktion von Literatur und das Pult als Ort der Rezeption von Literatur stehen damit als letzte, unauflösbare Differenz am Schluss des Romans.

Bestimmen Sie,
a) wie in den einzelnen Interpretationsansätzen methodisch vorgegangen wird,
b) welches Erkenntnisinteresse jeweils verfolgt wird.

Kreuzworträtsel zum „Werther"

Waagerecht: 1 Dieses Flächenmaß (Abk.) verwendet der Gärtner noch nicht, als er für den Grafen den Plan des kleinen Parks zeichnet (4.5.1771) **2** „Wer Lust hat – ohne Lust geht es nicht – der braucht die Wörter nur gegen das Licht zu halten." (Andreas Thalmayr) Dann entdeckt er das Wasserzeichen (Abk.) der Poesie **3** Als er am Fenster steht, erinnert sich Werther an ein Gedicht mit dieser Gattungsbezeichnung (16.6.1771) **5** So ist sie ihm: *Alle Begier schweigt in ihrer Gegenwart.* (16.7.1771) **8** Zu spät bemerkt Werther, dass Leute wie er, die so **untergeordnet** sind, nicht in *die noble Gesellschaft* gehören (15.3.1772) **11** Mit einer solchen Waffe begeht Werther Selbstmord **12** Werther fasst manchmal seinen Nachbarn an diesem untersten „hölzernen" Teil der oberen Gliedmaße (20.1.1772) **13** Der Gesandte, *der pünktlichste Narr,* ist so einer; Werther bezeichnet auch das Gesetz als solchen (12.8.1771) **15** Modewort des 18. Jh., z.B. für *hübsch, nett* (17.5.1771) **16** Damals nur noch eine Kupfermünze, die Werther den Kindern einer jungen Frau schenkt (27.5.1771) **18** Gewiss, er ist für Werther *der beste Mensch unter dem Himmel* (12.8.1771) **21** Die redet der Herausgeber in der Vorbemerkung an **22** Diese Frau hat die schönen alten Nussbäume abhauen lassen (15.9.1772) **23** *... den Ausdruck!...! ...!* (4.12.1772): Was hier fehlt, ist *vollständig, gesamt* **24** Der hat in Werthers Herz den Homer verdrängt, was einen Lehrer in Edinburgh namens James Macpherson gefreut hätte (12.10.1772) **25** So nennt Werther manchmal – nicht seine Geliebte, sondern seinen besten Freund (27.5.1771) **27** Das ist der Adressat (von 25 waagerecht) **28** Werther fährt zwar manchmal Kahn,/zuweilen auch im Kabriolett,/doch niemals mit dem Düsen-Jet/und mit der Deutschen Bahn (Abk.) **30** Sie tragen den Toten ohne Begleitung eines Geistlichen **31** Abschiedsgruß (8.7.1771) **34** Sein letztes für Lotte bestimmtes Schreiben verfasst Werther nach 23 Uhr – aber im 18. Jh.! (27.5.1772) **35** Der Name des Dichters – mit 3 waagerecht verbunden – ist zwischen den Liebenden eine Losung (16.6.1771) **38** Werther orientiert sich an ihr – sogar beim Zeichnen (26.5.1771) **39** *O was ist der ..., dass er über sich klagen darf!* (4.5.1771) **40** *Bester Freund, was ist das ... des Menschen!* (4.5.1771) **41** Die Farbe der Weste, die Werther trug (6.9.1772), machte Mode **42** Farbe des Fracks (6.9.1772), in Kombination mit 41 waagerecht: Tracht der Empfindsamen

Senkrecht: 1 Quäkendes Kind, frankfurterisch für „Nesthäkchen" (1.7.1771) **2** Die Initialen der Liebenden **3** Anweisung, Auftrag (27.5.1771) **4** Was Werther über den Vorteil der Regeln sagt (26.5.1771), wirft kein gutes Licht auf den Deutschen Normenausschuss (Abk.) **6** Werther liebt sie auf jeden Fall, auch im 3. und im 4. Fall – nach der damaligen Grammatik **7** Gegeben, gegen (Abk.) **8** Die Initialen des nördlichsten Bundeslandes **9** Der Graf von C... habe Werther aus dieser Gesellschaft(-sschicht) gewiesen, meint der ehrliche Adelin (15.3.1772) **10** *Ihro Exzellenz,* sagt Werther (15.3.1772); hier heißt es: *Euer Ehren* – und das gleich zweimal hintereinander, aber abgekürzt **14** Ein Kaiser, zu dessen Lieblingslektüre der „Werther" gehörte; er versicherte Goethe auf dem Erfurter Fürstentag (1808), den Roman siebenmal (!) gelesen zu haben **17** Ob man unseres Erachtens dem Werther eine Unbedenklichkeitserklärung hätte ausstellen können? (Abk.) **19** Diese Tante, des Vaters Schwester, reimt sich nicht auf *Blume,* wie die Schwester der Mutter, die *Muhme,* sondern auf *Vase* (16.6.1771) **20** Abkürzung für lat. *nomen nescio* (den Namen weiß ich nicht) (16.6.1771) **21** Siehe auch Seite (Abk.) **26** Wenn das Genie ein Riese ist, was bin dann ich? **28** Vertrauliche Anrede **29** Ein Fräulein von ... mit *viel Seele* und *blauen Augen* gesucht (20.1.1772) **32** So spricht Werther von sich selbst **33** Das etwa empfindet Werther angesichts der *fatalen bürgerlichen Verhältnisse* im Absolutismus (24.12.1771) **36** Von den Stürmern und Drängern wurde der „Werther" *summa cum laude* (mit höchstem Lob) bedacht (Abk.) **37** Werther zeichnet gern (26.5.1771), aber er ist gewiss kein Technischer Zeichner (Abk.)

Zusatzmaterial 1

Lösung

	¹Q	M		²W	Z		³O	⁴D	E		⁵H	E	I	L	⁶I	G	⁷
⁸S	U	B	⁹A	L	T	¹⁰E	R	N		¹¹P	I	S	T	O	L	E	
¹²H	A	N	D		¹³P	E	D	A	¹⁴N	T		¹⁵A	R	T	I	G	
	¹⁶K	R	E	¹⁷U	Z	E	R		¹⁸A	L	¹⁹B	E	R	T		²⁰N	
²¹S	E	E	L	E		E	E		²²P	F	A	R	R	E	R	I	N
²³A	L	L						²⁴O	S	S	I	A	N				
²⁵S	C	H	A	T	²⁶Z		²⁷W	I	L	H	E	L	M		²⁸D	²⁹B	
	³⁰H	A	N	D	W	E	R	K	E	R		³¹A	D	³²I	³³E	U	
	³⁴E	I	L	F	E		³⁵K	L	O	P	³⁶S	T	O	C	K		³⁷T
	³⁸N	A	T	U	R		³⁹M	E	N	S	C	H		⁴⁰H	E	R	Z
				⁴¹G	E	L	B		B	L	A	U			L		

Aus: Rainer Madsen: Kreuzworträtsel zur Literatur. Frankfurt am Main: Verlag Moritz Diesterweg 1989, S. 36f.

„Werther"-Quiz

Zusatzmaterial 2

1. Wer ist fiktionaler Erzähler des Romans?
2. Welchen Zeitraum umfassen Werthers Briefe?
3. In wessen Auftrag und zu welchem Zweck sucht Werther seine Tante auf?
4. Welche Hilfe bietet Werther einem Dienstmädchen am Brunnen an?
5. Wie heißt der Ort vor der Stadt, den Werther oft als Ziel für seine Spaziergänge wählt?
6. Wie viele Geschwister hat Lotte?
7. Wann sieht Werther Lotte zum ersten Mal?
8. Bei welcher Gelegenheit erfährt Werther erstmals, dass Lotte „schon vergeben" ist?
9. Wie sieht das Kleid aus, das Lotte bei der ersten Begegnung mit Werther trägt?
10. Was bekommt Werther von Lotte bei dem Gesellschaftsspiel während des Gewitters?
11. Welches Instrument spielt Lotte?
12. Welche dichterischen Werke bevorzugt Werther?
13. Welche für ihn typische Kleidung trägt Werther?
14. Welches künstlerische Hobby übt Werther zeitweise aus?
15. Wann hat Werther Geburtstag?
16. Warum lässt Albert seine Pistolen immer ungeladen?
17. Was verspricht Lotte ihrer Mutter, bevor diese stirbt?
18. Wo stehen die Nussbäume, die Werther so schätzt und die später gefällt werden?
19. Was sucht Heinrich, den Werther auf einem Spaziergang trifft, im Winter?
20. Aus welchem Grund ist Heinrich wahnsinnig geworden?
21. Was schätzt Werther an Fräulein von B.?
22. Welchen bürgerlichen Beruf übt Werther eine Zeit lang aus?
23. Was verleidet Werther die berufliche Tätigkeit besonders?
24. Welcher „Verdruss" ist der Anlass für Werthers Entlassungsgesuch?
25. Was erleichtert Werther in finanzieller Hinsicht die Bestreitung seines Lebensunterhaltes, nachdem er den Dienst quittiert hat?
26. Wohin macht Werther auf seiner Reise zum fürstlichen Jagdschloss nach seinem „Abschied vom Hofe" einen kleinen Abstecher?
27. Inwiefern ist die Dichtung, aus der Werther Lotte bei ihrer letzten Begegnung vorliest, auch sein Text?
28. Welchen Gegenstand will Werther an Lottes und Alberts Hochzeitstag von der Wand nehmen und Lotte nach seinem Tod hinterlassen?
29. Welches Getränk lässt sich Werther morgens am Tag seines Selbstmords von dem Bediensteten bringen?
30. Warum nimmt Werther seinem Bediensteten die Pistolen, mit denen er sich erschießen will, „mit Entzücken" ab?
31. Mit welchem Geburtstagsgeschenk will Werther begraben werden?
32. Um wie viel Uhr findet Werthers Begräbnis statt?

Lösungen

1. Der Herausgeber – nicht Werther (S. 1, Fußnoten S. 16, 23f., und vor allem S. 102ff.).
2. Die letzten gut eineinhalb Lebensjahre Werthers, von Mai 1771 bis Dezember 1772.
3. Im Auftrag seiner Mutter in einer Erbschaftsangelegenheit (S. 8).
4. Er will ihr dabei helfen, den Wasserbehälter auf den Kopf zu heben (S. 12).
5. Wahlheim (S. 16, 30 u.a.)
6. Acht (S. 20)
7. Im Juni 1771, als er sie zur Kutschfahrt zum Ball in ihrem Haus abholen will und sie gerade das Brot für ihre Geschwister schneidet (S. 22).
8. Bei der Kutschfahrt zum Jagdhaus (S. 21).
9. Es ist „ein simples weißes Kleid mit blassroten Schleifen an Arm und Brust"(S. 22).
10. Zwei Ohrfeigen (S. 29)
11. Klavier (S. 43)
12. Homer und Ossian (S. 11 und 89 u.a.)
13. Einen blauen Frack, eine gelbe Weste, Stiefel (S. 87, 127)
14. Das Zeichnen nach der Natur (S. 17)
15. Am 28. August (S. 60)
16. Aus Vorsicht nach einem Unfall: Sein Bediener hat einem Mädchen mit einer Pistole die Hand durchschossen (S. 50f.).
17. Wie eine Mutter für ihre Geschwister zu sorgen (S. 66).
18. In einem Pfarrhof (S. 34, 87f.).
19. Blumen (S. 96ff.)
20. Aus unglücklicher Leidenschaft für Lotte, als er Schreiber bei ihrem Vater war (S. 99).
21. Sie verhält sich natürlich (S. 73), gleicht Lotte und besitzt „viel Seele" (S. 75).
22. Er ist als Sekretär bei einer Gesandtschaft (in einer nicht näher benannten Stadt) angestellt (S. 69ff.).
23. Die Kleinlichkeit und Übellaunigkeit seines Vorgesetzten, des Gesandten (S. 70ff.).
24. Sein „Hinauswurf" aus der Adelsgesellschaft, den er als Ehrenkränkung empfindet (S. 77ff., S. 81, vgl. S. 104).
25. Die 25 Dukaten, die ihm der Erbprinz zum Abschied geschickt hat (S. 82).
26. In seine Heimat, seinen Geburtsort (S. 82).
27. Werther hat diese Ossiangesänge übersetzt (S. 111).
28. Lottes Schattenriss (S. 76, S. 125)
29. Kaffee (S. 119)
30. Weil er hört, dass Lotte sie dem Bediensteten gegeben habe (S. 123).
31. Mit der blassroten Schleife, die Albert ihm zum Geburtstag geschenkt hat (S. 126).
32. Gegen 23 Uhr (S. 128)

Zum Naturbegriff im 18. Jahrhundert

In seinem ersten Brief (4. Mai 1771) beschreibt Werther einen gräflichen Garten, in dem er sich gern aufhält: „Der Garten ist einfach, und man fühlt gleich bei dem Eintritte, dass nicht ein wissenschaftlicher Gärtner, sondern ein fühlendes Herz den Plan gezeichnet, das seiner selbst hier genießen wollte." [...] In diesem einen Satz finden sich mehrere Hinweise auf ein durch Empfindsamkeit und Sturm und Drang hervorgebrachtes Naturverständnis, das sich von dem der Aufklärung deutlich unterscheidet. Werther lobt hier den vorgefundenen englischen Landschaftsgarten und kritisiert zugleich die in herrschaftlichen Anwesen zumeist noch üblichen Rokokogärten; „einfach" ist der Garten und (scheinbar) urwüchsig, nicht regelmäßig, nach genau berechneten geometrischen Mustern gestaltet. Das „fühlende Herz" soll erregt werden, während der „wissenschaftliche Gärtner" lediglich den Verstand anzusprechen vermag. Statt der Sachlichkeit klarer Formen will Werther in der Natur die Subjektivität „seiner selbst" wiederfinden.

Dieses Verständnis von Natur ist dem im „wissenschaftlichen" Zeitalter geprägten Naturbegriff fremd. Den Vertretern der Aufklärung galt Natur vor allem als Objekt vernünftiger, logischer Betrachtungen. Die Gesetze, die, einem göttlichen Plan gehorchend, in ihr wirksam sind, wurden als dem Verstande zugänglich erkannt; sie sollten methodisch exakt in Experimenten erforscht und den Menschen nach Möglichkeit nutzbar gemacht werden. Viele Entdeckungen und Erfindungen im 18. Jahrhundert brachten den Naturwissenschaften und der Technik einen nachhaltigen Aufschwung.

Neben diesem überwiegend vom Verstand und vom Nützlichkeitsdenken bestimmten Interesse an der Natur entstand etwa seit der Mitte des Jahrhunderts ein dazu fast gegenläufiges, das vom Gefühl ausging und die Erscheinungen der Natur vor allem als „Landschaft" wahrnahm, die Joachim Ritter folgendermaßen definiert:

Landschaft ist Natur, die im Anblick für einen fühlenden und empfindenden Betrachter ästhetisch gegenwärtig ist: Nicht die Felder vor der Stadt, der Strom als „Grenze", „Handelsweg" und „Problem für Brückenbauer", nicht die Gebirge und die Steppen der Hirten und Karawanen (oder der Ölsucher) sind als solche schon „Landschaft". Sie werden dies erst, wenn sich der Mensch ihnen ohne praktischen Zweck in „freier" genießender Anschauung zuwendet, um als er selbst in der Natur zu sein. Mit seinem Hinausgehen verändert die Natur ihr Gesicht. Was sonst das Genutzte oder als Ödland das Nutzlose [...] oder das feindlich abweisende Fremde war, wird zum Großen, Erhabenen und Schönen: es wird ästhetisch zur Landschaft.[1]

Den Wunsch nach subjektiv bestimmter Naturerfahrung („um als er selbst in der Natur zu sein" schreibt Ritter) drückt auch Werther in dem Brief aus: „ein fühlendes Herz [...], das seiner selbst hier genießen wollte."

Als Begründer dieser Idee von Natur gilt allgemein der französische Philosoph Jean-Jacques Rousseau, der die von ihm als Deformation des Individuums gesehene Zivilisation kritisierte und eine Rückbesinnung auf das Ursprüngliche proklamierte [...]. Mit dem Ruf „Zurück zur Natur!" stellte er sich dem unbegrenzten Fortschrittsoptimismus seiner Zeit entgegen. Der Mensch sollte sich nicht so sehr als Beherrscher, sondern vor allem als Teil der Natur begreifen und fühlen, um zu seinem ursprünglichen, unverfälschten Wesen zurückzufinden. Nicht die Erforschung und Ausbeutung, sondern das Erlebnis der äußeren sowie der inneren Natur sah Rousseau als erstrebenswert an.

Dieses Naturverständnis stieß in Deutschland vor allem in der jüngeren Generation auf begeisterte Zustimmung. Den Wert des einfachen, naturverbundenen und gefühlsbetonten Lebens, das Rousseau in seinem Roman „Julie ou La Nouvelle Héloïse" (1761) dargestellt hatte, versuchten die Vertreter von Empfindsamkeit und Sturm und Drang für sich zu erfahren und nachzuempfinden; auf langen, erschöpfenden Wanderungen und Bergbesteigungen sowie beim Eislaufen, das damals in Mode kam, gewann das Individuum das Glücksgefühl, eins mit sich und mit der Natur zu sein. Dieser Natur-Enthusiasmus schlug sich insbesondere in der Lyrik nieder, am deutlichsten zunächst bei Klopstock (vgl. die „Ode über die ernsthaften Vergnügungen des Landlebens" von 1759, „Die Gestirne" und „Der Eislauf" von 1764), in dessen Folge dann beim jungen Goethe und den Dichtern des Göttinger Hains. Auch Herders literarische Position ist durch diesen neuen Naturbegriff geprägt: Das von ihm hochgepriesene Volkslied, dem er zu neuer Würde und Bedeutung verhalf, ist Ausdruck von Unmittelbarkeit, Schlichtheit und Unverfälschtheit [...]. Im Unterschied zur Lyrik hatte es bis zum Erscheinen des „Werther" in der deutschsprachigen Literatur keine ausführlichen Prosadichtungen zum Thema „Natur" gegeben.

Aus: Rainer Könecke: Stundenblätter Goethes „Werther" und die Literatur des Sturm und Drang. Leipzig: Ernst Klett Schulbuchverlag, 1. Auflage 2004, S. 113f.

---
[1] Ritter, Landschaft, S. 150f.

Wie hält man einen guten Kurzvortrag?

Worauf kommt es bei einem Vortrag an?

In einem Vortrag geht es darum, Informationen, die man erarbeitet hat, einer Zielgruppe zu vermitteln. Ein guter Vortrag zeichnet sich besonders durch zwei Merkmale aus:

1. **Verständlichkeit** (Das betrifft den Inhalt des Vortrags.)
2. **Anschaulichkeit** (Das betrifft die Art der Darstellung.)

Von einem Kurzvortrag spricht man bis zu einer Vortragsdauer von 15 Minuten.
Die Fähigkeit zur Vorbereitung und zur Präsentation eines Kurzvortrags lässt sich üben. Man muss kein Genie sein, um seine Sache gut zu machen. Einen Kurzvortrag halten zu können: Das ist eine Schlüsselqualifikation, die in allen Schulfächern, in jeder weiterführenden Schule, im Beruf, im Verein oder in anderen Organisationen und in der Universität von grundlegender Bedeutung ist.

Die Vorbereitung des Kurzvortrags

Nach der Entscheidung für ein Thema kann man sich an den folgenden zehn Schritten orientieren:

Checkliste

1. Thema des Vortrags genau formulieren und gezielt auf Informationssuche gehen
2. Lesen des Materials und Suche nach weiteren Materialien, die zum Thema passen
3. Bearbeiten des Materials (Schlüsselbegriffe herausschreiben, wichtige Informationen sammeln und notieren, Unbekanntes klären)
4. Informationen zum Thema gezielt sammeln
5. Aus der Sammlung die Informationen auswählen, die zum Verständnis des Themas unverzichtbar sind
6. Informationen gliedern
7. Vortrag in Einleitung, Hauptteil und Schluss einteilen
8. Einen Stichwortzettel erstellen
9. Vortrag einmal üben (zum Beispiel in einer Gruppe)
10. Eventuell kürzen und noch einmal überarbeiten

Stichwortzettel
1. Einleitung
Thema klar formulieren
Bedeutung des Themas deutlich machen

2. Hauptteil
Überblick über die einzelnen Punkte geben
Information 1
Information 2
Information 3
Information 4

Folie
Plakat
Mind-Map
Tafel

3. Schlussteil
kurze Zusammenfassung geben
Vortrag mit einem interessanten Gedanken beenden

Die Präsentation des Kurzvortrags

Es gibt viele verschiedene Arten, wie man einen Vortrag vor einer Gruppe halten kann. Jeder sollte die Art finden, die zur eigenen Person am besten passt. Darüber hinaus gibt es Regeln, die erlernbar sind und die immer dabei helfen, dass man seine Vortragsziele erreicht.
Wichtig ist, dass die oder der Vortragende gut vorbereitet ist, weil das Publikum sehr schnell merkt, ob jemand von der Sache, über die gesprochen wird, etwas versteht. Darüber hinaus sollte der Vortrag gut verständlich sein, lebendig gestaltet werden und möglichst mit zusätzlichen Medien, wie einer Folie, einem Plakat, einem Schaubild, einem Tafelanschrieb, einer Mind-Map usw. optisch unterstützt werden.

Kurzvortrag

Die 4 Interessantmacher:

1. gute Vorbereitung
2. Verständlichkeit
3. Lebendigkeit
4. Anschaulichkeit

Nach: Wolfgang Mattes, Methoden für den Unterricht. 75 kompakte Übersichten für Lehrende und Lernende, Paderborn: Schöningh Verlag 2002, S. 108

Goethes „Werther" – gesellschaftliche Leiden und Leiden an der Gesellschaft

Im *Werther* gestaltete Goethe den Typus des unzufriedenen jungen bürgerlichen Intellektuellen, dessen Integrationsversuche in die ständisch gegliederte Gesellschaft an der starren Hierarchie wie auch an der eigenen ausgeprägten Selbstwertschätzung, die eine Reaktion darauf ist, scheitert. Goethes Roman zeigt die Unmöglichkeit für das bürgerliche Individuum, sich innerhalb des Feudalsystems zu definieren und seine Identität zu finden. [...]

Werther erfährt Zurückweisung in zwei Bereichen: Die bestehenden gesellschaftlichen Schranken verwehren ihm als Bürgerlichem einen auf persönlichen Fähigkeiten basierenden gesellschaftlichen Aufstieg und die Integration in die das politische Leben bestimmende Welt des Adels, zu dessen aristokratischen Lebensformen und Bildung sich Werther als Intellektueller am ehesten hingezogen fühlt, obwohl er im Einzelfall seine Erwartungen eher enttäuscht sieht. Das Scheitern an den Standesschranken bedeutet für ihn das Ende einer gesellschaftlichen Karriere, die ihn aus der Beschränktheit bürgerlicher Aktivitäten hätte hinausführen können und seinem individuellen Entwicklungsstreben einen objektiven Bezug gegeben hätte. Auf der anderen Seite lassen die Normen und die Enge des bürgerlichen Erwerbslebens auch keine Integration in das Bürgertum zu, dem Werther klassenmäßig zwar angehört, in dem er sich als Intellektueller und Künstler aber nicht beheimatet fühlt.

Die Unmöglichkeit, sich innerhalb seiner eigenen Klasse als Subjekt definieren zu können, verhindert eine private Lösung seiner Integrationsprobleme. Die Verwirklichung in der bürgerlichen Ehe und der kleinen häuslichen Welt scheiden für ihn aus. Als Intellektueller und Künstler mit hohen Ansprüchen auf freie Entfaltung gerät Werther zwischen die Stände innerhalb der feudalen Hierarchie. Die aus der Zwischenstellung resultierende soziale Desorientiertheit und Isolierung führen zu schweren psychischen Schäden, die auch durch die Annäherung an die unteren Volksschichten, den sogenannten Vierten Stand, nicht aufgehoben werden können.

Aus: Arndt und Inge Stephan: Werther und Werther-Rezeption – Ein Unterrichtsmodell zur Aufarbeitung bürgerlichen Selbstverständnisses. In: Projekt Deutschunterricht 9. Literatur der Klassik II – Lyrik/Epik/Ästhetik. Herausgegeben von Bodo Lecke in Verbindung mit dem Bremer Kollektiv. Stuttgart: Metzler 1975, S. 149; S. 151f.

1. Erläutern Sie den Deutungsansatz und die Thesen der Textvorlage.
2. Setzen Sie sich mit der Position von Arndt und Inge Stephan auseinander. Beziehen Sie dazu Ihre eigenen Untersuchungsergebnisse in Ihre Überlegungen ein.

Vom Lesen und seinen Schwierigkeiten

Der mündige Leser liest distanzierend und kritisch. Wie es bei einem Literaturhistoriker üblich ist: Er beginnt mit einer geschichtlichen Reminiszenz[1]. Hier ist sie, und sie ist hinlänglich bekannt: Im September 1774 erscheint auf der Leipziger Messe ein Roman, bestehend aus einer Reihe von Briefen, in denen ihr Schreiber seine Erfahrungen und Leiden, seine Betrachtungen und Gefühle ausbreitet. Nicht alles in diesem schmalen Buch kann der Briefschreiber berichten: die Katastrophe nicht und nicht den Selbstmord. So nimmt an gegebener Stelle der Herausgeber, der sich schon zu Anfang gemeldet hatte, wieder das Wort und schließt das Ganze mit berühmt gewordenen lakonischen Sätzen: „Um zwölfe mittags starb er. [...] Nachts gegen elfe ließ er [der Amtmann] ihn an die Stätte begraben, die er sich erwählt hatte. Der Alte folgte der Leiche und die Söhne. Albert vermocht's nicht. Man fürchtete für Lottens Leben. Handwerker trugen ihn. Kein Geistlicher hat ihn begleitet." (Goethe, Hamburger Ausgabe, Bd. 6, S. 124)

Die „Leiden des jungen Werthers", um sie handelt es sich ja, wurden Goethes größter Bucherfolg, in ganz Europa. Aber von Anfang an gab das Buch Anlass zu kritischen Fragen, zu Bedenken, zu Auseinandersetzungen. Man kann es von den ersten Rezensionen an verfolgen. [...]

Ich habe an die „Werther"-Rezeption erinnert, um an einem exemplarischen Fall Grundprobleme des Lesens zu veranschaulichen. Ich nenne jene Art des Lesens, vor der Goethe im Blick auf sein konfliktträchtiges Werk mit dem Ende der Selbstzerstörung warnt, identifikatorisches Lesen. Noch etwas theoretischer: Identifikatorisches Lesen heißt, die Aussagen eines Textes in ihrem ersten Verständnis anzunehmen und für den eigenen Lebensvollzug direkt zu aktualisieren. Identifikatorisches Lesen nimmt einen Text als Wahrsage, als Angebot zum Nachvollzug, als Aufforderung zur Nachfolge, als Anlass zur Unterwerfung unter seine Gefühle, Stimmungen, Gedanken, Handlungen. Identifikatorisches Lesen setzt die Gegenkraft des Lesenden außer Wirkung. [...]

Ich füge sogleich eine These an: Erziehung zu angemessenem Umgang mit Texten muss jenes identifikatorische Lesen vermeiden helfen. In dieser These stecken allerdings wertende Voraussetzungen. Sie zeigen sich in den Wörtern „angemessen" und dem fordernden „muss". Ich wage deshalb von Angemessenheit zu sprechen, weil ich als Axiom[2] die Mündigkeit des lesenden Bürgers setze, was nichts anderes besagt, als dass Mündigkeit darin besteht, Gegebenes, Vor-Geschriebenes, Vor-Gedeutetes nicht einfach hinzunehmen, sondern es einem Frageprozess auszusetzen, es in einen bewussten Dialog hineinzunehmen, in dem der Lesende fragende, diskutierende, widersprechende Gegenkräfte einsetzt. [...]

Wenn vom distanzierend kritischen Lesen gesprochen wird, so ist die Frage der Wertung und der Wertungskriterien im Spiel. Ich darf daher nicht versäumen, eine Antwort wenigstens anzudeuten. Es gibt eine aufschlussreiche Bemerkung Goethes über die Aufgaben, die er der „produktiven Kritik" zuweist: „Sie fragt: Was hat sich der Autor vorgesetzt? Ist dieser Vorsatz vernünftig und verständig? Und inwiefern ist es gelungen, ihn auszuführen?" Die größten Schwierigkeiten macht der mittlere Fragesatz. Denn um zu beurteilen, ob etwas „vernünftig und verständig" ist, muss ich ein Kriterium für das angeben, was vernünftig sei. Stellen wir diese Frage (ob der Vorsatz des Autors vernünftig und verständig sei) aber überhaupt nicht, sondern achten nur auf das gelungene oder nicht gelungene Funktionieren sprachlicher Äußerungen im Werk, in einer Redeart usw., dann müssten etwa Hitler- oder Goebbelsreden als Meisterstücke rhetorischer Kunst vorgeführt werden – und eben nur als das. Daher diese thesenhaften Sätze:

Im Umgang mit Sprache und ihren Verwirklichungen werden wir einzuschätzen haben, was Sprechende, Schriftsteller und ihre Werke an einem historischen Ort nach den dort gegebenen Möglichkeiten zu leisten vermochten und bewirkt haben, und zwar im Blick auf das, was Literatur zu ihrem bescheidenen Teil und auf unterschiedliche Weise zur humanen Entfaltung des Menschen und seiner Bedingungen beigetragen hat und beiträgt.

Aus: Karl Otto Conrady, Vom Lesen und seinen Schwierigkeiten. In: Bertelsmann Briefe (1978) 93. Gütersloh: Bertelsmann Verlag

---

[1] Erinnerung
[2] (ohne Beweis anerkannter, geforderter) Grundsatz

Zusatzmaterial 7

Wetzlar-Stadtplan[1]

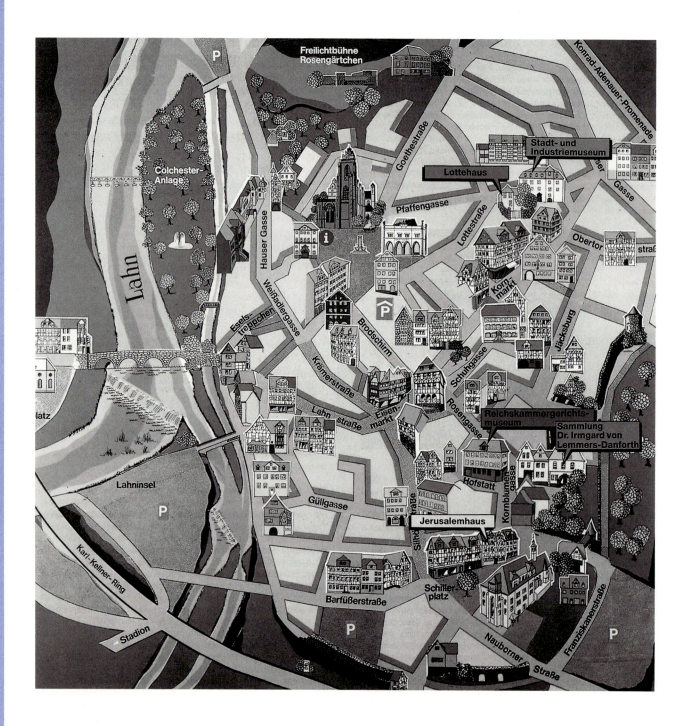

---
[1] Der Stadtplan ist zu finden unter: www.wetzlar-online.de/wzonline/rund/rund.htm bzw. unter www.google.de, Bildersuche, Eingabe „Wetzlar Stadtplan"

Theoretische Grundlegungen literaturwissenschaftlicher Verfahrensweisen

Geistesgeschichtliche Literaturwissenschaft[1]

Die Grundlage der geistesgeschichtlichen Literaturwissenschaft bildet Wilhelm Diltheys Abgrenzung der Geistes- von den Naturwissenschaften. Während die Naturwissenschaften kausale Zusammenhänge aufdecken, die zur Erklärung der Natur führen, suchen die Geisteswissenschaften den Sinn aller menschlichen Lebensäußerungen, der nur im *Verstehen* dieser Lebensäußerungen aufgedeckt werden kann. Anknüpfend an diese Definition der Aufgabe der Geisteswissenschaften entwickelt Dilthey den Begriff der *Hermeneutik,* der dann in der Literaturwissenschaft auf die Auslegung bzw. Interpretation von Texten angewendet wird: Der Interpret nähert sich schrittweise der angemessenen Deutung, indem er eine *hermeneutische Spirale* vollführt. Das Verständnis des Ganzen hat zur Voraussetzung, dass man die Einzelheiten verstanden hat – umgekehrt wirkt das Verständnis des Ganzen zurück auf die Deutung von Einzelheiten. Dementsprechend kann ein einzelnes dichterisches Werk übergreifend in einem großen Strom typischer Ideen und Sichtweisen einer Zeit gesehen werden, inter- und extratextuelle Bezüge werden zu Werken anderer Dichter, zur Philosophie, Theologie, Kunst usw. hergestellt. Solche Bezüge werden dann der hermeneutischen Spirale folgend fortwährend mit Einzelbeobachtungen am zu untersuchenden Text wechselseitig verbunden. Im engeren Sinne kann aber auch die werkimmanente Interpretation gemeint sein; Einzelbeobachtungen am Text setzt man dann – ebenfalls in einer hermeneutischen Spirale – immer wieder zum Textganzen in Beziehung.

Marxistische Literaturwissenschaft[2]

Die Philosophie des Marxismus, der dialektische und historische Materialismus, ist Ausgangspunkt dieses Ansatzes, der in der deutschen Literaturwissenschaft besonders in der ehemaligen DDR vertreten wurde. Einer der Hauptgedanken, der auf Karl Marx zurückgeht, lautet, dass nicht das Bewusstsein (der Geist) der Menschen ihr gesellschaftliches Sein bestimme, sondern umgekehrt das Sein das Bewusstsein. Alle Weisen des geistigen Lebens sind abhängig von gesellschaftlichen Verhältnissen; diese werden als Produktionsverhältnisse verstanden, die sich dem Willen des Menschen entziehen. Das Ziel der Geschichte besteht darin, diese durch den Arbeitsprozess begünstigte Entfremdung des Menschen von seiner Arbeit bzw. von sich selbst aufzuheben.
Literatur wird als Produkt menschlicher Arbeit aufgefasst; sie hat Anteil am gesamtgesellschaftlichen Prozess, indem sie die bestehenden Verhältnisse deutend erfasst (widerspiegelt) und auf sie einwirkt. Ist dies nicht der Fall, handelt es sich nicht um progressive Literatur, sondern um ideologische Konstrukte, die der Verschleierung der ausbeuterischen Herrschaftsverhältnisse in der Gesellschaft dienen. Dementsprechend versteht sich der marxistische Literaturwissenschaftler als Gesellschaftswissenschaftler, betrachtet Literatur im dialektisch-materialistischen Sinne als Produkt von Arbeit, beschreibt die abgebildeten Zeitumstände und Lebensumstände, bestimmt die in dem literarischen Werk erlangte Entwicklungsstufe des Menschen in Richtung der klassenlosen Gesellschaft, fragt nach dem gesellschaftlichen Verwertungszusammenhang von Literatur und deckt ggf. herrschaftsstabilisierende Ideologie (auch in der Rezeption des Werkes) auf.

Psychoanalytische Literaturwissenschaft[3]

Es gibt drei Hauptanwendungsbereiche psychoanalytischer Methoden in der Literaturwissenschaft: Zuerst die *Erforschung der Dichterpersönlichkeit,* die sich neben den historischen vor allem den psychischen Einflüssen und Einschränkungen der Biografie widmet; Sigmund Freud setzte in seiner Abhandlung „Die Traumdeutung" den Maßstab für diese Richtung. Der literarische Text wird als Ort aufgefasst, an dem regressive Wünsche zur Sprache kommen, als Kompromissbildung zwischen Fantasie (als der vorgestellten Befriedigung unbewusster Wünsche) und Abwehr (der Verkleidung und Bestrafung dieser Wünsche). Das, was also nach Freud grundlegend für die Traumdeutung ist, wird auch zur Literaturdeutung verwendet. Die Traumarbeit wird strukturell mit der dichterischen Fantasie gleichgesetzt.
Die *Rezeptionsforschung* vermutet beim Leser ähnliche psychische Prozesse wie die, die zur Ausarbeitung eines literarischen Werkes durch einen Autor geführt haben. Sowohl dem Autor als auch dem Leser sind diese Prozesse jedoch nicht bewusst.
Die dritte psychoanalytische Anwendung bezieht sich auf die *Werkinterpretation;* während die psychologisch-biografische und rezeptionsorientierte Analyse auf extratextuelle Bezüge abzielen, nimmt diese Anwendung das Werk bzw. den Text selbst in den Blick. Der Psychoanalytiker Jacques Lacan hat Freuds Theorie unter Berücksichtigung neuerer Erkenntnisse der Sprachwissenschaft weiterentwickelt, sodass es nunmehr um die Frage geht, wie sich ein psychischer Konflikt in der Werkstruktur niederschlägt. Im Vordergrund solcher Interpretationen stehen meist die familiären Bedingungen (besonders die Rollen des Vaters und der Mutter), unter denen der Protagonist heranwächst und die seine Existenz prägen.

Historisch-kritische Literaturwissenschaft[4]

„Literarische Werke sind weder zeitlos noch zeitgebunden, sie sind geschichtlich. Der Sinn der Geschichte ist der Mensch; der Sinn des Menschen ist seine Freiheit."[5]
– So lautet der Grundsatz der historisch-kritischen Lite-

---

[1] Vgl. Jank/Meyer, Didaktische Modelle, S. 110ff. Ferner: Biermann/Schurf, Texte, Themen und Strukturen. S. 474f.
[2] Vgl. Oellers, Marxistische Literaturtheorie, S. 224–250
[3] Vgl. Gallas, Psychoanalytische Positionen, S. 593–605
[4] Ausführliche Darstellung dieser Position: Herbert Kraft, Historisch-kritische Literaturwissenschaft, Münster 1999
[5] Herbert Kraft, Historisch-kritische Literaturwissenschaft, S. 12

raturwissenschaft. Literarische Werke sind deswegen nicht zeitlos, weil sich ihre Bedeutungen verändern können, je nach den historisch-gesellschaftlichen Bedingungen und den jeweiligen Interessenlagen des Lesers. Sie sind aber auch nicht (ausschließlich) zeitgebunden, da literarische Werke nicht nur die Zeitumstände, in denen sie entstanden sind, abbilden, sondern auch über sich hinausweisen als Vorausbilder ihrer Zeit und der nachfolgenden Zeiten.

Dieser formale Grundsatz ist inhaltlich mit einer entschieden gesellschaftskritischen Ausrichtung verbunden, denn die historisch-kritische Literaturwissenschaft hat sich im Rahmen der 68er-Bewegung unter dem Einfluss der sogenannten Kritischen Theorie herausgebildet, deren Hauptvertreter Max Horkheimer und Theodor W. Adorno waren; die Philosophie Ernst Blochs gehört ebenfalls dazu. Die so ausgerichtete (neomarxistische) Gesellschaftstheorie gibt die Perspektive vor, unter der literarische Texte interpretiert werden; die Interpretation verfährt dann in der Weise, dass unter Zuhilfenahme der etablierten Methoden der Textanalyse (Erzähltextanalyse, Metrik, Rhetorik, Motivgeschichte, Intertextualität usw.) die literarischen Werke in ihrer ästhetischen Struktur analysiert werden, wobei die auf diesem Wege gewonnenen Erkenntnisse hinsichtlich ihres gesellschaftskritischen Potenzials befragt werden. Dabei darf jedoch nicht lediglich schematistisch unterschieden werden zwischen literarischen Werken mit gesellschaftskritischem Potenzial auf der einen Seite und trivialen, das Bestehende nur abbildenden oder bestärkenden Werken auf der anderen Seite (so verfährt etwa die marxistische Literaturinterpretation), sondern es kommt auf die kritische Interpretation sowohl der ästhetischen als auch der damit verbundenen geschichtlichen Strukturen an. Es muss in jedem Fall nach den konkreten Entstehungsbedingungen gefragt werden, die dem Kunstwerk anhaften und in seinen Brüchen und Widersprüchlichkeiten deutlich werden, und nach den Bedingungen, die die Erkenntnis des heutigen Rezipienten bestimmen. Eine solche Interpretation findet dann am Modell des Kunstwerks heraus, wie Menschen in der Gesellschaft unterdrückt werden; sie findet es heraus, indem sie beschreibt, wessen Freiheit nicht zugelassen wird zum Vorteil anderer. Nach Adornos „Ästhetischer Theorie" vermittelt Kunst nämlich als Widerspruch zur bestehenden (gesellschaftlichen) Wirklichkeit in Form einer *negativen Utopie* historisches Bewusstsein, macht das Unbewusste bewusst und zeigt im Vergleich mit der gegenwärtigen (ebenfalls historischen) Position des Rezipienten auf, welche Veränderungen möglich wären und welche noch nicht verwirklicht sind.

Poststrukturalistische Literaturwissenschaft[1]

Die sogenannte dekonstruktive Lektüre von literarischen Texten kann als beispielhaft für die poststrukturalistische Richtung der Literaturwissenschaft angesehen werden. Grundlegend für die Dekonstruktion nach Jacques Derrida, einem der wichtigsten Vertreter dieser Richtung, sind zunächst die aus der Anfang des 20. Jahrhunderts entwickelten Theorie des sprachlichen Zeichens stammenden Kategorien des *Signifikats* (Bezeichnetes/Zeichenbedeutung) und des *Signifikanten* (Bezeichnendes/Zeichenträger). Die abendländische Zentrierung auf das Signifikat, also auf eine zentrale (auch transzendentale) Größe, die nicht nur in der Sprach- und Literaturwissenschaft, sondern auch in anderen Disziplinen, etwa in Philosophie und Theologie, wahrnehmbar ist, wird von Derrida zugunsten der *Dezentrierung* negiert. Das zentrierte Denken zeige sich etwa in religiösen Weltbildern als die Vorstellung von ‚Gott', der als transzendentales Signifikat die Welt zentriert, in der Philosophie im Konzept des autonomen Subjekts als Ursprung der Welterschließung und in der Literaturwissenschaft in der Annahme von dem einen ‚Sinn' eines Textes; solches Denken wird mit dem Begriff *Logozentrismus* benannt. Derrida hat als Gegenposition dazu im Sinne der Dekonstruktion die *Grammatologie,* die Wissenschaft von der Schrift entwickelt, die sich mit der Differenz (Derrida verwendet das Kunstwort *différance*) zwischen einer Äußerung und deren Sinn auseinandersetzt. Durch diese Differenz, die durch den Einsatz eines fremden, depersonalisierten (Schreib-)Mediums deutlich werde, entsteht nach Ansicht dieses Wissenschaftlers und seiner Anhänger in der Schrift eine fortlaufende Verschiebung von Bedeutungen, sodass keine bestimmte Bedeutung mehr auszumachen, sondern lediglich die Offenheit, der Spielcharakter des Werkes nachweisbar ist. Dekonstruktive Lektüre heißt dann, Literatur gegen den Strich zu lesen, sie subversiv [„zerstörend"] auszulegen. Besonders müssen die in dem literarischen Werk enthaltenen *widersprüchlichen Bedeutungskräfte,* die *Intertextualität*, durch die ein Einzeltext erst konstituiert wird, sowie die Tendenz der Texte, die eigene Bedeutungskonstruktion durch die Art und Weise ihrer sprachlichen Präsentation letztlich selbst wieder zu dekonstruieren, Zeichen für ihre *Selbstreferenzialität* also, aufgedeckt werden. Gegenstand solcher Untersuchungen ist die *Schrift* – gemeint ist der Text, der nicht vom Autor kontrolliert wird und nicht einem von diesem intendierten Sinn untersteht. Die solchermaßen beständige Irritation der Lesbarkeit der Texte als negativen Prozess aufzuzeigen ist Aufgabe dekonstruktiver Lektüre.

Eignen Sie sich die betreffende literaturwissenschaftliche Position an und überlegen Sie, worin die besondere Leistung des Ansatzes besteht und welche Einwände man gegen diesen erheben könnte. Bestimmen Sie einen Gruppensprecher, der den Ansatz mit Ihren kritischen Überlegungen in Form eines Kurzvortrages im Plenum vorstellt.

---

[1] Die vorliegende Zusammenfassung ist eine gekürzte Fassung der folgenden Darstellung: Hendrik Madsen, Dekonstruktion im Kohelet-Buch, S. 281–286. Siehe auch: Detlef Kremer, Text und Medium, in: Barbara Sabel, André Bucher (Hg.), Der unfeste Text. Perspektiven auf einen literatur- und kulturwissenschaftlichen Leitbegriff, Würzburg 2001, S. 23–53

Klausurvorschläge

1. Analyse des ersten „Werther"-Briefs
Analysieren Sie den Brief vom 4. Mai (S. 7–9) in Bezug auf seine Funktion als eine Art Exposition des Romans.

Zum Begriff Exposition: „Erster, einführender Teil eines literarischen Werkes, in dem der Rezipient mit Ort, Zeit, wichtigen Personen sowie mit den zentralen Motiven bekannt gemacht wird."

Dietrich Homberger, Lexikon Deutschunterricht. Sprache – Literatur – Didaktik und Methodik, Stuttgart, Düsseldorf, Leipzig: Ernst Klett Verlag 2002, S.132

Der Brief vom 4. Mai wird in dem vorliegenden Unterrichtsmodell im Zusammenhang mit Arbeitstechniken (Baustein 1.3) und der Kommunikationsstruktur des Romans (Baustein 2.1) behandelt, kann also nur dann als Grundlage der Klausur gewählt werden, wenn er nicht Gegenstand des Unterrichts war, weil sonst nur eine reorganisierende Leistung möglich ist.

2. Analyse eines „Werther"-Briefs
Analysieren Sie den Brief „am 15. Sept." (S. 87–89) unter Berücksichtigung des Romankontextes.

Der Brief steht thematisch in Zusammenhang mit der Bedeutung der Natur (Baustein 4) und der Gesellschaftskritik im „Werther" (Baustein 5).
Erwartet wird zunächst eine Kennzeichnung des Gegenstandes/Themas und (durch Textwiedergabe und/oder Gliederung) des Inhalts sowie der Intention des Textes: Werther gibt seiner Empörung über die Abholzung der Nussbäume im Pfarrhof Ausdruck, die er zu „dem wenigen" zählt, was „auf Erden […] noch was wert ist", und kritisiert die Seelenlosigkeit der Verantwortlichen, insbes. das Nützlichkeitsdenken der Pfarrfrau (implizit auch die aufklärerische Theologie) und indirekt die ökonomischen Interessen der Herrschenden (Schulze/Pfarrer, Kammer/Fürst), aber auch die resignierende Passivität der Dorfbewohner. Die Empörung ist nicht nur mit teilweise wütender Kritik, sondern auch mit Rachegefühlen und Schadenfreude verbunden. Der Bearbeiter der Aufgabe sollte in der Textbeschreibung herausarbeiten, dass für Werthers Brief der subjektive Stil kennzeichnend ist, der unmittelbaren Einblick in die Gemütslage der Perspektivfigur gestattet, deren emotionales Engagement im Satzbau ebenso fassbar ist wie in der Wortwahl. Der Ausdrucksfunktion sind fast alle sprachlichen Mittel untergeordnet. Auch wenn rhetorische Figuren verwendet werden, dienen sie als Mittel der „natürlichen", scheinbar alltagssprachlichen Gefühlsäußerung. Hervorzuheben sind in dieser Hinsicht die Ausrufesätze, die den Sachverhalt mit innerer Anteilnahme zum Ausdruck bringen, die Spitzenstellung des Personalpronomens „ich" als Ausdruck der Subjektivität, Ellipsen bzw. die Aposiopese (S. 89, Z. 7f.), Interjektionen, Wiederholungen und Häufungen, die die zunehmende Intensität des Gefühls ausdrücken. Bei der Einordnung der Textstelle in den Romanzusammenhang, die zu einer vertieften Textdeutung führt, ist neben der äußeren Handlung zu berücksichtigen, dass die Nussbäume bereits im Brief vom 1. Juli (im Zusammenhang mit dem Bericht über den Besuch beim alten Pfarrer) erwähnt werden, während die zweite Erwähnung zu einem Zeitpunkt erfolgt, als Werthers Leiden sich bereits ihrem Ende entgegenneigen. An der in diesem Brief dargestellten Episode wird deutlich, dass für die Empfindsamkeit und Naturschwärmerei Werthers in einer auf Rationalität und Naturausbeutung ausgerichteten Wirklichkeit kein Platz ist. Mit dem Abholzen der Bäume wird erkennbar, welche Haltung sich durchsetzen wird; darüber hinaus spiegelt es Werthers innere Verfassung wider und übernimmt die Funktion einer indirekten Vorausdeutung (auf seinen gewaltsamen Tod).

3. Auseinandersetzung mit einem Goethe-Brief – Argumentation unter Vorgabe einer Kommunikationssituation
Setzen Sie sich in einem Brief an Goethe mit seinem Schreiben an Graf Bühl vom 23.10.1828 auseinander, indem Sie die Äußerung des späten Goethe in eine vergleichende Beziehung zu seinem frühen Roman „Die Leiden des jungen Werthers" bringen.

„Betrachten wir uns in jeder Lage des Lebens, so finden wir, dass wir äußerlich bedingt sind vom ersten Atemzug bis zum letzten; dass uns aber jedoch die höchste Freiheit übrig geblieben ist, uns innerhalb unsrer selbst dergestalt auszubilden, dass wir uns mit der sittlichen Weltordnung in Einklang setzen und, was auch für Hindernisse sich hervortun, dadurch mit uns selbst zum Frieden gelangen können. Dies ist bald gesagt und geschrieben, steht aber auch nur als Aufgabe vor uns, deren Auflösung wir unsere Tage durchaus zu widmen haben. Jeder Morgen ruft zu, das Gehörige zu tun und das Mögliche zu erwarten."

Die Bearbeitung dieser Aufgabe setzt die Reflexion des Verhältnisses von Welt bzw. Gesellschaft und Individuum (vgl. Baustein 4.3 und 5.3), die Behandlung der Selbstmord-Problematik im „Werther" (Baustein 6) und Kenntnisse des biografischen Roman-Hintergrundes (Baustein 7) voraus.

4. Vergleich / Erörterung zeitgenössischer Rezeptionsdokumente
Analysieren und vergleichen Sie die beiden zeitgenössischen Dokumente aus dem Jahr 1775 in Bezug auf die Rezeption des „Werther"-Romans. Der erste Textauszug stammt von Christian Ziegra, Magister der Philosophie und Kanonikus an der Domkirche zu Hamburg, der zweite wurde anonym veröffentlicht.

Zusatzmaterial 9

Zu den Schriften, welche der Hr. Verf. als sichtbare Beyspiele der Ausbrüche des Verderbens unsrer Zeiten anführt, rechnen wir billig noch die Leiden (Narrheiten u. Tollheiten, solte es heissen) des jungen Werthers, einen Roman, welcher keinen andern Zweck hat, als das schändliche von dem Selbstmorde eines jungen Witzlings, den eine närrische und verbotene Liebe, und eine daher entsprungene Desparation zu dem Entschlusse gebracht haben, sich die Pistole vor den Kopf zu setzen, abzuwischen, und diese schwarze That als eine Handlung des Heroismus vorzuspiegeln, einen Roman, der von unsern jungen Leuten nicht gelesen sondern verschlungen wird [...].

Alles dieses wird mit einer, die Jugend hinreissende Sprache, ohne die geringste Warnung oder Misbilligung erzählt: vielmehr schimmert die Zufriedenheit und Achtung des Verfassers für seinen Helden allenthalben durch. Natürlich kann die Jugend keine andre als diese Lehren daraus ziehen: Folgt euren natürlichen Trieben. Verliebt euch, um das Leere eurer Seele auszufüllen. Gaukelt in der Welt herrum; will man euch zu ordentlichen Berufsgeschäften führen, so denket an das Pferd, das sich unter den Sattel bequemte, und zu schanden geritten wurde. Will es zuletzt nicht mehr gehen, wohlan ein Schuß Pulver ist hinlänglich aller eurer Noth ein Ende zu machen. Man wird eure Grosmuth bewundern, und den Schönen wird euer Name heilig seyn. [...]

Und keine Censur hindert den Druck solcher Lockspeisen des Satans? Die Verleger haben den Muth, ihren Namen auf dieselben zu setzen. Die Zeitungsposaunen geben den höchsten Thon zu ihrem Lobe an.

Christian Ziegra, in: Freywillige Beyträge zu den Hamburgischen Nachrichten aus dem Reiche der Gelehrsamkeit. Hamburg, 1775, 21. März. Zitiert nach: Julius W. Braun, Goethe im Urtheile seiner Zeitgenossen (1773–1786), Hildesheim: Georg Olms Verlagsbuchhandlung 1969, Band I, S. 87, 89f.

Wir wünschten recht sehr, zum Besten der Menschheit, daß man den albernen Begrif, als wenn Bücher gefährlich seyn könnten, ablegte. Er ist für den Fortgang der Wissenschaften höchst verderblich, gebiert die Büchercensuren, und erstikt dadurch, und durch die Verfolgungen, die er gegen alle von den angenommenen Meinungen abgehende Menschen veranlast, allen Untersuchungsgeist. [...]

In der That, es gehören besondre Umstände, eine ganz besondre, einem Krankheitszustande sehr ähnliche Gemüthsbeschaffenheit dazu, um den desperaten Entschlus zu fassen, sich selbst zu entleiben [...]. Und so eine Gemüthsbeschaffenheit bringt kein Buch hervor. Wir halten in allen solchen Sachen sehr viel auf Thatsätze, und wir haben nicht gehört, daß sich ein einziger Mensch mehr als sonst, seit diesem Buche, in Deutschland ermordet hätte. Zwar haben wir von Gecken gehört, die Werthers That schön gefunden haben, die gesagt haben, wenn es ihnen so gienge, würden sie es auch so machen; die wol gar gesagt haben, sie wolten sich todt schießen. Allein das waren Gecken. Werthers That schön finden, heist offenbar gestehen, man verstehe das Buch gar nicht; denn es ist, als wenn man fände, daß es von einem Steine, den man aus der Hand wirft, schön gethan sey, wenn er auf die Erde fält: und was das Nachahmen derselben anbetrifft, so hätten wir diesen kleinen Wertherchen alle Wände vol geladener Pistolen hängen lassen, und doch dafür haften wollen, daß sie sich selbst kein Leid anthun würden.

Weg also mit dem Geschwäz: Werthers Leiden lehren den Selbstmord. Zudem lobt und vertheidigt der Verf. nirgend seines Helden That.

Anonym in: Auserlesene Bibliothek der neuesten deutschen Litteratur. Lemgo 1775, 8. Band. Zitiert nach: Braun, a.a.O., S. 150, 152f.

Die Voraussetzungen zur Bearbeitung der Texte werden mit Baustein 9 geschaffen, der sich auf Grundzüge der Rezeptionsbedingungen im 18. Jahrhundert und verschiedene zeitgenössische Rezeptionsdokumente (mit deren differenzierter Analyse) bezieht und in engem Zusammenhang mit Baustein 6 steht (Selbstmord-Problematik). Die beiden Textauszüge eignen sich wegen der gegensätzlichen Positionen gut für einen Textvergleich. Der Ziegra-Text, der der Rezension von Goeze nahe steht (vgl. S. 184f. im Anhang der Textausgabe), kann auch als Grundlage für eine Erörterung dienen (vgl. S. 215ff. im Anhang der Textausgabe sowie Baustein 9.2).

5. Analyse einer literarischen „Werther"-Rezeption in einem Roman unserer Zeit

Analysieren Sie die Textstelle aus dem (im Jahr 2002 erschienenen) Roman „Dies ist kein Liebeslied" von Karen Duve in Bezug auf die Rezeption des „Werther"-Romans durch die Ich-Erzählerin.

In der Woche darauf fing ich in der Schule einen Brief an: „Lieber Peter", schrieb ich, „es ist kurz vor zehn. Wir müssen in einer dreistündigen Deutscharbeit ‚Die Leiden des jungen Werther' interpretieren. Die ersten beiden Stunden sind schon rum. Und wenn es noch des Beweises bedürfte, was es gewiss nicht tut, wenn es also noch des Beweises bedürfte, dass dieses Buch nicht für meine Mitschüler geschrieben wurde, so ist er hiermit erbracht. Sie haben sich über ihre Hefte gebeugt und ohne zu fühlen, ohne zu zaudern, losgelegt. Neben mir malt Doris ihre kreisrunden Kinderbuchstaben ins Heft, Volker Meyer isst einen Apfel, und beide sind so himmelweit von Liebe und Leid entfernt, dass Doris bestimmt eine Eins und Volker eine Drei bekommen wird. Vermutlich schreiben sie, dass der Autor Gesellschaftskritik übt, das ist ja immer schon die halbe Miete. Aber Goethe übt gar keine Gesellschaftskritik. Goethe findet sich selber klasse, das ist sein Problem. Ständig ist sein Werther von sich selbst gerührt, wie intensiv er doch fühlt, und wie edel er handelt, und wie gut er doch mit Kindern umgehen kann, und wie gütig und selbstverständlich er mit Leuten spricht, die unter seinem Stand sind. Na, vielleicht lässt sich daraus eine Gesellschaftskritik drechseln. Auf seine Empfindsamkeit tut Werther sich am meisten zugute. Jedesmal, wenn er gerade wieder so wunderbar tief empfindet oder bewiesen hat, was für ein herzensguter und sensibler Mensch er ist, muss er das brühwarm seinem allerliebsten Freund Wilhelm schreiben. Diesen Freund nennt er in den Briefen ‚Schatz', und einmal schreibt er was von ‚liebelispelnden Lippen'. Grundgütiger! Beimer wird natürlich wieder alles auf die Zeit schieben. Damals hätte man sich eben so ausgedrückt. Aber ich finde, dass Goethe sehr wohl die Verantwortung für sein empfindsames Gewinsel trägt. Ist eine Zeit widerwärtig, so muss man sich eben gegen sie stellen. Die ekelhafteste Stelle ist, wie das verhinderte Liebespaar in der Terrassentür steht, zuschaut, wie ‚der herrliche Regen' auf das Land ‚säuselt', und sie dann bloß ‚Klopstock' sagt und er sofort weiß, was sie meint. Was für ein zickiger, eingebildeter Sack, dieser Werther! Und dennoch – als er anfing von seiner Liebe und seinem Unglück zu sprechen, da war mir, als sähe ich in mein eigenes Herz. Es spricht so klar und wahr und traurig. Ich verstehe vollkommen, was Goethe meint. Ich weiß jetzt auch, was ich schreiben müsste, damit Beimer es gut findet. Bloß sind diese beiden Dinge nicht miteinander vereinbar. Statt dessen also schreibe ich dir diesen Brief. Er ist ganz ohne Hoffnung, denn was könnte ich schon für Argumente nennen, die deine Gefühle für mich änderten. So etwas hat noch kein Argument vermocht. Es ist in der Welt nichts Lächerlicheres erfunden worden als meine Liebe zu dir, und doch kommen mir darüber oft die Tränen…"

An dieser Stelle brach ich den Brief ab und zerriss ihn unter der Tischplatte in kleine Fetzen. Ich konnte nichts daran ändern, dass ich wie ein Idiot fühlte, aber deswegen brauchte ich mich ja nicht auch noch wie einer aufzuführen. Mein Ohr tat weh. Die Sicherheitsnadel hatte ich inzwischen herausgenommen und durch einen normalen Ohrring mit einer Schraubenmutter als Hänger ersetzt, aber mein Ohrläppchen war immer noch nicht ganz abgeschwollen. Ich kühlte es mit den Fingerspitzen. Seit ich täglich eine Packung Zigaretten rauchte, hatte ich stets angenehm kalte Hände. Am Ende der Stunde schrieb ich meinen Namen rechts oben auf ein leeres Blatt und gab es ab. Ich hatte aber nicht viel Hoffnung, dass Beimer begreifen würde, dass ein leeres Blatt dem Thema angemessener war als jede noch so ausgefeilte Interpretation.

Karen Duve, Dies ist kein Liebeslied. Roman. Frankfurt am Main:
© Eichborn AG, Frankfurt am Main, 2002, S. 162–164

Im Kontext der literarischen Wirkungen des „Werther" (Baustein 10) werden Romane des 20. Jahrhunderts behandelt, in denen auch die „Werther"-Rezeption durch eine Figur von Bedeutung ist (vgl. z.B. die „Werther"-Rezeption in Plenzdorfs Roman, Arbeitsblatt 13 a–c: Info-, Prüf- und Übungsstation 6.). Aber auch ohne diese Voraussetzungen ist die Aufgabe zu bewältigen. Es würde für eine sehr gute Textkenntnis des Bearbeiters der Aufgabe sprechen und seine Leistung erheblich steigern, wenn er bemerkt, dass die Erzählerin den Brief an einer Stelle abbricht, an der sie Werther fast wörtlich zitiert, und diese Tatsache deutet. Vgl. „Werther": „Es ist in der Welt nichts Lächerlicheres erfunden worden als dieses Verhältnis, und doch kommen mir drüber die Tränen […]." (S. 49, Z. 20f.)

Literaturverzeichnis

Theodor W. *Adorno,* Ästhetische Theorie, hg. von Gretel Adorno und Rolf Tiedemann, Frankfurt a. M.: Suhrkamp, 14. Auflage 1998

Theodor W. *Adorno,* Minima moralia. Reflexionen aus dem beschädigten Leben, Frankfurt am Main: Suhrkamp 2001, S. 165

Richard *Alewyn,* „Klopstock!", in: Euphorion, 73. Band (1979)

Reinhard *Assling,* Werthers Leiden. Die ästhetische Rebellion der Innerlichkeit, Frankfurt/M.: Verlag Peter Lang 1981

Stuart *Atkins,* The Testament of Werther in Poetry and Drama, Cambridge/Mass 1949

Roland *Barthes,* Fragmente einer Sprache der Liebe, übersetzt von Hans-Horst Henschen, Frankfurt am Main: Suhrkamp 1988

Ernst *Beutler,* Das ertrunkene Mädchen, in: Essays um Goethe, Bd. 1, Leipzig 1941, S. 124–134

Heinrich *Biermann*/Bernd Schurf (Hg.), Texte, Themen und Strukturen. Deutschbuch für die Oberstufe, Berlin: Cornelsen Verlag 1999

Stefan *Blessin,* J. W. Goethe. Die Leiden des jungen Werthers. Grundlagen und Gedanken. Erzählende Literatur. Diesterweg Verlag Braunschweig in der Bildungshaus Schulbuchverlage Westermann Diesterweg Schöningh Winklers GmbH

Julius W. *Braun,* Goethe im Urtheile seiner Zeitgenossen (1773–1786), Hildesheim: Georg Olms Verlagsbuchhandlung 1969, Bd. I

Hans Dieter *Burkert,* Gymnasium und Gymnasialität. Aspekte einer Gymnasialpädagogik, Essen: Die Blaue Eule 1994

Karl Otto *Conrady,* Vom Lesen und seinen Schwierigkeiten. In: Bertelsmann Briefe (1978) 93. Gütersloh: Bertelsmann Verlag

Duden. Grammatik der deutschen Gegenwartssprache, 2., vermehrte und verbesserte Auflage, Mannheim 1966

Karen *Duve,* Dies ist kein Liebeslied. Roman. Frankfurt am Main: Eichborn Verlag 2002

Jürgen *Förster,* ‚mich dünkt, man kann es mit Händen greifen'. Literarische Erfahrung im Referenzkontext des Mediums Schrift. Goethe, „Die Leiden des jungen Werther". 1774, in: Klaus-Michael Bogdal/Clemens Kammler, (K)ein Kanon. 30 Schulklassiker neu gelesen, München: Oldenbourg 2000

Erich *Fromm,* Die Kunst des Liebens. Aus dem Amerikanischen von Liselotte und Ernst Mickel, München: Econ Taschenbuch Verlag, 57. Auflage 2000

Helga *Gallas,* Psychoanalytische Positionen, in: Helmut Brackert, Jörn Stückrath (Hg.), Literaturwissenschaft. Ein Grundkurs, Reinbek bei Hamburg: Rowohlt, 6., erweiterte und durchgesehene Auflage 2000, S. 593–605

Goethes Werke. Hamburger Ausgabe in 14 Bänden, hrsg. von Erich Trunz, Bd. 9, München: C.H. Beck 10., neubearb. Auflage 1981

Herbert *Gudjons,* Frontalunterricht – neu entdeckt. Integration in offene Unterrichtsformen, Bad Heilbrunn: Klinkhardt 2003

Edgar *Hein,* Johann Wolfgang Goethe. Die Leiden des jungen Werthers, München: Oldenbourg 1997

Arnold *Hirsch,* Die Leiden des jungen Werthers. Ein bürgerliches Schicksal im absolutistischen Staat, in: Etudes germaniques 13 (1958)

Dietrich *Homberger,* Lexikon Deutschunterricht. Sprache – Literatur – Didaktik und Methodik, Stuttgart, Düsseldorf, Leipzig: Ernst Klett Verlag 2002

Helmuth *Hör* in: Reclams Romanführer, Band 1: Deutsche Romane und Novellen von Grimmelshausen bis Thomas Mann, hg. von Johannes Beer, Stuttgart: Reclam 5. Auflage 1974

Karl *Hotz,* Goethes „Werther" als Modell für kritisches Lesen. Materialien zur Rezeptionsgeschichte, Stuttgart: Ernst Klett 1974. (= Literaturwissenschaft – Gesellschaftswissenschaft)

Werner *Jank*/Hilbert Meyer, Didaktische Modelle, Berlin, 3. Auflage 1991

Sabine *Janssen,* Ein empfindsamer Rebell wurde vor 225 Jahren zur Kult-Figur, in: Rheinische Post vom 9.8.1999, Nr. 183

Clemens *Kammler,* Neue Literaturtheorien und Unterrichtspraxis. Positionen und Modelle, Hohengehren: Schneider Verlag 2000

Klassik. Erläuterungen zur Deutschen Literatur, 8. Auflage, Berlin (Ost) 1978

Rainer *Könecke,* Stundenblätter „Die Leiden des jungen Werthers" und die Literatur des Sturm und Drang, Stuttgart, Düsseldorf, Leipzig: Ernst Klett Verlag 2004

Eduard *Korrodi,* Goethe im Gespräch, Zürich: Manesse Verlag 1944

Herbert *Kraft,* Historisch-kritische Literaturwissenschaft, Münster: Aschendorff 1999

Herbert *Kraft,* Editionsphilologie, zweite neubearbeitete und erweiterte Auflage mit Beiträgen von Diana Schilling und Gerd Vonhoff, Frankfurt am Main: Peter Lang 2001

Jürgen *Kreft,* Grundprobleme der Literaturdidaktik, Heidelberg 1977

Detlef *Kremer,* Text und Medium, in: Barbara Sabel, André Bucher (Hg.), Der unfeste Text. Perspektiven auf einen literatur- und kulturwissenschaftlichen Leitbegriff, Würzburg: Königshausen und Neumann 2001, S. 23–53

Reiner *Kunze,* Zimmerlautstärke, Frankfurt/M.: S. Fischer 1977

Georg *Lukács,* Goethe und seine Zeit, Bern 1947

Hendrik *Madsen,* Dekonstruktion im Kohelet-Buch – Anregungen zu einem interdisziplinären Dialog, in: Biblische Zeitschrift, Jahrgang 47, Heft 2 (2003), S. 281–286

Rainer *Madsen,* Kreuzworträtsel zur Literatur, Frankfurt/M.: Diesterweg 1989

Thomas *Mann,* Goethe's „Werther", in: Thomas Mann. Werke. Taschenbuchausgabe in acht Bänden, hg. von Hans Bürgin, 2. Bd., Frankfurt am Main: Fischer 1968, S. 338–350

Wolfgang *Mattes,* Methoden für den Unterricht. 75 kompakte Übersichten für Lehrende und Lernende, Paderborn: Schöningh Verlag 2002

Hilbert *Meyer,* Unterrichtsmethoden. II: Praxisband, Frankfurt am Main: Scriptor 1987

Stefan *Neuhaus,* Warum Werther sterben musste, in: Literatur in Wissenschaft und Unterricht, 35,4 (2002)

Norbert *Oellers,* Marxistische Literaturtheorie, in: Dieter Gutzen, N. O., Jürgen H. Petersen, Einführung in die neuere deutsche Literaturwissenschaft. Ein Arbeitsbuch; Berlin: 3., veränderte und erweiterte Auflage, 1979, S. 224–250

Almut *Peren-Eckert* und Bettina Greese, Unterrichtsmodell. „Max Frisch, Homo faber", hg. von Johannes Diekhans, Paderborn: Schöningh 2000 (= EinfachDeutsch)

Jürgen H. *Petersen,* Erzählform, Erzählverhalten, in: Dieter Gutzen, Norbert Oellers, J. H. P., Einführung in die neuere deutsche Literaturwissenschaft. Berlin: Erich Schmidt Verlag, 5. Auflage 1984

Gerhard *Plumpe,* Kein Mitleid mit Werther, in: Systemtheorie und Hermeneutik, hg. von Hank de Berg/Matthias Prangel, Tübingen, Basel: Francke 1997

Richtlinien für die gymnasiale Oberstufe in Nordrhein-Westfalen. Deutsch, hg. vom Kultusminister des Landes Nordrhein-Westfalen. Köln: Greven Verlag 1982

Richtlinien und Lehrpläne für die Sekundarstufe II – Gymnasium/Gesamtschule in Nordrhein-Westfalen. Deutsch, hg. vom Ministerium für Schule und Weiterbildung, Wissenschaft und Forschung des Landes Nordrhein-Westfalen, Frechen: Ritterbach Verlag 1999

Werner *Riedel*/Lothar *Wiese,* Klausur- und Abiturtraining Deutsch 1. Einführung in den Roman, Köln: Aulis Verlag Deubner & Co KG 1994

Joachim *Ritter,* Landschaft. Zur Funktion des Ästhetischen in der modernen Gesellschaft, in: J. R., Subjektivität. Sechs Aufsätze, Frankfurt am Main: Bibliothek Suhrkamp 379 1974

Kurt *Rothmann,* Erläuterungen und Dokumente. Johann Wolfgang Goethe, Die Leiden des jungen Werthers, Stuttgart: Philipp Reclam jun. 1987

Klaus *Scherpe,* Werther und Wertherwirkung. Zum Syndrom bürgerlicher Gesellschaftsordnung im 18. Jahrhundert, Bad Homburg v.d.H. / Berlin / Zürich: Verlag Dr. Max Gehlen 1970

Literaturverzeichnis

Friedrich *Schiller,* Der Verbrecher aus verlorener Ehre. Eine wahre Geschichte, hg. v. Johannes Diekhans, erarbeitet, mit Anmerkungen und Materialien versehen von Hendrik Madsen und Rainer Madsen, Paderborn: Schöningh 2000

Helmut *Schmiedt,* Woran scheitert Werther?, in: Poetica, Bd. 11, 1979

Schülerduden „Die Literatur", hg. von d. Red. für Literatur d. Bibliograph. Inst. unter d. Leitung von Gerhard Kwiatkowski, Mannheim, Wien, Zürich: Bibliographisches Institut 1980

Friedemann *Schulz von Thun,* Miteinander reden. Bd.1, Psychologie der zwischenmenschlichen Kommunikation, Bd. 1: Störungen und Zerstörungen, Reinbek: Rowohlt 1981

Thomas *Siepmann,* Lektürehilfen. Johann Wolfgang von Goethe, „Die Leiden des jungen Werthers", Stuttgart: Ernst Klett Verlag 1991

Christina *Spitzenpfeil,* „Mitten im Leben sind wir vom Tod umfangen." Tod und Leben. Ein Unterrichtsentwurf für die 10. Jahrgangsstufe, Bd. 1: Materialien, Nürnberg o. J.

Arndt und Inge *Stephan,* Werther und Werther-Rezeption – Ein Unterrichtsmodell zur Aufarbeitung bürgerlichen Selbstverständnisses, in: Projekt Deutschunterricht 9. Literatur der Klassik II – Lyrik/Epik/Ästhetik, hg. von Bodo Lecke in Verbindung mit dem Bremer Kollektiv, Stuttgart: Metzler 1975

Erich *Trunz,* Quellen und Daten zur Geschichte des „Werther"-Romans, in: Goethes Werke. Hamburger Ausgabe, Bd. 6, Hamburg 1951

Unterrichtsmaterialien. Religion betrifft uns. Suizid. Ich mach Schluss, Nr. 5 (1998)

Gert *Vonhoff,* Texte, Kontexte und Leser: Intertextualität und Funktionale Verweisungen, in: Herbert Kraft, Editionsphilologie, Frankfurt am Main 2001

Günter *Waldmann,* Produktiver Umgang mit Literatur im Unterricht. Grundriss einer produktiven Hermeneutik. Theorie – Didaktik – Verfahren – Modelle, Hohengehren: Schneider Verlag, 3. unveränderte Auflage 2000

Gero v. *Wilpert,* Sachwörterbuch der Literatur, Stuttgart: 8., verbesserte und erweiterte Auflage 2001

Johann Heinrich *Zedler,* Grosses vollstaendiges Universal Lexicon..., Sechs und Dreyßigster Band, Leipzig und Halle 1743

Bildnachweis:
S. 7, 103: © Ivan Steiger, München – S. 41, 53: Stiftung Weimarer Klassik und Kunstsammlungen Museen – S. 51: Verlagsarchiv Schöningh – S. 120: Wetzlar online